NARCOHISTORIA

Carmen Boullosa y Mike Wallace

Narcohistoria
Cómo Estados Unidos y México crearon juntos la guerra contra las drogas

Traducción de
Hugo López Araiza Bravo

TAURUS

PENSAMIENTO

Narcohistoria
Cómo Estados Unidos y México crearon juntos la guerra contra las drogas

Título original: A *Narco History. How the United States and Mexico*
Jointly Created the "Mexican Drug War"

Primera edición en español: mayo de 2016

D. R. © 2015, Carmen Boullosa y Mike Wallace

Published in the United States by OR Books LLC, New York

D. R. © 2016, de la presente edición en castellano para todo el mundo:
Penguin Random House Grupo Editorial, S. A. de C. V.
Blvd. Miguel de Cervantes Saavedra núm. 301, 1er piso,
colonia Granada, delegación Miguel Hidalgo, C. P. 11520,
México, D. F.

www.megustaleer.com

D. R. © diseño de cubierta: Penguin Random House / Daniel Bolívar

ISBN: 978-607-314-287-8

Impreso en México – *Printed in Mexico*

El papel utilizado para la impresión de este libro ha sido fabricado a partir de madera procedente
de bosques y plantaciones gestionadas con los más altos estándares ambientales, garantizando
una explotación de los recursos sostenible con el medio ambiente y beneficiosa para las personas.

Penguin
Random House
Grupo Editorial

*Para los muertos, los desaparecidos
y los niños huérfanos.*

ÍNDICE

Nota para la versión en español

Escribimos este libro a cuatro manos. Nos conocimos cuando los dos éramos becarios de la Biblioteca Pública de Nueva York, en el hoy llamado Cullman Center, el 10 de septiembre del 2001, un día antes de la caída de las Torres Gemelas.

Mike Wallace es premio Pulitzer por el libro *Gotham* (coautoría con Edwin Burrows), que narra la historia de Nueva York, la vida privada, la economía, la infraestructura, las artes, la política de esa ciudad, y del que ha salido sólo el primer volumen que llega a 1898. Desde su aparición, Mike Wallace ha estado enfrascado en el segundo y el tercer volumen, el segundo aparecerá en una fecha no muy lejana.

El primer libro que escribió Wallace fue en coautoría con su profesor, el dos veces premio Pulitzer Richard Hofstadter, cuando estudiaba el doctorado en Columbia University, una historia documental de la violencia en EUA (*American Violence: A Documentary History*, Knopf, 1970). El tema del crimen y la violencia lo ha acompañado a lo largo de su vida profesional.

Wallace enseña en la universidad John Jay College of Criminal Justice, suele dictar los cursos de Historia de Nueva York o Historia del crimen en Nueva York. Asimismo, fundó el Centro de Estudios de Nueva York (Gotham Center) en el Graduate Center de la Universidad Pública de Nueva York (CUNY).

Por diez años, Carmen Boullosa, poeta, novelista, dramaturga, ensayista mexicana, fue profesora invitada en las universidades de Columbia, NYU (Cátedra Andrés Bello), Georgetown y Blaise Pascal. En la CUNY, en City College, fue parte del cuerpo académico (Distinguished Lecturer). Su interés de estudio ha sido siempre la literatura, especialmente la latinoamericana, especialmente la de mujeres escritoras. Aunque el primer premio Nobel de Literatura de Latinoamérica cayó en una mujer —Gabriela Mistral—, las mujeres suelen quedar fuera del canon clásico, de modo que la atracción por ellas tiene algo de su natural curiosidad, por lo menos visible o francamente desconocido, y su interés en temas políticos y sociales.

Wallace nació y ha vivido la mayor parte de su vida en Nueva York. Carmen Boullosa nació y creció en la Ciudad de México, sólo pasó un año de su infancia en Huejutla, Hidalgo, cuando la voluntad de sus papás fue ser una familia misionera.

La vida profesional de Wallace se ha desarrollado en (y alrededor de) Nueva York. Boullosa se volvió escritora en México.

Somos una pareja binacional.

Al llegar a Nueva York, Boullosa estaba llena de optimismo por su país. México había salido del poder concentrado del partido único, vendrían momentos de enorme participación colectiva y de reformulación del papel del Estado. La transparencia (que se alcanzó marginalmente) provocaría —ella estaba convencida— un gran beneficio económico colectivo. El país empezaba una nueva era, de menor corrupción, de mejor calidad de vida para las mayorías. Había llegado el momento mexicano. No le pasó por la cabeza que sobrevendría el baño de sangre que ha perturbado cualquier posibilidad de un sueño que engendrara una vida mejor para sus connacionales.

La ilusión duró poco. Desde el momento en que el índice de asesinatos y los horrores acompañantes escalaron, su país se le volvió *también* una fuente de dolor. El horror mexicano había tomado a Boullosa por sorpresa y, por lo tanto, era tema inevitable en cualquier encuentro con amigos, y en sus silencios. Escribió un libro de poesía: *La patria insomne*; México no era ya el de la (también doliente) *Suave Patria* de Ramón López

Velarde, sino la insomne, la que no puede hacer llegar a la noche el sueño ni el despertar propio al día. Editó un número de la revista *online Words Without Borders* con textos literarios de autores mexicanos en respuesta a la pesadilla contemporánea. Para Carmen, el asunto mexicano tenía el aspecto de un monstruo invasor, sin pies ni cabeza. Empezó a repensar qué pasaba con México. Entender, rearmar el mexicano rompecabezas del *por qué*: ¿por qué lo que pasa en México, por qué los índices de homicidios, por qué la naturaleza de la violencia? El tema se convirtió en una obsesión.

Un amigo americano, John Oakes, que había editado dos de sus ensayos en dos distintos medios (la revista *The Nation* y la editorial Atlas Books), atento a su obsesión, pidió a Carmen que escribiera para su propia editorial (OR Books) un libro sobre la llamada "guerra mexicana contra las drogas", pensando que, al tener un pie en México y el otro en Nueva York, y al hablar de esto todo el tiempo, encontraría la manera de explicarlo a los estadounidenses.

La invitación sonaba lógica, pero una cosa era que compartiera con sus amigos su preocupación, que leyera sobre el tema, y otra diferente, hacer un análisis, tratar de sacar un hilo a la enredada madeja. En casa, cuando hablábamos, como hacen las parejas, y Boullosa exponía lo que empezaba a entender del problema mexicano, Wallace entraba al ruedo. Cada vez más, a Carmen, el papel de Estados Unidos le parecía ser menos pasivo en el asunto. Los usuarios de drogas, para empezar, son, casi en su totalidad, gringos. Las armas que incrementaban los asesinatos en México tenían la misma proveniencia que las que provocaban escenas dantescas en centros comerciales, cines o escuelas de EUA. Wallace empezó también a hincarle el diente al tema, aportando su parte al rompecabezas. Él no lee español, pero descubrió la inmensa bibliografía existente en inglés sobre el tema: libros, ensayos sueltos, tesis académicas, reportes, escritos de criminólogos y defensores de los derechos humanos.

Pronto caímos en la cuenta de que había un hilo histórico que podría, de alguna manera, ayudar a desenmarañar el nudo. Boullosa no escribiría sola el libro que John Oakes quería, sería un libro binacional. Boullosa pondría las piezas mexicanas, Wallace las estadounidenses, y entre los dos armaríamos el rompecabezas. Hay un puente que hacemos naturalmente los dos. Por un corto (e intenso) tiempo, Wallace hizo al lado su proyecto de vida para, con Boullosa, intentar delinear la participación *comprensible* —y corresponsable— e histórica de los dos países.

Ya habíamos terminado la primera versión de nuestro manuscrito (en inglés) cuando ocurrió en Guerrero la tragedia de los estudiantes de la normal rural de Ayotzinapa, en la que 43 jóvenes desaparecieron y, junto con algunos estudiantes, murieron otros civiles, igualmente inocentes. Escribimos entonces un prólogo con un recuento minucioso de los hechos en esa noche terrible, con lo que se había hecho público (no sólo la oficial "verdad histórica"). Necesitábamos explicarnos la pesadilla, también ésa, para intentar comprender lo que había ocurrido. Además, esta pieza sería la manera de hablar de algo "conocido" para el lector gringo, pues la noticia inundaba los medios de comunicación. Nuestro recuento terminaba con el llamado de los padres de los desaparecidos a que se integrara una comisión de expertos internacionales para rastrear los hechos. Esta demanda ha sido atendida por el Estado con la presencia en México del Grupo Interdisciplinario de Expertos Independientes (GIEI).

Para la presente versión en español, hemos tomado la decisión de no incorporar la introducción original de nuestro libro, no sólo porque han aparecido numerosos reportajes y libros enteros sobre el tema, y porque el GIEI, atendiendo a la búsqueda de los desaparecidos ayotzinapos y, "en seguimiento a las medidas cautelares otorgadas por la Comisión Interamericana de Derechos Humanos", ha presentado un informe detallado de lo que ocurrió, con gran cantidad de información, incorporando las indagatorias de la Procuraduría y de expertos invitados por ellos para analizar los hechos.

El nexo de Estado y crimen organizado (la colusión entre alcaldes, gobernadores y narcotraficantes fuertemente armados), que engendró la tragedia de Ayotzinapa, lamentablemente ha engendrado una serie continua de catástrofes similares. La historia reciente de México ha quedado marcada por carnicerías (en una sola matanza se produjeron trescientos cadáveres); tortura espeluznante (la cara de una víctima fue desollada y cosida a un balón de futbol); los secuestros y la extorsión rampantes; la policía en la nómina de cárteles con vastas narcoganancias expeditas para el soborno; el arresto de departamentos de policía íntegros; el sistema judicial que prácticamente garantiza la impunidad a los criminales; el papel del Ejército Mexicano; la falta de eficiencia o de interés por parte de los funcionarios de más alto rango, e incluso las protestas de la sociedad civil: todo esto (y más) ha terminado por ser costumbre los últimos doce años.

Desde el 2000, han muerto más de 150,000 personas en México, en enfrentamientos a la luz del día, en discotecas, en fiestas, en plazas públicas, en esquinas oscuras, en su hogar o camino al trabajo. Las ejecuciones horrendas, más de dos mil han sido decapitados. Los números son inexactos aún. Buscando a los caídos, se han descubierto incontables fosas comunes. Decenas de miles han desaparecido (el número aquí todavía es más inexacto), muchos de ellos posiblemente yazcan anónimos en alguna zanja perdida, sus cuerpos, tal vez mutilados, sin ataúd, sin mortaja, sin lápida, y los deudos, sin poder darles apropiada sepultura, no saben de qué manera vivir el duelo, incapaces de saber si pueden dejar de desear verlos de vuelta cualquier día, si viven en cautiverio, o en qué situación se encuentran, de estar con vida.

El nexo dicho está presente en hechos muy recientes: el (nuevo) escape del Chapo de un penal de alta seguridad, en su reciente captura y encierro en el mismo penal del que se

◀ había escapado, el asesinato de la alcaldesa de Temixco (Gisela Mota) un día después de haber llegado a su oficina, el exgobernador y expresidente del Partido Revolucionario Institucional (PRI), Humberto Moreira, que desfalcó por una cantidad fabulosa las arcas públicas del estado que gobernó (o desgobernó, pues durante su mandato se volvió el epítome del crimen organizado), está hoy en manos de la policía española, acusado de lavado de dinero, más los escándalos que se acumulen en lo que aparece este libro, se inscriben en este contexto. No son lo mismo todos, pero el nexo mencionado impulsa una rueda que va girando con velocidad vertiginosa por una vertiente que no parece tener fondo.

Este libro quiere delinear un contexto general para la prolongada noche de violencia por la que pasa México. Aprehender la extensión o naturaleza de la llamada "guerra contra las drogas", porque también ésta necesita un contexto para ser comprensible; tampoco es explicable si sólo nos concentramos en escrutar, a partir del 2006, el período en el que por lo regular se la confina. La última década tiene un largo y complicado trasfondo que necesita situarse en el siglo pasado (1914-2016), del que el presente mexicano es el sanguinario desenlace.

Sostenemos que la misma denominación guerra mexicana contra las drogas es profundamente engañosa, pues desvía la atención del papel que juega Estados Unidos en su creación y sostén. Los habitantes del lado norte del Río Bravo leen los boletines sangrientos que les llegan del otro lado del río como si fueran envíos provenientes de otro planeta. Son reportes de un campo de batalla lejano, que describen una guerra *mexicana* contra las drogas, a todas luces un conflicto provocado por México y, por lo tanto, sólo responsabilidad de él. Pero nosotros creemos que el término es incorrecto, pues el complejo fenómeno al que se refiere fue construido en conjunto por México y EUA durante los últimos cien años.

Los habitantes de EUA tal vez estén conscientes de que el grueso de las drogas ilegales que consumen —cocaína, heroína, marihuana y metanfetaminas— llega de México. Algunos también están conscientes de que el grueso del armamento que los cárteles usan en las batallas que libran entre sí o contra el Estado mexicano provienen de EUA. Pero quizá lo que menos se aprecia es que la situación actual data de un matrimonio centenario celebrado al norte de la frontera, los cónyuges son la demanda voraz de drogas y su prohibición.

En 1919, la prohibición del alcohol en EUA fue la semilla para que florecieran en ese país el crimen organizado y la hipercorrupción de políticos y agentes de la ley. En 1909, la prohibición de los narcóticos (que, al contrario de la prohibición del alcohol, nunca ha sido derogada) engendró la industria del narcotráfico que ahora tiene por capital a México, cuyas enormes ganancias se usan para corromper a funcionarios de diferentes niveles de gobierno.

México no ha sido una víctima indefensa y fortuita. Dentro del país, poderosos grupos han lucrado a manos llenas por proveer a los gringos de lo que su gobierno les prohíbe. EUA ha amedrentado a su vecino para que intente (y fracase al) impedir el torrente de drogas que fluye por la frontera (incapaz de lograr por sí mismo), también lo empujó a la guerra mexicana contra las drogas que ha costado decenas de miles de vidas mexicanas y ha provocado una persistente y creciente tormenta de corrupción y criminalidad.

Organizamos este libro de la siguiente manera: primero haremos un recorrido por un siglo de relaciones México-EUA, situando el comercio de drogas, y los intentos por reprimirlo, en el contexto de las más amplias transformaciones políticas, económicas e ideológicas vividas por ambas naciones. Después, detallaremos la guerra contra las drogas de la última década, cuando el tsunami de violencia empantanó México. Y concluiremos con algunas ideas de cómo México y EUA podrían escribir algunas páginas nuevas en sus historias respectivas y en la conjunta. En particular, sugerimos que la rabia despertada por el caso de los 43 estudiantes de Ayotzinapa y la subsecuente decisión de los mexicanos de buscar cambios fundamentales estarían mejor dirigidas no sólo a la indispensable reconstrucción de su sistema político, económico y judicial, sino también a terminar con el régimen de criminalización de un siglo, el cual creemos que es en gran parte responsable de la situación actual.

El libro fue escrito originalmente en inglés. Hugo López Araiza Bravo lo ha traducido al español.

Aquí nuestro granito de arena para hablar de lo que un buen número llama guerra mexicana contra las drogas, una situación conjuntamente creada.

Carmen Boullosa y Mike Wallace
Coyoacán-Brooklyn, 2014-2016

Capítulo uno
1910-1940

Comenzamos al norte del Río Bravo, en la fuente de la insaciable demanda y la prohibición de los narcóticos provenientes de México. En Estados Unidos, el uso y la venta de varias sustancias psicoactivas —en particular opio, marihuana y cocaína— fueron perfectamente legales durante el siglo xix y los primeros años del xx. La comercialización de las drogas era un negocio muy redituable. Las compañías farmacéuticas y las operaciones comerciales de remedios caseros añadían a estos últimos derivados del opio (morfina, láudano, heroína), los opiáceos eran una de las pocas sustancias que efectivamente controlaban el dolor. El usuario típico de opio era de mediana edad, clase media, blanco y mujer. También se añadía cocaína a productos medicinales y recreativos, de cigarrillos a refrescos. Coca-Cola usó hojas de coca como tintura hasta 1903.

Poco a poco, durante la década de 1890, y subiendo de tono durante las dos primeras del siglo xx, una variedad de actores promovió la criminalización de los narcóticos, un movimiento que corrió paralelo a la prohibición de las bebidas alcohólicas. Entre los prohibicionistas había doctores que acababan de caer en la cuenta de la cualidad adictiva de los aditivos (y que ahora, con la aspirina, tenían un sustituto efectivo); reporteros amarillistas que denunciaban a las corporaciones por utilizar drogas para amarrar a los clientes a sus productos, y racistas de diversas facciones, blancos sureños que sostenían que la cocaína empujaba a los negros a violar mujeres blancas, y activistas antichinos que los acusaban de utilizar el opio para seducir mujeres blancas. Como señala David Musto, no era el miedo a las drogas *per se* lo que movía a los prohibicionistas, sino el miedo a los grupos sociales que las usaban.

Primero, el prohibicionismo ganó algunos gobiernos estatales. Luego, en 1906, la Ley de Alimentos y Fármacos Puros requirió que los fabricantes enumeraran los ingredientes de los productos que contenían narcóticos. Cundió la alarma entre las amas de casa que habían estado administrando opiáceos a cucharadas a sus hijos sin saberlo. En 1909, la Ley de Exclusión de Opio para Fumar eficazmente bloqueó la importación de opio en la forma usada para fumar por los chinos, llevando a la quiebra a los fumaderos de opio, pero eximiendo las elaboraciones que usaran los blancos para fabricar medicamentos. La iniciativa de 1909 también se vio impulsada por el deseo de los empresarios de quebrar el control europeo (y especialmente el que tenía Inglaterra) sobre el lucrativo mercado chino, pues se pensaba (correctamente) que prohibir el opio sería bien visto por las autoridades chinas que intentaban erradicar el uso extendido de una droga —desde la década de 1840, los británicos lo habían impuesto a punta de pistola.

Estas proscripciones tuvieron varias consecuencias inesperadas. La escasez aumentó el precio, lo que atrajo a traficantes criminales. También indujo a los antiguos fumadores de opio a cambiarse a derivados más potentes y peligrosos, como la morfina y la heroína. La respuesta de los prohibicionistas fue reforzar las restricciones. También exigieron la criminalización internacional: lograron, en la Convención de la Haya de 1912, que varias naciones se comprometieran a restringir el opio y la cocaína. En EUA lograron que se aprobara la Ley Harrison en 1914, que prohibió todo uso no médico de opiáceos y cocaína, aunque no de cannabis, que se juzgaba (correctamente) relativamente inofensivo.

Estados Unidos le había declarado la guerra a las drogas.

La escasez subsecuente, y los precios exorbitantes, atrajeron a una nueva generación de mafiosos al negocio (el primer arresto de Lucky Luciano, en 1916, fue por traficar opio). Con la aprobación de la Enmienda 18 y la Ley Volstead, en 1919, se prohibieron la producción, distribución y venta de bebidas alcohólicas, lo que catalizó el cambio de proveedores lícitos a ilícitos que engendró al crimen organizado moderno en EUA. El emprendedurismo gangsteril se aceleró incluso más a causa de la criminalización de la manufactura, importación y posesión de heroína en 1924, lo que muy pronto galvanizó otro mercado negro más. Arnold Rothstein, el capo de Nueva York, alertado por su protegido Luciano de las potenciales ganancias —un kilo de heroína podía comprarse a dos mil dólares, cortarse y revenderse a trescientos mil—, dejó el negocio del ron a mediados de la década de 1920 y se dedicó a importar opio y heroína de Europa. Luego de comprar una empresa mercantil de buena reputación como fachada para sus operaciones de mayoreo, Rothstein comenzó a distribuir en el mercado nacional, despachando los productos por ferrocarril.

***

La explosiva demanda de narcóticos en EUA también atrajo la atención en México. Mientras que el clima en Estados Unidos no era apropiado para la horticultura de adormidera, México estaba situado en una latitud y con una temperatura propicias para el cactus (a menor altitud) y las adormideras (a mayor elevación). Las condiciones para el cultivo de opio eran particularmente ideales en el Triángulo Dorado, una región en la Sierra Madre Occidental (famosa entre los americanos desde *El tesoro de la Sierra Madre*), donde se juntan los estados de Sinaloa, Durango y Chihuahua. Ahí floreció la producción de adormidera: en la década de 1880 la habían introducido los chinos expulsados de EUA o llegados por vía marítima a Sinaloa, el estado que ocupa 650 kilómetros de la costa del Pacífico mexicano. La mayoría de los chinos trabajaban en los ferrocarriles y en las minas, pero algunas familias rurales se abocaron a la producción de opio y marihuana. Su número creció luego de que Estados Unidos prohibiera más inmigración con la aprobación de la francamente nombrada Ley de Exclusión de Chinos de 1882, y sus iteraciones en 1892 y 1902. En la primera década del siglo XX, el número de chinos que vivía en México se quintuplicó (de 2,660 a 13,203), y los más optaron optaron por dedicarse al cultivo. Durante y después de la Revolución, en las décadas de 1910 y 1920, se les unieron algunos de los muchos campesinos mexicanos, empobrecidos por la devastadora guerra.

A lo largo de esas décadas, los inmigrantes chinos y sus descendientes fabricaron una burda red de narcotráfico. Luego de cosechar la adormidera y extraer la *goma* (pasta de látex) de las cabezas, llevaban el opio en bruto o cocido a traficantes chinos en EUA (sobre todo en Los Ángeles) por medio de una serie de puestos comerciales en pueblos entre Sinaloa y las ciudades de la frontera noroeste de México, principalmente Tijuana. Más y más campesinos mexicanos, citadinos de clase media y algunos mercaderes adinerados le entraron al negocio. Era fácil meterse: no había costos iniciales significativos. Tampoco había peligro significativo: había lugar para todos, por lo tanto, no había ninguna necesidad de violencia para ganar mercado.

La frontera de EUA —a casi seiscientos kilómetros al norte— no sólo estaba cerca de los traficantes y productores sinaloenses (llamados *gomeros* por la *goma*), sino también célebremente porosa. Lo había sido desde hacía mucho, desde que la Invasión Norteamericana (1846-1848) había retrasado violentamente la línea de demarcación; vastos yacimientos de oro, carbón, hierro y cobre, junto con grandes trechos de tierra fértil para la agricultura, pasaron al lado de EUA, incluyendo todo o partes de California, Nuevo México, Arizona, Nevada, Utah y Colorado. El trazo de la nueva frontera (aumentada por una franja adicional comprada en 1853) la convirtió en una de las más largas del planeta, corriendo por más de tres mil kilómetros. Partía de Tijuana, en la costa del Pacífico, a través de desiertos y colinas áridas, a Ciudad Juárez, aproximadamente a la mitad, y de ahí zigzagueaba hacia el sudeste, a lo largo del Río Bravo (Grande, para los estadounidenses) y hasta llegar al Golfo de México.

Casi inmediatamente se transgredió la frontera más o menos a voluntad. En la década de 1850, los esclavos se autocontrabandeaban hacia la libertad: México, que había abolido la esclavitud, regalaba la libertad a los prófugos que se dirigieran a la Cruz del Sur en vez de la Estrella Polar (Canadá). En la década de 1860, los confederados, auxiliados por algunos cómplices mexicanos (como Juan Nepomuceno Cortina), contrabandeaban algodón a México para embarcarlo hacia Europa, y los traficantes de armas abastecían de municiones a Benito Juárez para ayudarle a expulsar a los franceses. Los cuatreros cruzaban desde el norte o el sur, robaban ganado y lo llevaban al otro lado de la frontera para marcarlo y revenderlo. También estalló un comercio vigoroso de tequila, pulque, mezcal y ron, que fluía al norte desde destilerías mexicanas, evitando recaudadores de impuestos y, años más tarde, la prohibición.

La gente también fluía de ida y vuelta fácilmente. Cruzar la frontera era pan comido porque no había restricciones oficiales ni cuotas para el movimiento de mexicanos hacia el norte; incluso luego de que EUA impusiera leyes de cuotas estrictas en la década de 1920, los latinoamericanos quedaron exentos. La Patrulla Fronteriza de EUA, creada en 1924, se concentró en europeos o asiáticos que intentaran burlar las barreras erigidas en las fronteras del Atlántico y el Pacífico. A principios de la década de 1900, unos sesenta mil mexicanos entraban a EUA cada año a instancia de los empresarios agrícolas; la mayoría volvía a casa en invierno. El número se duplicó la década siguiente, cuando la Revolución escupió oleadas de migrantes.

Los mexicanos y sus productos ganaron un acceso más sencillo luego de que el Ferrocarril de Sonora —que operaba desde

1882 entre Mazatlán (Sinaloa) y Nogales (Sonora)— se integrara hacia el norte con el sistema ferroviario de Southern Pacific de EUA y se extendiera hacia el sur hasta Guadalajara. El renombrado Southern Pacific de México transportaba millones de pasajeros y toneladas de carga, tanto dentro de México como a través de la frontera norte.

El opio se coló fácilmente por las rutas concurridas. Los tres puntos de paso más cercanos al semillero montañoso de Sinaloa eran Tijuana y Mexicali (ambas a horcajadas en la frontera entre Baja California y California) y Nogales, donde Sonora se enfrenta a Arizona. También se crearon canales en el centro del país, en la gran metrópolis de Ciudad Juárez, situada en el estado de Chihuahua justo debajo de Nuevo México y Texas (en El Paso). Y más al este crecieron puntos de tránsito en tres pueblos medianos esparcidos a lo largo del río: Nuevo Laredo, Reynosa y, finalmente, Matamoros, en el Golfo de México.

***

No todas las drogas producidas en México cruzaban la frontera. Algunas estaban destinadas al consumo local. Durante el siglo XIX y principios del XX, los psicoactivos eran habituales, bien por razones médicas, o por recreativas. Fumar opio era, ante todo, un pasatiempo de la minoría china; la morfina, heroína y cocaína atraían a los artistas e intelectuales burgueses, y la marihuana era territorio de los pobres. Pero el uso de drogas no era un fenómeno masivo. Los niveles de ingestión no se acercaban remotamente a los ya alcanzados en Gringolandia.

En parte era porque México, al contrario de EUA, contaba ya con una larga tradición de vigilancia del uso de psicoactivos. Desde los tiempos de la Colonia española se habían impuesto grados de restricción al consumo de peyote y otras sustancias psicoactivas utilizadas en rituales religiosos prehispánicos que la Inquisición veía con sospecha teológica, y de hierbas, sobre todo las potencialmente peligrosas, como la belladona, el beleño, la cicuta, el digital y el toloache. Tomarse unas copas de más estaba vetado desde los tiempos del Imperio mexica, emborracharse era un privilegio reservado a los viejos.

Sorprendentemente —desde un punto de vista contemporáneo—, una de las drogas peor vistas por la burocracia era la marihuana. La yerba no era una planta originaria del país, la introdujeron las autoridades imperiales españolas en el siglo XVI, por ser el cáñamo una fibra náutica muy preciada para hacer cuerdas y velas —se decía que el cáñamo que usaban los británicos en sus velámenes era el secreto de sus victorias, siendo el español de calidad muy inferior—. Producto, pues, de importación e imperial, gradualmente, la marihuana pasó a formar parte obligada de la herbolaria vernácula, y para los tiempos de don Porfirio Díaz (1876 a 1911) ya era la droga predilecta de las clases bajas, en especial de los sardos (soldados rasos) y los prisioneros. Tal vez por estos usuarios, la marihuana se había ganado la reputación de desatar demencia temporal y violencia asesina. Incluso llegó a haber cientos de casos bien documentados, en especial en cárceles y barracas militares, de machos pachequísimos poseídos por arrebatos homicidas, sin importar que los atacantes los superasen en número. Isaac Campos argumenta persuasivamente que esto es adjudicable más al contexto, que a los efectos propios del cannabis. El efecto de la marihuana, como el de la mayoría de los químicos psicoactivos, depende del escenario en el que se consume, sin descartar la mentalidad predominante. No es de sorprender que su uso, en situaciones muy estresantes donde defender el honor (y el propio pellejo) exija una respuesta agresiva a cualquier posible ofensa, pudiera engendrar paranoia en vez de relajamiento y que promoviera exabruptos violentos.

El mosaico de leyes estatales, locales y federales regulando el uso de psicoactivos creció durante el Porfiriato. En 1883, la marihuana y el opio estuvieron entre las dos docenas de drogas que sólo se vendían bajo receta, y únicamente en farmacias, no en herbolarias. La regulación no estaba dirigida a los usuarios que lo hacían para pasar un buen rato, sino a disminuir el número de envenenamientos accidentales (o premeditados). El edicto se reafirmó con el primer Código Federal Sanitario de 1891. Y en 1986, incluso Culiacán, capital de la mejor narcoamiga, Sinaloa, prohibió la venta o el uso de marihuana sin receta. También la Ciudad de México. Una decisión que las autoridades municipales confirmaron en 1908, aunque sólo prohibieran el cultivo y el comercio, no la posesión de mota, ni darla como regalo. Para la década de 1910, en México había un apoyo sustancial, aunque no avasallador, a las políticas restriccionistas, aunque la mayoría de las drogas, si las recetaba un médico, seguían disponibles en farmacias.

No sobra recalcar que la marihuana no tenía ninguna buena fama. Heriberto Frías escribió desde la Cárcel de Belén —preso "de conciencia", por haber escrito *Tomóchic*— expresando su franco desagrado por el "grifo" (la bacha) y sus usuarios, en sus quince crónicas publicadas en *El Demócrata*, de abril a junio de 1895. Ahí describe a un personaje de los bajos mundos (El Nahual) "aniquilado por la marihuana y otros vicios". Otro personaje, Miguel Guttman, "no es un criminal, no es un neurótico", en el relato de Frías, de verdad pierde la razón por la marihuana: "Con marihuana se siente feliz; el humo de su cigarro aspirado con ansia sedienta baña las celdillas de su cerebro, haciéndolas vibrar locamente, enervando la sensibilidad, matando el recuerdo y sumergiéndolo en vagos éxtasis orientales que le postraban dulcemente transfigurando su bartolina. La demencia se elaboraba", el marihuano es víctima de "brutales cóleras provocadas por alucinaciones extrañas". En general, la marihuana está asociada a los bajos fondos, "la burla soez y canallesca de pillos marihuanos, truhanes de dieciséis años y rateros cínicos que vagaban casi desnudos por el corredor del departamento".

La Revolución fortaleció a las fuerzas prohibicionistas. En 1917, el país todavía se tambaleaba tras una vertiginosa cadena de sucesos: el largamente establecido presidente (o dictador)

Porfirio Díaz renuncia ante la revuelta generalizada por el Plan de San Luis de Madero, de la Barra es presidente interino, la revuelta recrudece, Zapata y Madero rompen, Francisco I. Madero gana las elecciones extraordinarias de 1911; sobreviene el derrocamiento y asesinato de Madero, orquestados por Victoriano Huerta, en 1913; el estallido de la guerra contra Huerta declarada por las fuerzas unidas de Venustiano Carranza, Álvaro Obregón, Emiliano Zapata y Pancho Villa, cuya campaña antihuertista fue apoyada e instigada por Estados Unidos, que ocupó brevemente Veracruz; el derrocamiento de Huerta en 1914; la toma del poder del reformista liberal Carranza en 1914; el reconocimiento de su gobierno por Estados Unidos en 1915 y su elección como presidente en 1917. Fue durante el subsecuente período de (relativa) tranquilidad y estabilidad cuando Carranza y sus sucesores inmediatos pusieron en marcha un cambio en el enfoque mexicano al negocio de los narcóticos, uno que los enlazó con el desarrollo que ocurría simultáneo al norte del Río Bravo (o Grande, para ellos).

En 1912, el gobierno de Francisco I. Madero había firmado la Convención de la Haya (aunque México ratificaría el tratado hasta 1925). Esto se hizo, en parte, porque el régimen, todavía inestable, sentía la necesidad de alinearse con el movimiento internacional promovido principalmente por Estados Unidos. En realidad, México había precedido a EUA en el camino a los regímenes regulatorios y estaba muy adelantado en su oposición a la marihuana.

El asunto se puso de lado durante el remolino de combates revolucionarios, pero ya que Carranza había ascendido al poder, los restriccionistas dieron otro paso. Resuelto a restaurar el orden político, Carranza convocó a un Congreso Constituyente, que inició labores en la ciudad de Querétaro en diciembre de 1916. Las batallas entre las fuerzas relativamente moderadas de Carranza y los más jóvenes y radicales, que buscaban un cambio social y económico a la par del político, casi siempre las ganaron los radicales, con disposiciones clave que limitaron drásticamente el poder de la Iglesia católica, pusieron la base para una reforma agraria generalizada, establecieron el derecho nacional a los minerales del subsuelo, expandieron la educación laica y crearon un poder ejecutivo enérgico.

Sin embargo, hubo poco desacuerdo en cuanto a la política de drogas. En enero de 1917, el general brigadier José María Rodríguez, médico personal de Carranza, habló de "esta enfermedad de la degeneración de la raza provenida principalmente del alcoholismo y del envenenamiento por sustancias medicinales como el opio, la morfina, el éter, la cocaína, la marihuana". Algunos incluso acusaron a la dictadura de haber intentado aturdir y distraer a la población por medio de la bebida y las drogas, el juego y la prostitución. Las estrictas élites revolucionarias asociaban el alcoholismo, la adicción al opio y el consumo de marihuana con analfabetas de clase baja y (equivocadamente) con indígenas: sectores sociales "atrasados". Las drogas se percibían como obstáculos a la formación de una nueva ciudadanía modelo, una que pudiera construir una nación mexicana moderna, progresista y civilizada.

Rodríguez propuso una enmienda a la Constitución que le otorgaría al Congreso el poder de prohibir la "venta de sustancias que envenenan al individuo". También urgió a que se añadiera a los estatutos revolucionarios una partida para el Departamento Federal de Salubridad Pública, cuyas recomendaciones en materia de higiene cívica fueran obligatorias para todo el país. Se le cumplió: la nueva Constitución se aprobó en 1917, y en 1918 se estableció el dicho departamento, con Rodríguez a la cabeza. En su cargo impulsó algunas medidas draconianas y, durante los últimos días del régimen carrancista, hizo que el departamento promulgara "Disposiciones sobre el cultivo y comercio de productos que degeneren la raza". Éstas prohibieron el cultivo de opio y la extracción de su goma narcótica sin un permiso especial; la producción y venta de marihuana quedó prohibida por completo, a nivel nacional; requirieron que los mayoristas de drogas tramitaran un permiso especial para importar opiáceos o cocaína, y declararon que aquellos importadores sólo podían venderlos a distribuidores médicos con licencia, o a doctores que tuvieran permiso específico para recibir y prescribirlas.

México declaraba la guerra a las drogas.

La implementación se frustró con el renovado caos revolucionario, los generales Álvaro Obregón y Plutarco Elías Calles, entre otros, se levantaron en armas contra el régimen carrancista. En mayo de 1920, con las fuerzas rebeldes pisándole los talones, Carranza dejó la capital huyendo hacia Veracruz, pero nunca llegó: fue asesinado (o cometió suicidio) en el camino. Obregón fue elegido para sucederlo, y México entró en un período de (otra vez relativa) tranquilidad. En 1923, Obregón le pasó la antorcha presidencial pacíficamente a Calles, su compañero de armas quien, durante su mandato (1924-1928) resucitó el asalto a los psicoactivos.

Calles tenía en la mira consolidar las visiones de cambio plasmadas en la Constitución que todavía no habían sido implementadas. Había hecho, como preparación, una gira por Europa para estudiar la práctica contemporánea del socialismo. Consultó a los socialdemócratas alemanes y prestó atención a la obra del turco Mustafa Kemal Atatürk, quien (como argumenta Merve Usta) en ese entonces también se embarcaba en un programa análogo de reformas políticas, económicas y culturales para transformar el antiguo Imperio otomano en un Estado-nación moderno y secular. En particular, Calles procedió a ejecutar sin misericordia las restricciones constitucionales a las prerrogativas católicas, con lo que rompió el control de la Iglesia sobre el sistema educativo y prohibió rituales religiosos afuera de los templos, que pasaron a ser propiedad de la nación. Esto disparó una furiosa resistencia por parte de los campesinos católicos, que culminó en la feroz Guerra Cristera (1926-1929), en la que hubo entre setenta y noventa mil muertos.

A pesar de su anticlericalismo, Calles se preocupaba por el mejoramiento moral del pueblo mexicano. Al igual que sus predecesores revolucionarios, creía que el combate a las drogas era una forma de lograrlo. El alcoholismo fue su bestia negra original. Como gobernador de Sonora había prohibido por decreto la importación, manufactura o venta de bebidas enervantes. A quienes violaran el decreto se les castigaba con cinco años de prisión y, se decía, llegó a ordenar la ejecución sumaria de un pobre borracho. Como presidente, apuntó a los narcóticos.

En febrero de 1925, el *New York Times* reportó, bajo el encabezado "Calles ordena guerra a las drogas" (Calles Orders Drug War), que el nuevo presidente había anunciado que "castigaría a todos los traficantes y usuarios de drogas en México". Además, había despedido a policías que "habían estado implicados recientemente en el tráfico de drogas al proteger a importadores". Las notas de seguimiento aclamaron el anuncio de Calles de que "limpiaría" de traficantes los pueblos fronterizos, clausuraría tiendas de menudeo en la Ciudad de México e iría tras los envíos desde Asia y Europa. (El opio y la heroína llegaban a Acapulco y otros puertos occidentales en naves japonesas, a veces escondidos dentro de pescados, o se transportaban a puertos de la costa oriental como Tampico y Veracruz desde Alemania, Bélgica y Francia.) El Gobierno también atacó a los cultivadores de opio —destruyendo varios cientos de hectáreas de adormideras cultivadas por chinos en los estados de Nayarit y Durango— y persiguió a los productores de mota.

"México prohíbe la marihuana", declaró una nota de diciembre de 1925 del *New York Times*, que relataba los industriosos esfuerzos de los inspectores del Departamento de Salubridad Pública por arrestar campesinos e incinerar sus cosechas. Las hojas de marihuana, explicaba el periódico, vendiendo una emergente versión-del-norte-del-río-Bravo de la sabiduría popular mexicana, "producen un delirio asesino" que frecuentemente vuelve locos a los adictos, y añadía: "Los científicos dicen que sus efectos son quizá más terribles que los de cualquier enervante o droga". En 1931, apunta Luis Astorga, el consumo y tráfico de drogas estaban definidos como crímenes federales.

***

Calles también puso en marcha cambios cruciales en la estructura política nacional, que tendrían un gran impacto en las guerras a las drogas presentes y futuras, aunque de forma contradictoria. En 1928 propuso terminar con el caudillismo —la lucha por la preeminencia entre generales rivales parecía no tener fin—, mediante la unión de todas las facciones en una entidad política espaciosa, el Partido Nacional Revolucionario (PNR). El PNR, establecido al año siguiente, resolvió el molesto problema de la sucesión presidencial al permitirle al presidente en turno, luego de consultar a otros caudillos del partido, elegir al siguiente. El procedimiento obtuvo el mote de *el dedazo*, el anuncio hacía las veces de una Anunciación secular. El período presidencial cambió de cuatro a seis años. Se prohibió estrictamente la reelección, con lo que se bloqueó cualquier reproducción de dictadura "electoral" al estilo del Porfiriato.

No fue un logro pequeño, dada la suerte de la mayoría de las naciones latinoamericanas: no habría dictadores vitalicios, ni Somozas o Trujillos en el futuro de México. Calles, por supuesto, no siguió su propio libreto. Luego de que su período terminara, se las arregló para elegir y *de facto* dominar a sus tres sucesores *de jure*, cada uno de los cuales sólo gobernó dos años; a partir de ahí se le conoció como el *Jefe Máximo*, que actuaba tras bambalinas. En 1934 señaló a Lázaro Cárdenas, e incluso eligió a su gabinete. Pero en 1936 Cárdenas por fin puso en práctica los principios callistas: lo arrancó de su casa a medianoche y lo mandó al exilio a San Diego.

Cárdenas, presidente de la Gran Depresión cuyo período, de 1934 a 1940, se traslapó con dos de Franklin D. Roosevelt, extendió y profundizó el legado revolucionario: nacionalizó el petróleo y los ferrocarriles; redistribuyó veinte millones de hectáreas de tierra de haciendas a los campesinos; revivió el sistema de *ejidos,* expandió la asistencia social y las escuelas seculares, y apoyó huelgas para elevar el salario de los trabajadores. También buscó organizar sectores clave de la sociedad en entidades unificadas —como la Confederación de Trabajadores de México (CTM), una vasta colección de sindicatos— y cuerpos corporativistas equivalentes para campesinos, empresarios, profesionales, militares y otros. Éstas se incorporaron al PNR, al que en 1938 renombró como Partido de la Revolución Mexicana (PRM). El orden político se había transformado de un sistema de élites a uno de masas. En un año, el PRM alcanzó unos 4.3 millones de miembros.

Lo que *no* era el PRM, era democrático. El nuevo sistema político concentró el poder abrumadoramente en manos del presidente elegido por el partido, con lo que redujo a los poderes Legislativo y Judicial a sellos de goma. Las rivalidades y disputas se arreglaban dentro del partido, tras lo cual se presentaba un frente unido al mundo exterior. El faccionalismo interno se moderaba con clientelismo. Los funcionarios federales y estatales repartían contratos, trabajos, ascensos políticos, oportunidades educativas y asistencia social sólo a los adeptos leales y complacientes del partido. Los líderes de los sindicatos y organizaciones campesinas entregaban votos y reprimían protestas entre sus filas, a cambio de favores personales a los líderes y concesiones a sus bases.

Cualquier reto a este régimen unipartidista fue sofocado por medio de la fuerza y el fraude electoral. En 1940, Cárdenas, el radical, buscando estabilidad tras tanto tumulto, eligió a un sucesor moderado, Manuel Ávila Camacho. Una facción más radical decidió lanzar a un candidato opositor, que logró un apoyo considerable. Pero la confederación de trabajadores y el ejército colaboraron para manipular las casillas; gánsters del PRM provocaron peleas callejeras en las que murieron docenas y cientos salieron heridos, y el partido declaró ganador a su candidato oficial por el ridículo margen del noventa y nueve por ciento. (En todo parecían seguir el camino hacía rato despejado por políticos en EUA, con el ejemplo prototípico de Tammany Hall —la organización política dependiente del Partido Demócrata en Nueva York—, que desde la década de 1830 había contratado gánsters para ahuyentar a los votantes de la oposición, usado a "repetidores" para "votar, y votar a menudo" y robado casillas para purgarlas de votos indeseables.)

La élite del PRM siguió con la costumbre en 1943, cuando se enfrentó con un partido rival realmente independiente. En 1939, un grupo de conservadores dirigidos por Manuel Gómez Morín —economista, exdirector del Banco de México y exrector de la Universidad Nacional de México— fundó un partido político de oposición, el Partido Acción Nacional (PAN). Casi todos empresarios y católicos cercanos a la jerarquía se oponían al anticlericalismo cardenista, a la reforma agraria, a la expropiación de compañías petroleras y a la monopolización de la política que practicaba el partido en el poder (las credenciales democráticas del PAN se mancharían por su simpatía por el régimen de Francisco Franco).

Cuando el nuevo partido lanzó candidatos por primera vez en 1943, el PRM despachó porros para romper sus mítines y desplegó métodos eficaces de fraude electoral. Cuando el PAN impugnó el resultado, los líderes del PRM ordenaron que el órgano oficial de certificación (al que controlaban) les diera todos los puestos en pugna. En 1946, los jefes del partido adoptaron una estrategia ligeramente más sofisticada: permitieron que un puñado de representantes de la oposición tomaran sus curules en la Cámara de Diputados y que un alcalde ocupara un solo palacio municipal. Pero mantuvieron control absoluto de la presidencia, el senado y cada una de las 32 gubernaturas, y lo seguirían haciendo por décadas. Su convicción de que habían establecido una primacía duradera se vio reflejada en su último cambio de nombre. En 1946, Ávila Camacho rebautizó al PRM como PRI: el Partido Revolucionario Institucional. La

Revolución se había institucionalizado. El partido se declaraba agente de la revolución perpetua.

Pero el PRI no era exactamente el monolito que pretendía ser; la pirámide del poder no era perfecta. Si su dominio en el centro del país era prácticamente absoluto, su control sobre la periferia, aunque nada despreciable, no era total. Muchos de los gobernadores continuaban siendo caciques poderosos locales, como en tiempos de don Porfirio, a los que se les otorgaba bastante libertad para gobernar sus señoríos, siempre y cuando obedecieran los dictados del PRI, y canalizaran votos y recursos hacia el tope de la cadena de mando. Muchos habían sido generales a los que se había comprado al otorgarles su cargo en provincia, lo que permitía a los políticos del partido ir encogiendo paulatinamente el poder de la casta militar en el centro del país, desmilitarizándolo.

***

Una de las prebendas del poder local era la libertad sujeta a la voluntad presidencial, de dedicarse a operaciones lucrativas, particularmente las ilícitas. El tráfico de drogas era uno de los negocios que podían permitirse a miembros poderosos de la "familia revolucionaria", y fue en los estados del norte más cercanos a la frontera con EUA donde se aprovechó más a conciencia esta oportunidad. El cultivo y comercio de narcóticos se integró así al sistema político, a pesar de las restricciones oficiales en su contra. Más precisamente, *debido* a esas restricciones: la criminalización les dio la ventaja a los políticos y les abrió oportunidades lucrativas. Las autoridades de la policía local y del ejército podían extraer tributo de los traficantes a cambio de garantizar que no habría interferencia por parte de las fuerzas policiacas o militares. Al mismo tiempo, regulaban el negocio al impedir que posibles competidores entraran al mercado —con lo que contuvieron la violencia intramuros— y también prohibieron a los operadores involucrarse en actividades políticas.

Al coronel Esteban Cantú, posiblemente el primer gran capo mexicano, lo habían mandado al pueblo fronterizo de Mexicali en 1911, al inicio de la Revolución, para proteger la región norte de Baja California de posibles incursiones de EUA. En 1914 se declaró gobernador y procedió a presidir sobre una economía del vicio (prostitución, juego) dirigida a turistas. También permitió que los traficantes de opio llevaran sus mercancías a EUA. Cantú duró hasta 1920 —en parte debido al aislamiento geográfico de Mexicali y a que el centro estaba ocupado por la turbulencia revolucionaria—, cuando el general Abelardo L. Rodríguez fue enviado a reafirmar la autoridad federal. Según Paul Kenny *et al.*, Rodríguez continuó más o menos donde Cantú se había quedado. En 1930, tras sólo un año de reinado en Baja California, con las ganancias obtenidas al proveer a los del norte con bebida y drogas durante la(s) prohibición(es), ya se había vuelto millonario.

En los alegres veinte, el contrabando de alcohol le puso la mesa a una bonanza incluso mayor que el narcotráfico. México no impuso contraparte nacional alguna a la prohibición en EUA; por lucrar expedito con el puritanismo del norte, se pasaban de largo las leyes estatales que ya existían. Las destilerías y cervecerías que se criminalizaron en EUA llegaron al sur en bandada y reabrieron sus puertas a todo lo largo de la frontera. Las cantinas cerraban al norte de la frontera, cruzaban la línea y conseguían un negocio rotundo. Cuando los productores y vendedores de alcohol en EUA tuvieron que sacar del país lo que quedaba de su mercancía, solamente las destilerías de Kentucky mandaron treinta millones de litros de whisky por ferrocarril hacia el sur, sobre todo a Ciudad Juárez, de donde inmediatamente las contrabandearon de vuelta. Los capitalistas mexicanos también aprovecharon el momento y comenzaron a construir fábricas de cerveza a lo largo de la frontera, para aplacar la insaciable (e ilegal, entonces) sed de EUA. Mucho del contrabando líquido se transportaba en automóviles modificados para cargar casi cuatrocientos litros de chupe en los paneles laterales o bajo el asiento trasero. (Los agentes aduanales mecían los carros sospechosos y aguzaban el oído para detectar el chapoteo.) Otros contrabandistas transportaban sus cargamentos a través del río; los cubrían las autoridades mexicanas a las que sobornaban, lo que a menudo resultaba en tiroteos internacionales contra la Patrulla Fronteriza de EUA en la costa opuesta.

Los días de gloria terminaron abruptamente con la derogación de la prohibición en 1933, pero lo que EUA quitó al aniquilar las superganancias del licor, lo devolvió al criminalizar la marihuana. La Ley de Impuesto sobre la Marihuana de 1937 estableció impuestos de castigo a ese cultivo comercial; lo llevó del mercado libre al mercado negro, y aumentó su escasez y rentabilidad. Parte de la decisión de añadir tardíamente el cannabis a la lista de los psicoactivos ya prohibidos puede rastrearse en Harry Anslinger, comisionado de la Oficina Federal de Narcóticos (FBM, por sus siglas en inglés), empecinado en lograr su preservación burocrática y personal. Con la intención de desbaratar los planes de asimilar su agencia a un cuerpo mayor (y despedir a Anslinger), el jefe de la FBN recolectó notas periodísticas sobre la capacidad de la marihuana para empujar a los hombres a la violencia y la locura, y las desplegó como evidencia de que era una droga extremadamente peligrosa, que requería vigilancia por parte de una autoridad federal independiente.[1] Su campaña de criminalización también fue apoyada por los estados del sudoeste que, en los prósperos años veinte, habían dado la bienvenida a campesinos y mineros mexicanos, pero que en los deprimidos años treinta fueron expulsados de EUA, una deportación masiva (Balderrama y Rodríguez la describen "forzada e ilegal"). Se estima que el número de mexicanos sacado a empujones de EUA va de varios cientos de miles, hasta el millón, muchos de ellos ciudadanos estadounidenses. Una de las justificaciones para esta expulsión era que los mexicanos usaban la "yerba asesina". Una vez más, los legisladores declararon culpable a una droga por asociarla con una población "peligrosa", añadiendo el binomio marihuana-mexicano a los cocaína-negro y opio-chino.[2]

---

[1] El álbum de recortes del comisionado incluía muchas historias de horror que se habían publicado primero en el *Mexican Herald*, un periódico en inglés de la Ciudad de México, y que luego habían sido recogidas (puesto que el *Herald* tenía una franquicia de Associated Press) por periódicos sensacionalistas en Estados Unidos. Sin embargo, Anslinger adaptó su alarmismo a las ansiedades del norte, arguyendo que la marihuana relajaba las inhibiciones sexuales y llevaba a la violación y al asesinato.

[2] Al sur de la frontera, los chinos también fueron sujetos de expulsión forzada durante la Depresión: los desalojaron del negocio del opio los mexicanos que llevaban un tiempo envidiando su prosperidad. El proceso había comenzado en la década de 1920, cuando Calles y otros políticos prominentes apoyaron una campaña xenófoba incitada por la prensa mexicana. Ganó empuje tras la derogación, con una ola de violencia racial expropiadora que metió a los asiáticos en vagones, los mandó fuera del estado y les quitó sus hogares, propiedades y negocios.

Anslinger había logrado crear una nueva demanda de mercado enorme para un producto que podía cultivarse fácilmente en México. Pero el impacto de Anslinger al sur del Río Grande fue mucho mayor: procedió a intervenir directamente y con mano dura en los asuntos mexicanos, con lo que contribuyó en gran medida a una fatídica vuelta de tuerca.

En 1937, la política de drogas y su ejecución en México estaba, desde tiempos de Carranza, en manos del Departamento de Salubridad —Cárdenas se había negado a pasarla al ámbito de la Procuraduría— y las autoridades de Salubridad caminaban en una dirección diametralmente opuesta a la de Anslinger. El doctor Leopoldo Salazar Viniegra, jefe del Servicio Federal de Narcóticos (parte del Departamento de Salubridad), un médico muy respetado por sus años de trabajo en el Hospital de Toxicómanos de la Ciudad de México y por su exhaustiva investigación sobre los efectos de las drogas, a fines de 1938 publicó un artículo titulado "El mito de la marihuana", que rebatía el prejuicio del binomio mexicanos/marihuana, ya mencionado previamente: "contra lo que suele creerse, no somos los mexicanos ni los primeros ni los más avezados consumidores de marihuana". En esas mismas páginas, descartaba que la yerba produjera psicosis "contra lo que suelen proclamar crónicas triviales" —ejem, señor Heriberto Frías—. Y añadía: "Si la locura, la criminalidad, no se comprueban ocasionadas por la marihuana, tampoco los múltiples fenómenos de automatismo mental, como alucinaciones, delirios, alteraciones de percepción, etc.". La marihuana, creía, era más bien inocua: "La instrucción, la cultura, la orientación de nuestro pueblo permitirá que el calumniado y hermoso arbusto no sea en lo futuro más que lo que debe ser: una rica fuente de abastecimiento de fibras textiles".

El doctor Salazar Viniegra argüía que México debía derogar la prohibición y, en su lugar, el Estado debería establecer un monopolio de distribución de las drogas, regulado por el Gobierno, que suprimiría a los criminales al autorizar que dispensarios oficiales (o médicos con licencia del Estado) dieran a los adictos dosis de manutención al precio. También pidió una campaña de salubridad pública para educar a la gente sobre las drogas realmente peligrosas (sobre todo el alcohol) y para expandir el sistema de tratamiento a los adictos. Criticó abiertamente la política antidrogas de EUA como inapropiadamente punitiva e inherentemente impracticable: "Es imposible acabar con el tráfico de drogas", dijo al agente aduanal H.S. Creighton estando en San Antonio, "por la corrupción de la policía y de los agentes especiales, y por la riqueza e influencia política de algunos de los traficantes". Las autoridades de salubridad pública apoyaron su propuesta, y se abrieron las primeras clínicas. Llegó a expedir permisos a usuarios de psicoactivos para que se les abasteciera de su droga en farmacias.

Anslinger estalló en cólera —además de su empuje antiprohibicionista, el ensayo de Salazar Viniegra (que el mismo Salazar leyó en las narices de Anslinger en una reunión internacional) contenía un claro mensaje contra el puritanismo norteamericano—, y contraatacó rápido: impuso (su oficina estaba empoderada para hacerlo) un embargo a la exportación de todos los medicamentos a México.[3] También lanzó una

---

[3] Anslinger luego jugó la carta del embargo contra Cuba, con más justificación, cuando parecía que Fulgencio Batista iba a permitir que Lucky Luciano se quedara en La Habana. Luciano había llegado del exilio siciliano con la esperanza de trabajar con Meyer Lansky y otros para convertir a Cuba en una estación de paso en el resucitado comercio de heroína de entreguerras. Batista cedió y le mostró al capo la puerta.

campaña para desacreditar a Salazar Viniegra, diciendo que su plan era "fantástico" y "amoral", e insistiendo en que la adicción a las drogas no era una enfermedad a ser tratada, sino un "mal" que "debería ser extirpado y destruido". Dada la disposición antimarihuana prevalente en los círculos de la élite mexicana, el ataque de Anslinger ganó terreno, especialmente después de que empujara al Departamento de Estado de EUA a que aplicara presión adicional. En un corto tiempo, se dio marcha atrás a las reformas del doctor Salazar Viniegra, pero (explica Walker) no se hizo público el freno, para que el Estado no se hiciera vulnerable a otros cambios que EUA "estaba volviendo a dictar".

Anslinger también contuvo un incendio más cercano a casa. En 1938, poco después de que se proscribiera la marihuana, el alcalde de Nueva York, Fiorello La Guardia, quien se había opuesto vigorosamente a la Prohibición, comisionó un estudio de la yerba a la prestigiosa Academia de Medicina de Nueva York. Tras un extenso estudio, su muy distinguido Comité de Marihuana concluyó (como lo había hecho Salazar Viniegra) que la droga no estaba conectada al crimen, la violencia o la depredación sexual. Tampoco había evidencia (a pesar de Anslinger) de que se la estuvieran vendiendo a los niños en las escuelas. Tampoco era adictiva; de hecho, creían que podría ser útil para retirarse de otras adicciones realmente dañinas. Completado en 1941, el informe se publicó en 1944. La Guardia pudo haber usado sus resultados para pedir que se reconsiderara la ley de 1937, pero eran tiempos de guerra, el alcalde tenía asuntos mucho más urgentes que atender y no le dio seguimiento. Anslinger quedó en posesión del campo federal. Y pronto, como anotan Carruth y Rowe, con la llegada de la Guerra Fría, Anslinger asoció la adicción a los narcóticos con el Terror rojo y duplicó el presupuesto de la FBN en cinco años.

Capítulo dos
1940-1960

Durante la Segunda Guerra Mundial, la producción de opio en Sinaloa aumentó drásticamente. Hay quienes dicen que EUA convenció al Gobierno mexicano de que diera rienda suelta a los gomeros, porque necesitaba abastecerse de morfina para los soldados heridos, pues la tradicional vía de suministro desde Turquía se había cortado. Otros insisten en que no hay pruebas de tal trato, pero están de acuerdo con que el comercio sí floreció, al igual que la producción de cáñamo, del que se necesitaban grandes cantidades para cuerdas, cordajes y otros usos. Al terminar la guerra, el cultivo de marihuana decayó, pero el comercio de opio continuó floreciendo en los cincuenta, y sus operadores comenzaron a dejar su antiguo refugio en la sierra para distribuir sus cosechas. Los empresarios campesinos se establecieron en Culiacán, la capital de Sinaloa. Empezaron los enfrentamientos violentos entre traficantes o contra la policía, convirtiendo a la ciudad en (decía la prensa local) "un nuevo Chicago con mafiosos en huaraches".

En parte como respuesta esta alteración del orden, y en parte en atención a las quejas de EUA sobre el crecimiento del narcotráfico en la posguerra, el PRI —bajo el presidente Miguel Alemán (1946-1952)— terminó con el enfoque cardenista de salud pública y viró decisivamente hacia un régimen prohibicionista punitivo, uno que, además, dejara la aplicación de la ley en manos federales. En 1947, Miguel Alemán encargó la lucha contra las drogas a la Procuraduría General de la República (PGR) y a su brazo ejecutivo, la Policía Judicial Federal (PJF).

Muy pronto se hizo patente que ni los mandamases del PRI ni sus agentes de la PGR tenían intención alguna de eliminar el negocio de las drogas. Más bien adoptaron una versión centralizada de lo que los caciques locales habían estado haciendo: establecieron una suerte de asociación público-privada. La Policía Federal se encargaría de pastorear a los operadores del narco, coordinándolos, dirigiéndolos y conteniendo su creciente propensión a competir por medio de la fuerza. Al mismo tiempo (un beneficio nada fortuito), generarían un ingreso continuo para el Estado, mientras lucraban para sus propios bolsillos y para los de sus superiores en la PGR, y subiendo el escalafón hasta las autoridades políticas en el ápice de la estructura del partido, o cerca de él. El PRI no buscaría extirpar, sino regular: establecieron una (redituable) "Pax Priista".

En el mismo año, 1947, y sobre todo por presión de las autoridades de EUA, el gobierno de Miguel Alemán creó la Dirección Federal de Seguridad (DFS), que sería parte policía política, parte agencia nacional de seguridad. Algo así como una cruza entre el FBI y la entonces recién acuñada CIA, y trabajaría de cerca con la segunda, una muestra de la alineación de México con EUA en la naciente Guerra Fría. La CIA llegó a contar con los espías de la DFS para conseguir información sobre los movimientos en México de funcionarios soviéticos, del bloque oriental y, más tarde, de cubanos. El PRI la usaría como una policía secreta nacional, encargada de la vigilancia y represión de disidentes, populistas, sindicalistas, marxistas, comunistas y otros "subversivos".

La DFS entró pronto al terreno de la PGR, los operativos antidrogas eran un recurso práctico para sofocar movimientos sociales y adversarios políticos del PRI. También se convirtió en un cómplice activo en la regulación, y en el lucro obtenido por el flujo de narcóticos hacia Estados Unidos. El coronel

Carlos Serrano, senador priista, amigo cercano y consejero del presidente Alemán, había jugado un papel decisivo (apunta Stephen Niblo) en la creación de la DFS, y mantuvo un control considerable sobre sus operaciones. La CIA lo consideraba "un hombre sin escrúpulos, activamente involucrado en varios negocios ilegales, como el narcotráfico", lo que no era un impedimento para que la CIA trabajara con él. El Departamento de Estado de EUA sospechaba que la cabeza oficial de la DFS, el coronel Marcelino Inurreta (al que había entrenado el FBI) y sus principales ayudantes estaban hasta los codos en el comercio de opio y marihuana.

En 1948, el Gobierno de México anunció una "gran campaña" para destruir los plantíos ilegales de adormidera. Agentes de la policía —por primera vez apoyados por un contingente de soldados—, iniciaron la operación en Sinaloa. Durante la década de 1950, la campaña se extendió a Baja California, Sonora, Jalisco, Durango, Morelos, Guanajuato y Yucatán. Si se la mide conforme a su supuesto objetivo de erradicación, la campaña fue prácticamente inefectiva. Los plantíos ilegales estaban dispersos en un vasto territorio y los agricultores, a los que descubrían a menudo, sobornaban a los oficiales para que dejaran en paz sus cosechas. Pero los efectos de la campaña sí fueron mayores. El Estado Federal consiguió arrancar la aplicación de la política de drogas de las manos de los caciques locales, llevarla a nivel nacional y mostrar a los narcotraficantes exactamente quién tenía la sartén por el mango. Esto acarreó la consecuencia adicional, aunque involuntaria, de centralizar el tráfico de drogas. Los traficantes locales pronto aprendieron que su supervivencia y prosperidad no sólo dependería de granjearse la protección de las autoridades municipales y estatales, sino que necesitaban también llegar a acuerdos con las fuerzas federales: la Policía Federal, el Ejército, la DFS y los funcionarios del PRI. Eso, a su vez, requirió que se aglomeraran en organizaciones más grandes y que expandieran sus horizontes más allá del corazón de Sinaloa, para incluir a todo el país.

Capítulo tres
1960-1980

En las décadas de 1960 y 1970, algunos acontecimientos en Estados Unidos, Europa y el Medio Oriente impulsaron la expansión de la industria de las drogas.

La marihuana —que había sido nicho de pocos en EUA (sobre todo *hipsters*, afroamericanos citadinos y mexicanos)— se convirtió en un producto de consumo masivo. El florecimiento de su uso tuvo un impacto inmediato en los agricultores mexicanos al darles un precio estable y una demanda constante, ventajas comerciales con las que los cultivos como el maíz o el frijol no podían competir. Sinaloa no pudo satisfacer por sí sola la creciente demanda, y comenzaron a cultivarla en el estado vecino de Durango, luego en Jalisco, luego en estados del sur como Oaxaca y Guerrero, lo que transformó la producción de marihuana, una operación sinaloense menor, en una industria nacional a gran escala que se extendía por una docena de estados. Para 1975, el país suministraba aproximadamente el 95 por ciento de toda la marihuana que se consumía al norte del Río Grande.

También se gestaban cambios en el mundo de los opiáceos. La "Conexión francesa", que llevaba hasta entonces la mano, consistía en que los capos corsos transportaban opio en crudo comprado legalmente en Turquía a laboratorios en Marsella, donde se convertía en heroína y viajaba a Nueva York, y desde ahí los mafiosos inyectaban la droga al torrente sanguíneo del continente. Este complicado sistema se había establecido en 1947, como lo demostró Alfred McCoy, gracias a la joven CIA, que había apoyado a los capos corsos contra el Partido Comunista Francés en su lucha por controlar los muelles de Marsella. Al final de la década de 1960, cuando EUA recibía ente ochenta por ciento y noventa por ciento de su heroína gracias a la Conexión francesa, el temor a los comunistas franceses había decrecido y en cambio había aumentado el temor a los traficantes de heroína, por lo que las fuerzas antidrogas tomaron la delantera. En 1972, incitada por EUA, Turquía prohibió el cultivo de opio. Cuando se arrepintieron en 1974, ya una serie de arrestos espectaculares había afectado severamente a la "conexión", detonando una sequía de heroína en las ciudades de la Costa Este estadounidense.

El periodo también se vio marcado por casos de corrupción espectaculares. Poco después de que la película de 1971 *Contacto en Francia* (que en inglés se llamó precisamente *The French Conection*, "Conexión francesa") celebrara un previo decomiso récord de drogas conseguido por policía de Nueva York, se reveló que la mayoría de esta heroína confiscada había desaparecido del Departamento de Policía de Nueva York como por arte de magia —o sin magia: la habían reemplazado con harina y fécula de maíz—. Más tarde, otros 140 kilos de heroína y cocaína, con un valor de 73 millones de dólares, ahuecaron el ala policial, en lo que para entonces fue el mayor robo en la historia de Estados Unidos. La mayor parte de los oficiales en la Unidad de Investigaciones Especiales de la Policía neoyorkina (llamados popularmente "los Príncipes de la Ciudad") terminó de patitas en la calle, por corruptos.

También a los federales los infestaba la corrupción. La Oficina Federal de Narcóticos de Anslinger (como lo demuestra Douglas Valentine) estaba podrida. Anslinger se hizo de la vista gorda hasta su retiro en 1962, sólo para que explotara el hecho en una investigación de 1968 que "descubrió" el (ex)bastión era una óptima fuente de suministro y protección del comercio de heroína. El informe se silenció, como apunta Edward Epstein, pero virtualmente todo agente en la rama neoyorkina fue acusado y condenado, despedido o forzado a renunciar. No así el proyecto anslingueriano; en 1968 los restos de su operación fueron incorporados a la nueva Oficina de Narcóticos y Drogas Peligrosas (BNDD, por sus siglas en inglés), que dependería del Departamento de Justicia. Esta nueva agencia muy pronto se vio enmarañada en una red de corrupción, tanto que su jefe acudió a la CIA para que lo ayudaran a limpiar su casa que, la CIA coincidía, estaba "totalmente infiltrada por elementos deshonestos y corruptos, sospechosos de tener nexos con la industria del contrabando de narcóticos". De manera paralela a los sucesos en México, la oficina regional de la BNDD entró en simbiosis con los mafiosos locales: aceptaba sobornos frecuentes para arrestar sólo a los vendedores que le señalara el hampa, lo que les permitió a los agentes federales acumular historiales de arresto impresionantes y su ascensión vertiginosa, y al mismo tiempo eliminó competidores indeseados para la mafia.

Ya desconectada la Conexión francesa, los minoristas buscaron otros enchufes que les proveyeran al por mayor. México era la opción obvia, dada su proximidad con Estados Unidos, la disposición de la DFS para servir de guardias a los traficantes, la geografía y el clima ideales para procrear buenos productos, y "los de abajo" que abastecerían las filas de (necesitados) peones agrícolas. El cambio se dio vertiginoso. El "lodo mexicano", una heroína café, algo parecida al chapopote, comenzó a fluir hacia el norte. Se estima que en 1972 México abastecía entre el diez por ciento y el veinte por ciento del mercado estadounidense de heroína; en 1975, la cifra se fue al cielo, los mexicanos proveían algo así como el setenta por ciento o el noventa por ciento de un mercado que también (apunta William Walker en *Drug Control*) casi duplicó en ese lapso sus dimensiones.

Al principio, el contrabando que venía de México estaba más descentralizado que el proveniente de Europa, así que era más difícil de vigilar. Una miríada de contrabandistas de poca monta organizaba un enorme número de incursiones a través de la frontera, minimizando el costo de cualquier decomiso. El influjo de dólares al corazón de Sinaloa enriqueció y transformó a los gomeros, ahora *narcotraficantes* (o *narcos*, para acortar), para señalar su cambio de estatus: ya no eran meros agricultores de adormidera, sino acaudalados contrabandistas que controlaban un mercado internacional. Comenzaron a adoptar un estilo acorde a su nueva situación; en Culiacán crearon un barrio completo, llamado Tierra Blanca, y lo llenaron de casas ostentosas.

Una paradoja es que la empresa que sobresalía de la manada tenía su base en Durango. Los hermanos Herrera estaban en el negocio desde los cincuenta y habían establecido un puesto comercial en Chicago, compuesto por otros miembros del extenso y extendido clan. Ahora, con la demanda creciente de EUA, engordó hasta alcanzar la talla de las grandes ligas y, para mediados de la década de los setenta, movía más de nueve toneladas anuales, con un valor de venta bruto de dos mil millones de dólares. La mayoría de la heroína de los Herrera viajaba de Durango a Chicago (un trayecto de 49 horas sin escalas), escondida en tanques de gas con compartimentos. Como la "Autopista de la Heroína" terminaba en la Ciudad de los Vientos, Chicago le robó a Nueva York su tradicional dominio del mercado mayorista: aproximadamente una tercera parte del producto se quedaba en Chicago; el resto circulaba por el país del norte en vuelos comerciales. En Durango, a la eficiente organización de lo que se llamaba la "Conexión mexicana" la supervisaban miembros de quince familias mexicanas emparentadas, con el patriarca Jaime Herrera Nevárez a la cabeza. Los administradores supervisaban la contratación de campesinos, la distribución de semilla de adormidera, el desarrollo de nuevas áreas de producción, la supervisión de recolectores de goma, la administración de laboratorios, el corte y el envío. Las ganancias se repatriaban: el efectivo se contrabandeaba de vuelta en los mismos tanques de gas o se enviaba por cable (usando giros bancarios y Western Union) a instituciones financieras en la ciudad de Durango, convertida en una sucursal de los gángsters. Las ganancias netas tras los sueldos, sobornos, etcétera (que Lupsha y Schlegel calculan en cien millones de dólares al año) se invertían en ranchos, tierras, lecherías, casas y edificios, y desarrollos turísticos; una ayuda tremenda, aunque ilícita, a la economía mexicana.

***

En el norte, durante la presidencia de Richard Nixon (1969-1974), se invertía una cantidad enorme de energía en lidiar con el creciente influjo. Nixon revivió la guerra contra las drogas de Anslinger. De nuevo se asoció a los psicoactivos con un grupo social temible: esta vez con el numeroso grupo de jóvenes que había empezado a fumar yerba, quemaban mientras reían de proyecciones a medianoche de *Locura de la marihuana* (1936), de tiempos de Anslinger. Ni siquiera Nixon creía que la marihuana incitara a la gente a la violación y al homicidio, pero, como muchos otros conservadores, estaba convencido de que el cannabis hacía algo peor: minar los cimientos de la civilización estadounidense.

El 14 de julio de 1969, Nixon mandó un Mensaje Especial al Congreso Sobre el Control de Narcóticos y Drogas Peligrosas, en el que declaró que "el abuso de las drogas" era "una seria amenaza nacional a la salud y la seguridad de millones de estadounidenses". Los estadounidenses no estaban suficientemente conscientes de "la gravedad de la situación", argumentaba el presidente, por lo que "una nueva urgencia y una política nacional concertadas son necesarias a nivel federal para comenzar a lidiar con esta creciente amenaza al bienestar general de Estados Unidos".

Al mismo tiempo, Nixon envió funcionarios administrativos a México para persuadir a sus pares de que rociaran de herbicidas los cultivos de marihuana y de opio. Las autoridades mexicanas se rehusaron, incluso aquellas solidarias con el proyecto de Nixon, temiendo las consecuencias ecocidas: destacaron los atroces efectos secundarios que el Agente Naranja tuvo en Vietnam. Rechazado, Nixon inició la Operación Intercepción en septiembre de 1969, supervisada por el procurador general John Mitchell e ideada por G. Gordon Liddy (ambos se volverían famosos por Watergate), con el objetivo (oculto) de amedrentar a México hasta la aquiescencia. Dos mil inspectores comenzaron a examinar minuciosamente cada coche que intentara cruzar la frontera; registraban (a veces hasta desnudarla) a cada persona, cada vehículo, cada pieza de equipaje (incluyendo bolsos y loncheras); así acumularon kilómetros de tráfico, provocando prácticamente el cierre de la frontera. Después de veinte dolorosos días y una feroz andanada de quejas a diestra y siniestra, Nixon canceló su Operación Intercepción. Pero había funcionado, igual que las tácticas de Anslinger. México estaba decidido a iniciar otra gran campaña (como la de 1948), sumisamente titulada Operación Cooperación. Sin embargo, México (que llamaba al programa conjunto Operación CANADOR, un acrónimo para cannabis y adormidera) retuvo su negativa a acceder a la exigencia estadounidense de fumigación aérea; en cambio, reforzó su campaña de erradicación manual (a los soldados mexicanos se les envió a cortar al ras las plantas de marihuana y adormidera con palos o machetes) y permitió que las fuerzas policiales de EUA entraran a México y vigilaran sus operaciones.[4]

---

[4] Entre las consecuencias inesperadas de esta ronda estuvo que los narcotraficantes descubrieran que, si no se podía manejar por medio de la frontera, se podía volar por encima, lo que muy pronto llevaría a su adopción de un sistema aéreo de envío. La Operación Cooperación también tuvo el efecto de eliminar a los contrabandistas menos capaces, lo que consolidó el poder de las organizaciones criminales más grandes y mejor financiadas, como la de los hermanos Herrera. Y en EUA, un número considerable de jóvenes reaccionó inesperadamente a la hambruna temporal de marihuana pasando al LSD.

✝ Entonces Nixon se concentró en la acción legislativa y logró la aprobación de la Ley de Control y Prevención Comprensiva del Abuso de Drogas de 1970, que consolidó los estatutos federales anteriores y aumentó la autoridad de los agentes federales antinarcóticos. El Título II —la Ley de Sustancias Controladas— brindaba la base legal para una guerra contra las drogas. Al acercarse su campaña por la reelección, Nixon siguió pujando, promoviendo el pánico moral a gran escala. Sorteando los (para él) vergonzosos resultados de la Comisión Nacional sobre Marihuana y Abuso de Drogas que él mismo había fundado en 1971 —su reporte dejaba claro que no había evidencia alguna de que la marihuana fuera dañina o adictiva, y recomendaba descriminalizar la posesión—, insistió (en junio de ese año), usando estadísticas infladísimas, en que "el narcotráfico es el enemigo público número uno", contra el que "debemos librar una ofensiva total a nivel mundial, nacional, gubernamental".

En 1973, de vuelta y (creía) a salvo en la Casa Blanca, Nixon creó la Administración para el Control de Drogas (DEA, por sus siglas en inglés) por orden ejecutiva. Fusionó a la podrida Oficina de Narcóticos y Drogas Peligrosas con otras agencias, cuya misión sería "establecer un comando único y unificado para librar una guerra total a nivel global contra la amenaza de las drogas". Sobrevino el escándalo de Watergate y, deshonrado, Nixon renunció en 1974, pero la DEA —cuya *raison d'être* era la guerra permanente contra las drogas— sobreviviría por mucho a su creador. En sus inicios, la DEA tenía 1,470 agentes especiales y un presupuesto anual de menos de setenta y cinco millones de dólares. Hoy en día tiene 5,235 agentes especiales, 227 oficinas nacionales, oficinas en otros 62 países y un presupuesto de aproximadamente 2.5 mil millones de dólares.

***

A pesar de haber humillado a México, a Nixon no le faltaron partidarios en dicho país. Uno clave fue el presidente Gustavo

Díaz Ordaz (1964-1970), navegante de la misma longitud de onda que Nixon, al que le repugnaba que los estudiantes mexicanos fumaran marihuana, y que escribiría en sus memorias que la Universidad Nacional Autónoma (UNAM) estaba "¡llena de basura y mugre!". Pero al igual que Nixon, Díaz Ordaz tenía preocupaciones más profundas, basadas no en su rigidez personal, sino en la oposición que percibía contra el PRI. En la nueva generación, un grupo considerable veía al Estado unipartidista como represor, y a su retórica socialista como una máscara de autoritarismo. Al igual que Nixon, su compañero de paranoia, Díaz Ordaz asociaba disensión política con conspiración comunista, y se tornó contra aquellos que clamaban una reforma democrática: escritores, periodistas, editores, trabajadores marginados y, sobre todo, estudiantes.

En 1966, una protesta estudiantil fue reprimida con fuerzas del ejército en la capital de Michoacán. En 1968, enfurecido por las protestas callejeras que amenazaban con enturbiar la imagen de México pocas semanas antes de que fuera anfitrión de las Olimpiadas de Verano, desplegó tanquetas blindadas para dispersar a los miles que acampaban en el Zócalo y generó imágenes que evocaron a los jóvenes de Praga ante los tanques soviéticos. Díaz Ordaz mandó a un batallón de fusileros paracaidistas a ocupar (junto con otras fuerzas) la UNAM donde se manifestaban los estudiantes. Después, Díaz Ordaz orquestó una masacre de estudiantes que se manifestaban en la Plaza de las Tres Culturas en Tlatelolco, en la Ciudad de México; desató al ejército, a la policía y a paramilitares que rodearon a la multitud y le dispararon con rifles, bazucas y ametralladoras. Detuvieron a dos mil, los desnudaron y los golpearon; algunos desaparecieron; los muertos (en un estimado, pues los cuerpos fueron retirados en camiones y quemados) llegaron a trescientos. La masacre disparó la indignación nacional e internacional.

El tiroteo de 1970 contra los estudiantes de Kent State, que protestaban contra la expansión nixoniana de la Guerra de

Vietnam hacia Camboya, fue un pálido eco de la matanza de Tlatelolco (en Ohio hubo cuatro muertos, nueve heridos), aunque sí provocó una huelga nacional de cuatro millones de estudiantes. De manera similar, el surgimiento de los Weather Underground, y sus atentados con bombas a principios de los setenta, fue una sombra del paso a la resistencia armada que dieron las guerrillas urbanas en México, opuestas a lo que consideraban un régimen indiferente y brutal. Lo que no tuvo una contraparte en el norte fue el surgimiento de rebeliones rurales, alimentadas por una crisis progresiva en el sector agropecuario.

En las montañas de Guerrero, Lucio Cabañas, un maestro entrenado en la escuela normal rural de Ayotzinapa y convertido en revolucionario, formó el Partido de los Pobres, cuyo brazo armado se dedicó al secuestro y asaltos bancarios y otras expropiaciones (como había hecho en la misma región el grupo que firmaba Genaro Vázquez) para financiar su rebelión armada. En 1971, el nuevo presidente, Luis Echeverría (1970-1976), había enviado doce mil elementos del ejército a la región. Como se oponía resueltamente a permitir que se desarrollaran grupos guerrilleros en México, y desplegaba agentes de la DFS para infiltrar varias organizaciones de izquierda, simultáneamente estrechaba lazos con los gobiernos socialistas de Chile y Cuba y ofrecía refugio a las víctimas de la infame Operación Cóndor. En 1974, luego de que Cabañas secuestrara a un senador priista multimillonario y candidato a gobernador, el presidente aumentó la presencia militar a veinticuatro mil efectivos. El ejército llevó a cabo detenciones generalizadas, interrogaciones bajo tortura y desapariciones. Sólo en el municipio de Atoyac de Álvarez, los militares desaparecieron a unas cuatrocientas personas. Cabañas murió ese año en un tiroteo, contra soldados.

La relación de Echeverría con EUA no había sido particularmente cálida, y había estado renuente a expandir la Operación Cooperación (CANADOR, en México) que su predecesor le había heredado. Pero en septiembre de 1976, cuando ya le estaba

pasando la estafeta presidencial a su sucesor elegido, José López Portillo (1976-1982), el gobierno echeverrista dio el paso.
El cambio de opinión fue en parte por la insistencia de Estados
Unidos; en parte por la preocupación ante la explosiva dimensión de la industria de las drogas (que para entonces incluía
unas treinta mil parcelas de opio, de las que algunas excedían
las quince hectáreas), y en parte por la alarma ante los niveles
crecientes de violencia relacionada con traficantes. En Culiacán, las balaceras en las calles del centro se habían vuelto cosa
de todos los días y los periódicos de Sinaloa publicaban quejas
a reventar contra la amenaza creciente del narco. Al PRI también le consternaban los disturbios agrarios: tomas de tierra generalizadas y campesinos desesperados que desafiaban por las
armas a la autoridad, presionados por una crisis agropecuaria
que seguía empeorando. De hecho, los dos problemas eran sia-
meses, pues decenas de miles de campesinos habían entrado a
la economía de las drogas y estaban preparados para defender
su nuevo salvavidas económico a punta de pistola.

El Estado decidió hacer un ataque terrestre a gran escala y
dio luz verde a la campaña de fumigación aérea que deman-
daran los estadounidenses y que había sido hasta entonces
rechazada, permitiendo también que EUA hiciera vuelos de reconocimiento sobre el blanco. El objetivo del nuevo gobierno
de López Portillo era la eliminación total del cultivo de adormidera, y la cooperación con Estados Unidos. El procurador
general de México predijo que el narcotráfico terminaría en
seis meses. Lo que no anunciaron fue la decisión de acabar con
las insurgencias rurales abrigándose tras la campaña antidrogas. Muy pronto renombraron al programa como Operación
Cóndor, el mismo *nom de guerre* de la campaña de represión y
asesinato, patrocinada por EUA, que las dictaduras de derecha
sudamericanas desataron en 1975 contra las guerrillas, los disidentes, los estudiantes, los activistas sociales, los sindicatos y
los académicos; una "Guerra sucia" de una década en la que
decenas de miles desaparecieron o murieron. En México, este

aspecto de la operación estuvo en manos de José Hernández Toledo, que había comandado los operativos militares en la matanza de Tlatelolco y, dos años atrás, la "toma" de la capital michoacana.

A principios de 1977, diez mil soldados tomaron por asalto el Triángulo Dorado de Sinaloa, Durango y Chihuahua. Asolaron los pueblos, tiraron puertas y se llevaron a rastras a cientos de jóvenes, algunos para golpearlos y torturarlos (con descargas eléctricas, quemaduras y agua enchilada por la nariz). Hubo cientos que nadie volvió a ver. Las unidades del ejército también saquearon casas, violaron a las mujeres y confiscaron bienes, lo que intensificó la resistencia armada. Desde el aire, aviones proporcionados por EUA comenzaron a rociar los cultivos de drogas, usando ácido 2,4-D contra el opio y el herbicida tóxico *paraquat* contra la marihuana. Decenas de miles de parcelas y sembradíos fueron destruidos; cientos de kilos de droga, decomisados.

La DEA y la Casa Blanca, ahora de Jimmy Carter (1977-1980), cantaron odas al "programa modelo" de México, y era cierto que la Operación Cóndor había restringido severamente la cantidad de drogas que cruzaban del sur al norte la frontera hacia EUA. Para 1979, la cantidad de heroína que entraba por esa vía a Estados Unidos se había reducido casi a la mitad; una victoria ambigua, pues los proveedores respondieron a la escasez inflando los precios (el valor callejero de un miligramo subió de 1.26 dólares en 1976 a 2.25 en 1979), lo que a su vez elevó la tasa de crímenes, pues los adictos se esforzaron por alimentar su encarecido hábito.[5]

---

[5] En 1979 apuntaron directamente contra la Organización Herrera, pero, aunque decomisaron treinta y nueve kilos de heroína y capturaron a tres capos instalados en Chicago, la dirigencia y la misma organización entraron en la siguiente década; hasta 1988, cuando la Operación Durango llevó a la captura de Jaime Herrera Nevárez. Para entonces, sin embargo, la siguiente generación ya se había diversificado hacia la cocaína y las metanfetaminas, y continuaron en pie.

Las consecuencias inesperadas fueron todavía más profundas. Cuando la Operación Cóndor golpeó Sinaloa, los principales jefes del narco —que habían quedado sospechosamente intactos—, simplemente se mudaron.[6] Bajaron sus operaciones de las montañas hacia la segunda ciudad más grande de México, Guadalajara, en el estado de Jalisco. Ahí compraron mansiones espléndidas y continuaron con su negocio a una escala aún mayor. La Operación Cóndor centralizó el oficio sin proponérselo, separó la paja del trigo y fortaleció a aquéllos con los recursos para pagarse la protección de la policía, el ejército, la DFS y los políticos del PRI.

Tal vez el resultado principal de la última Gran Campaña fue solidificar el "sistema de plazas" que se había instaurado de forma rudimentaria durante las décadas de 1940, 1950 y 1960. La Operación Cóndor les había recordado a los capos quién mandaba, y cuando el programa aflojó a finales de los setenta y el comercio de droga alcanzó sus niveles de antaño, se manejó de una manera más ordenada. Las agencias gubernamentales (en particular la DFS, cuya *raison d'être* era la supresión del negocio) establecieron extraoficialmente corredores de tráfico autorizados y puntos de tránsito estratégicos por los cuales las drogas tenían que pasar de camino a Estados Unidos. Las plazas no estaban controladas por criminales; en vez de eso, eran puestos de control en donde los recibía la policía o el ejército, que estaban ahí para recolectar sobornos o para arrestar (y a veces matar) a cualquiera que no pagara. Esto también les permitió acumular decomisos y demostrar así que estaban librando fervientemente la guerra contra las drogas.

---

[6] Durante la Operación Cóndor, los dueños de las plantaciones que habían recibido aprobación extraoficial ondearon banderas en sus sembradíos para indicar a los pilotos que no fumigaran, sino que rociaran agua y fertilizantes; las condiciones de sequía prevalecían y algunos sostuvieron que fue el clima, y no la campaña de erradicación, el responsable de gran parte de la pérdida.

La regulación estatal *de facto* mantuvo a los narcos bajo control, sofocaba su violencia y a la vez brindaba atractivas ganancias a los reguladores.

En territorio protegido, picó la ambición a los narcoempresarios. Algunos comenzaron a organizar cargamentos más grandes que nunca. En vez de comprar marihuana a pequeñas granjas familiares, emprendieron ellos mismos el cultivo en extensiones más sustanciosas. Uno de los innovadores más aventurados fue Rafael Caro Quintero, un traficante de Badiraguato, el corazón del narcoterritorio sinaloense. Nacido en 1952, Caro Quintero cultivaba, con su familia, frijol y maíz. A mediados de la década de 1970 se mudó al estado vecino de Chihuahua y comenzó a cultivar marihuana en el rancho de su hermano. Durante los siguientes cinco años expandió su negocio, compró otros ranchos y amasó una fortuna. A principios de la década de los ochenta ya era dueño del gigantesco Rancho Búfalo: un tramo de tierra desértica de mil hectáreas en el que trabajaban unos siete mil campesinos, bajo condiciones de esclavitud, levantando cosechas formidables de marihuana que se secaban en veinticinco cobertizos del tamaño de canchas de futbol. La producción anual —valuada en ocho mil millones de dólares— podría abastecer la demanda anual completa de EUA. Para 1981, Caro Quintero tenía con qué dar mordidas fabulosas a los comandantes policiales del estado de Chihuahua, a los políticos regionales, al ejército y, sobre todo, a Miguel Nazar Haro. Una porquería de persona, infame por su papel en la masacre de Tlatelolco en 1968 y por su papel en la "Brigada Blanca" (los escuadrones de la muerte de la Guerra sucia), Nazar Haro ocupó la jefatura de la DFS en 1978. Al empezar los ochenta, Caro Quintero le entró al acaparamiento que estaba de moda y se alió con otros dos capos que habían abierto laboriosamente todo un nuevo narcofrente, gracias, de nuevo, a los vecinos del norte.

***

En los setenta y ochenta, la cocaína barría incontenible los EUA. Si la yerba estaba asociada al disentir político, la contracultura, la paz, el amor y la buena vibra, la droga disco invocaba *glamour*, velocidad, sexo, negocios y dinero. *Mucho* dinero, porque se cotizaba espectacularmente más cara que la mota, generando miles de millones de dólares.

Al principio, las ganancias no aterrizaban en manos de mexicanos, sino de colombianos. El clima de su país era ideal para el cultivo de hoja de coca, no sólo manufacturaban su producto, también se encargaban de su propia mensajería. Los capos de Medellín enviaban la mayoría de su cocaína directo a la Florida en un vuelo sin escalas de mil quinientos kilómetros, lanzaban sus paquetes al mar, de donde los recogían y presurosos transportaban a la costa en lanchas de motor, exactamente como se había contrabandeado el chupe durante la Prohibición, en aquel entonces portándolo de buques mercantes estacionados en la Fila del Ron, justo afuera del límite (legal) de cinco kilómetros.

Proféticamente, a principios de los setenta los colombianos iniciaron una especie de proyecto piloto para desarrollar una ruta complementaria a través de México. En un principio, no confiaron la operación prototipo a los mexicanos. Su contacto directo era un hondureño, Juan Ramón Matta Ballesteros, él transportaba la cocaína a México y ahí la entregaba al cubano-estadounidense Alberto Sicilia Falcón, un mafioso (y glamoroso) establecido en Tijuana que movía el producto al otro lado de la frontera. Sicilia Falcón no era un pandillero cualquiera. Había cambiado a Cuba por Miami cuando apareció Fidel Castro en 1959. Sicilia Falcón contaba que la CIA lo había entrenado para participar en incursiones y misiones de entrega de armas en su antigua patria. Según Scott y Marshall, se mudó a México en 1972 y, con ayuda de sus conexiones en la DFS —la DFS y la CIA tenían una relación laboral estrecha— y las relaciones amistosas que sabía ganarse (fue amante de Irma Serrano, examante del presidente Díaz Ordaz, y se dice que también de la exmujer de Diego Rivera, Dolores Olmedo[7]), estableció un negocio que colocaba el producto colombiano de Matta en California. La fortaleza de Sicilia Falcón en Tijuana, "La Casa Redonda", estaba protegida por una camarilla de agentes de la DFS armados con AK-47. Mientras los presidentes Echeverría y Nixon incrementaban esfuerzos para detener el camino al norte de la marihuana y el opio, nacía un negocio de cocaína de cinco mil millones de dólares anuales, junto con una operación colateral de lavado de dinero por parte de los bancos mexicanos y estadounidenses.

La estrella de Sicilia Falcón se fue al traste en 1975, agentes de la DEA se infiltraron en su negocio, hicieron cantar a algunos de sus traficantes y consiguieron que los mexicanos lo arrestaran. (Ésta no fue la primera vez, ni la última, que la DEA y la CIA colaboraron, aunque con objetivos contrarios.) Condenado y enviado a pudrirse en la cárcel, Sicilia Falcón se convirtió en el primer capo de la coca en caer (después de todo, era extranjero), pero el 26 de abril de 1976, se escapó de la cárcel de Lecumberri (el Palacio Negro), cavando un túnel de más de treinta metros hacia un predio adquirido por él poco antes, equivocándose un poco (rompió las paredes de una casa ajena) —sólo para que le regresaran sus huesos por casi dos décadas a otra prisión, liberándolo sin bombo ni platillos en los noventas.

---

[7] Mills comenta: "era parte del mundo de las mansiones fortificadas, los carros caros, los botes acuáticos de carreras, el champagne Dom Pérignon, los puros Montecristo y la cocaína por kilo. Sus fiestas lo mismo en yates, salones de hotel o casas privadas en tres continentes, divirtieron a líderes políticos, industriales, estrellas de cine, criminales internacionales y jefes de inteligencia. Sus sobornos y regalos incluían carros deportivos italianos, joyas y pagos de millones de dólares… Su dinero rondó secretamente alrededor del mundo en bancos de media docena de países, Rusia incluida. Su influencia alcanzó los servicios de inteligencia de varios países, entre ellos, México, Cuba y seguramente Estados Unidos".

Con Sicilia Falcón fuera del tablero, Matta estrechó lazos con las jóvenes estrellas del hampa sinaloense, entre ellos Rafael Caro Quintero (el maestro de la marihuana), Ernesto Fonseca Carrillo y, *primus inter pares*, Miguel Ángel Félix Gallardo. Nacido en Culiacán en 1946, Félix Gallardo había sido policía judicial en Sinaloa, guardaespaldas del gobernador, y había saltado al negocio de la droga, y cambiado Sinaloa por Guadalajara cuando la feroz Operación Cóndor.

La conexión Matta quedó bien restablecida antes de terminar los setenta, él y sus socios se convirtieron en los embajadores claves de la cocaína colombiana en México. Aun así, sus envíos sólo abastecían el treinta por ciento del consumo de la coca en Estados Unidos. Lo que activó el turbo fue la elección, en 1980, de Ronald Reagan.

Capítulo cuatro
1980-1990

Reagan cultivó una imagen de hombre de ley presto a revertir la "timidez" de las políticas de Jimmy Carter, presidente distante al fanatismo nixoniano. Carter respondía a la indisposición creciente de los padres clasemedieros a que encarcelaran a sus hijos por fumarse un carrujito, ya muy pocos consideraban a la marihuana una amenaza. En la esquina contraria del *ring*, Reagan, como si jugara a la guija con el difunto Anslinger, la declaró "probablemente la droga más peligrosa de Estados Unidos". Para la mala suerte de Carter, el uso de la cocaína se había ido al cielo durante su mandato, permitiéndole a Reagan levantar su exitosa campaña como reencarnación de Nixon. Ya en funciones, Reagan retomó, a todo vapor, la guerra contra las drogas. En enero de 1982 creó el Comando Sur de Florida, que tenía como objeto enfrentarse cara a cara con los barones de la cocaína (lo dirigía el vicepresidente George H. W. Bush, el comando a su cargo desplegó ejército y marina, y puso en la mira el *Miami Vice*).

Funcionó. Aviones de vigilancia y helicópteros de combate estrangularon la conexión Colombia-Florida, que hasta entonces había estado abierta de par en par. Los decomisos les costaron cientos de millones de dólares a los señores de la droga de Medellín, pero toparon con una solución muy a la mano: los colombianos simplemente abandonaron su servicio de entrega directa y le subieron el volumen al flujo a través del ducto mexicano. Al principio, las ganancias regresaban a Sudamérica, *Forbes* llegó a estimar la fortuna personal de Pablo Escobar, el principal narcotraficante de Medellín, en nueve mil millones de dólares, convirtiéndolo en el criminal más rico de la historia. Pero los mexicanos se transformaron de ajolotes en salamandras, dejaron atrás ser mensajeros (servicio de contrabando bien remunerado), para convertirse (exigiéndolo y obteniéndolo) en socios. Muy pronto, Félix Gallardo, Fonseca Carrillo y Caro Quintero abastecieron el noventa por ciento de la cocaína que entraba al siempre en expansión mercado estadounidense, y lavaron de vuelta unos cinco mil millones de dólares al año. En tan sólo un mes fluyeron veinte millones de dólares por una filial del Bank of America de San Diego.

En 1984, la DEA comenzó a referirse al triunvirato exportador como el Cártel de Guadalajara, haciendo eco de la referencia acuñada por los Cárteles de Cali y Medellín. Aunque "cártel" evocara enorme riqueza y poder, contenía algo engañoso. Por convención, el término "cártel" quiere decir convenio entre varias empresas similares para evitar la mutua competencia y sus indeseadas damas de compañía: las guerras de precios y la reducción de ganancias. En esa época, la Organización de Países Exportadores de Petróleo (OPEP) era el ejemplo óptimo de semejante federación para fijar los precios. Es cierto que los tapatíos habían formado una coalición —de hecho, habían establecido un monopolio—, pero habían reunido capos individuales, o bandas de capos, no instituciones comerciales. De todos modos se les quedó el nombre, aunque los aludidos nunca lo hicieran propio.

† "Cártel" era engañoso en otro sentido: dejaba de lado la importancia crucial del Estado mexicano. El Cártel de Guadalajara prosperó en gran parte porque disfrutó de la protección de la DFS bajo el mando de Miguel Nazar Haro (1978-1982) y de su sucesor, José Antonio Zorrilla Pérez (1982-1985). La DFS brindaba guardaespaldas a los capos; les garantizaba el paso seguro a través de la frontera a los camiones cargados de droga

—usando el sistema de radio policial mexicano para interceptar los mensajes de vigilancia de la policía estadounidense—, y entregaba como si nada credenciales de su agencia. (Los agentes de la DEA no podían evitar notar que cada vez que arrestaban a un traficante de alto nivel, traía consigo documentos acreditándolo de la DFS.) Nazar Haro sirvió fielmente a los tapatíos, hasta que se tropezó con su propia codicia.

En 1981, el FBI lo arrestó en San Diego por contrabandear carros a Estados Unidos, un negocio colateral que sus narcoganancias hacían ver ridículo, innecesario. Es cierto que la CIA lo liberó —insistiendo en que era un "contacto esencial, repito, esencial, de la CIA en la Ciudad de México"—, pero Nazar Haro se había vuelto mercancía defectuosa, y lo desecharon por lo mismo. Su reemplazo demostró ser un sucesor más que adecuado, lo que duró, porque Zorrilla Pérez se volvería una vergüenza, lo condenarían al tambo por treinta y cinco años, culpable de ordenar el asesinato del periodista Manuel Buendía (1926-1984).

***

Resulta que los tapatíos también recibieron apoyo crucial de otro Estado más: el gobierno de Ronald Reagan. Esta vez no fue involuntario (como lo fue la consecuencia inesperada de clausurar el corredor de Miami), sino por un propósito mortal.

Desde 1982, los *apparatchiks* de la CIA y la Casa Blanca (como Oliver North y Elliott Abrams) buscaban cómo eludir la prohibición del Congreso norteamericano para continuar apoyando a los Contras, el movimiento paramilitar financiado por EUA que intentaba derrocar al gobierno sandinista en Nicaragua. Se les ocurrió enviar armas en secreto a los Contras a través de los narcotraficantes mexicanos. Félix Gallardo, que para entonces contrabandeaba a Estados Unidos 3.6 toneladas mensuales de cocaína, brindó "ayuda humanitaria" a los Contras: armamento pesado, dinero en efectivo, aviones y pilotos. Y les dio una manita de otro calibre: uno de sus ranchos se convirtió en campo de entrenamiento de los Contras; lo administraba la DFS, el fiel socio mexicano de la CIA. A cambio, Washington se hizo de la vista gorda ante las cantidades torrenciales de *crack* procesado en México que inundaban las calles de las ciudades estadounidenses. La droga superadictiva, dirigida a las masas, causó estragos en las comunidades pobres y disparó una competencia a fuerza de Uzis que elevó la tasa de criminalidad a las nubes.

La DEA estaba cada vez más frustrada por la cercanía de la DFS y de la CIA con el cártel, que además se volvía cada día más poderoso. Uno de sus agentes, Enrique "Kiki" Camarena, que llevaba trabajando en Guadalajara desde 1980, bombardeaba a Washington con quejas sobre el capullo protector de los capos. En noviembre de 1984, logró persuadir a un rival de la DFS, la PJF, de que asaltara el Rancho Búfalo. Cuando 450 hombres apoyados por helicópteros destruyeron los plantíos y quemaron toneladas de marihuana, los líderes del cártel —coléricos— secuestraron, torturaron y mataron a Camarena. Encontraron su cuerpo en una fosa superficial en una granja de cerdos en Michoacán.

La DEA estaba furiosa. Primero rastrearon a los asesinos. Caro Quintero había eludido el arresto en el aeropuerto de Guadalajara charoleando su placa de la DFS —Zorrilla Pérez la pagó con su despido—, pero finalmente lo capturaron en Costa Rica, lo enjuiciaron, sentenciaron y encarcelaron. También a Fonseca Carrillo, pero por el momento Félix Gallardo seguía escondido. Entonces la DEA les reveló a los medios la verdad sobre la DFS y su relación simbiótica con los canallas a los que se suponía que tenía que eliminar. Por supuesto que la agencia estadounidense siempre lo había sabido, pero se había guardado la historia porque, en la administración de Reagan, la carta anticomunista de la CIA mataba a la carta antidroga de la DEA. Más aún, sacaron a la luz la complicidad de políticos priistas importantes, un golpe a la imagen y credibilidad del partido. En respuesta, el gobierno de Miguel de la Madrid (1982-1988) disolvió por completo la DFS. Algunos agentes y comandantes de la policía terminaron en la cárcel, pero muchos otros sólo cambiaron de uniforme y se unieron a otras agencias federales, ya fuera a la vieja PJF o al nuevo clon de la CIA, el Centro de Investigación y Seguridad Nacional (CISEN).

El escándalo del asesinato de Camarena robusteció la influencia política de la DEA en Estados Unidos. No sólo expandió su imperio burocrático, también propulsó la aprobación de la Ley Antiabuso de Drogas en 1986, requiriendo que el Ejecutivo certificara anualmente que todo país que recibiera asistencia de EUA cooperaba sin reservas con las campañas antinarcóticos estadounidenses, o estaba dando pasos significantes para lograrlo. Fue así cómo, EUA, el consumidor de drogas ilegales más grande del mundo, se erigió en juez del progreso de *otros* países para resolver un problema que EUA no podía. Si algún país no lograba la certificación —y México era un blanco obvio— lo golpearían retirándole toda ayuda externa. Peor aun (en particular para México), EUA se opondría a cualquier petición de préstamo que hiciera ese país a bancos de desarrollo multilateral (como el Fondo Monetario Internacional, FMI); esa oposición era, por supuesto, la garantía de un beso de la muerte.

También en 1986, estando la epidemia de *crack* en su apogeo, el escándalo Irán-Contra (que llamarían también Irangate) a punto de saltar al público, y las elecciones (de senadores) acercándose, Reagan le subió el tono a la retórica de la guerra contra las drogas. "Mi generación recordará cómo los estadounidenses entraron en acción cuando nos atacaron en la Segunda Guerra Mundial", clamó. "Ahora luchamos otra guerra por nuestra libertad". Firmó la Decisión Directiva de Seguridad Nacional declarando al narcotráfico "amenaza a la seguridad nacional". Esto le permitió al Departamento de la Defensa de EUA involucrarse en una amplia gama de actividades antidrogas, especialmente en la frontera con México.

El presidente De la Madrid siguió al pie de la letra el ejemplo reaganista: declaró al narcotráfico una amenaza a la seguridad nacional y autorizó una mayor presencia militar en los esfuerzos antinarcóticos. No tenía otra opción: México había caído en una crisis económica a gran escala, y la certificación, por su acceso al crédito, era imprescindible. Lidiando con la crisis, De la Madrid comenzó a diseñar una transformación profunda en la economía y el sistema de gobierno del país, una transformación que tendría consecuencias importantes para la organización del negocio de las drogas.

**

Desde el gobierno de Cárdenas, en los años treinta, el PRI había seguido una política de desarrollo intervencionista: buscaba impulsar la industrialización y lograr una mayor autosuficiencia nacional al imponer aranceles, limitar la propiedad extranjera, invertir en infraestructura energética y de transporte, subsidiar a los campesinos y brindar programas sociales sustanciales. En general, no lo habían hecho mal: de 1940 a 1970, el Producto Interno Bruto (PIB) se había sextuplicado. Durante su sexenio, de 1970 a 1976, el presidente Echeverría expandió drásticamente el desarrollo impulsado por el Estado: nacionalizó más de seiscientas empresas —estudios cinematográficos, fabricantes de autobuses, hoteles, editoriales— y suscribió obras públicas importantes (autopistas, sistemas de drenaje), sobre todo en la Ciudad de México. Una buena parte de la nacionalización se financió con préstamos del FMI o del Banco Mundial, y triplicó la deuda nacional. Echeverría se permitió el arrebato de gasto porque en 1972 se habían descubierto enormes reservas petroleras bajo las sabanas de Tabasco —pronto apodado "Little Kuwait"—, y poco después, de otras aún mayores en la Bahía de Campeche. Las vetas aumentaron drásticamente el valor potencial cuando la OPEP logró elevar los precios mundiales del petróleo en 1973.

Sin embargo, a mediados de los setenta, el país no pudo escapar al daño colateral de la recesión mundial, que llevó a una caída en la demanda de las exportaciones industriales mexicanas. En 1976, Echeverría se vio forzado a devaluar el peso. La moneda mexicana perdió la mitad de su valor, la inflación se disparó y el capital voló en busca de climas más seguros. La salvación pareció llegar con el sexenio de López Portillo (1976-1982), gracias a los pozos petroleros que ya estaban en funcionamiento; en 1979, un solo yacimiento en Campeche llenaba 1.5 millones de barriles al día. Pemex, el monopolio petrolero del Estado, logró dejar de importar y comenzar a exportar. Las ganancias pasaron de quinientos millones de dólares en 1976, a trece mil millones en 1981, con el impulso de otro aumento más en el precio del crudo, cuando en 1979 la Revolución Iraní sacó del mercado la producción de ese país.

El dinero caído del cielo trajo más que esta subida: los banqueros estadounidenses comenzaron a llegar a la Ciudad de México con los portafolios llenos de petrodólares, ansiosos por otorgar préstamos a un país tan rico en petróleo. Las reservas comprobadas en 1981 se estimaban en doscientos mil millones de barriles. (Un artículo de *Fortune* se tituló: "Por qué los banqueros de pronto aman a México".)[8] A López Portillo le encantó la idea de convertir en billetes contantes y sonantes el futuro de México a cambio de barriles. Por una parte, redobló la estrategia priista de desarrollo impulsado por el Estado.

Una porción menor del flujo masivo del gasto público fue a dar a las empresas productivas, sobre todo al mismo Pemex.

---

[8] Los petrodólares eran las hinchadas sumas que los miembros de la OPEP cosechaban y luego cedían a los banqueros estadounidenses y europeos para que las invirtieran en su nombre. En México, Walter Wriston, de First National City Bank, dirigió la jauría de acarreadores de dinero —cosechó enormes ganancias por su extensión y tarifas excesivas—, con el argumento de que los préstamos peligrosamente inseguros eran totalmente seguros porque los países no podían quedar en bancarrota.

Entre 1977 y 1980, la compañía petrolera recibió doce mil seiscientos millones de dólares de créditos internacionales, que representaban el 37 por ciento de la deuda externa mexicana, y que usó para construir y operar plataformas en aguas profundas, construir instalaciones de procesamiento en la costa, agrandar sus refinerías, realizar más exploración y comprar bienes de capital y pericia técnica del extranjero. Estas inversiones ayudaron a aumentar la producción de petróleo, de cuatrocientos millones de barriles en 1977 a 1,900 millones en 1980. Otras inversiones, en ferrocarriles, autopistas y manufactura, ayudaron a la economía mexicana a crecer a una tasa anual de ocho por ciento.

Buena parte del gasto se dilapidó en proyectos mal informados, en gasto corriente en vez de inversiones y en la expansión autoindulgente de la burocracia (y de sus salarios). Algunos de los desembolsos (y de estos varios importantes) descaradamente fueron nepotistas o corruptos. La podredumbre, como la del pez proverbial, comenzó por la cabeza, en parte porque el sistema priista investía de poder prácticamente ilimitado al presidente faraónico en turno. López Portillo colocó a sus parientes (esposa, hermana, hijo) en altos puestos del gobierno, convirtió en secretaria de Turismo a una amante y lo presumió todo: "Mi hijo es el orgullo de mi nepotismo", declaró con cariño.

Un ingeniero y antiguo confidente de López Portillo, Jorge Díaz Serrano, obtuvo el primer puesto de Pemex. Mientras expandía con éxito el desarrollo de los nuevos hallazgos petroleros, Díaz Serrano también metió las manos en la corriente de ganancias, como muchos de los ejecutivos de Pemex en esos años. Más tarde cumplió una condena de cinco años de prisión por hacerlo. (Parece ser verdad lo que suena a leyenda: el presidente, con ayuda de amigos a los que después invistió en embajadores u otros puestos respetables, invirtieron —con dinero público, se entiende— en la creación de una flotilla de buques petroleros para exportación que, aunque en gastos era real, mágicamente se evaporó en el aire.) Los rumores se supieron ciertos en el caso de un viejo compañero de escuela de López Portillo, Arturo "El Negro" Durazo, nombrado jefe de policía de la Ciudad de México. Durazo había sido comandante de policía del Aeropuerto Internacional Benito Juárez durante el sexenio anterior, y había ayudado a convertirlo en transbordo clave de la cocaína colombiana. En su nuevo puesto transformó a la policía de 2,800 efectivos de la ciudad en una red de distribución de drogas: entregaba paquetes de coca a los comandantes para que se los vendieran a sus subalternos, y éstos se encargarían de la reventa al público y el consumo personal. Durante el ejercicio de Durazo, de 1978 a 1982, los policías tenían *carte blanche* para violar mujeres, que pronto aprendieron a nunca pedirle ayuda a la policía, o más bien, a correr en dirección contraria cuando vieran acercarse a un oficial.

La deuda externa creció a buen paso —de veinte mil millones en 1976 a casi cincuenta y nueve mil millones en 1982—, y pintaba que México podía con ella. Pero no pudo, sobre todo por sucesos fuera de su control. A mediados de la década de los setenta, Estados Unidos había añadido al rosario de penas de recesión las cuentas de la inflación, en gran parte por la victoria de la OPEP al subir el precio del petróleo. Para "derrotar la inflación ya", como urgía el presidente Gerald Ford (1974-1977), el Banco de la Reserva Federal, encabezado por su presidente, Paul Volcker, comenzó (en 1979) a elevar las tasas de interés, hasta llevar la tasa preferencial de doce por ciento a veintiún por ciento. Una curva en picada que en 1980 sí había disminuido la inflación, pero conduciendo al desempleo a niveles que no se habían visto desde la Gran Depresión de los treinta.

La recesión que Volcker diseñó en EUA tuvo un impacto aún más devastador para México, pues la tasa de interés de sus préstamos a corto plazo casi se duplicó. Para 1982, sólo cumplir con los pagos de intereses habría requerido más de ocho mil millones de dólares al año. Lo que es peor, mientras los gastos se disparaban, los ingresos disminuían. El precio del crudo se hundió porque la recesión global difuminó la demanda, el petróleo iraní había regresado al ruedo, expandiendo la oferta. Entre 1981 y 1982, el precio alcanzado por el petróleo mexicano cayó de 78 a 32 dólares el barril. Mientras tanto, el capital mexicano huía del sobrevaluado peso y se refugiaba en el dólar. Entre enero y junio de 1982, doce mil millones de dólares salieron del país, lo que produjo devaluaciones constantes, de 20-1, a 70-1, a 150-1.

México dejó claro que ya no podía pagar sus intereses. Cundió la alarma entre los bancos estadounidenses. Trece de los más grandes perderían colectivamente sesenta mil millones de dólares si México caía, es decir, el cuarenta y ocho por ciento de su capital combinado. Y si México caía, la mayoría de América Latina se vendría abajo con él, lo que probablemente dispararía el colapso de todo el sistema internacional financiero. Así que Estados Unidos reunió un paquete de varios miles de millones de préstamos y créditos, y negoció una moratoria extraoficial. Ordenaron al Banco Mundial y al FMI otorgarle a México préstamos de emergencia con los que pudiera seguirles pagando a los bancos estadounidenses, para rescatarlos de su propia imprudencia. A su vez, estas instituciones —siguiendo el modelo que se negoció por primera vez en la llamada crisis fiscal de Nueva York en 1975— impusieron a México un "ajuste estructural". Los acreedores exigieron la privatización de servicios públicos, recortes en los programas sociales gubernamentales, una mayor apertura a la inversión extranjera y una concentración implacable en el pago de préstamos e intereses. A esta manita de puerco se le vistió con una glosa ideológica que revivió doctrinas empolvadas sobre la inherente superioridad del mercado sobre el Estado, reempacadas como "neoliberalismo".

Cumplir con estas exigencias recayó en el presidente Miguel de la Madrid (1982-1988), exsecretario de Programación y Presupuesto de López Portillo. Miembro bien parado del ala tecnócrata del PRI, De la Madrid no provenía de las organizaciones políticas de masas del partido, sino que había ascendido vía las burocracias financiera y petrolera. No necesitaba que lo obligaran a seguir el camino neoliberal, había aprendido bien sus principios en la Escuela de Gobierno John F. Kennedy de Harvard. Creía que el aparato estatal era una carga en los hombros de los negocios mexicanos que había necesidad de sacudirse, junto con muchas otras cosas en el proyecto e ideología heredados por el PRI. Pero no tenía ningún interés en deshacerse del Estado unipartidista. De hecho, usaría al PRI para forjar la *volte-face*. De la Madrid privatizó muchas de las industrias paraestatales menores, recortó la inversión en infraestructura, redujo los aranceles, se abstuvo de gravar a la élite y fomentó la inversión extranjera. En 1986, México firmó el Acuerdo General de Tarifas y Comercio (GATT, por sus siglas en inglés).

Esta primera ronda de terapia de choque tuvo un costo terrible. La economía, noqueada, estuvo en la lona por una década. Muchas industrias colapsaron. Muchos campesinos abandonaron el campo y se apiñaron en la Ciudad de México. La migración rural hacia espacios urbanos subió 182 por ciento entre 80 y 94. El desempleo se fue a las nubes. Los salarios reales se desplomaron, mientras la inflación ascendía a 100 por ciento. Para 1987, el Gobierno mexicano calculaban que más de la mitad de la población padecía malnutrición. Gobierno mexicano calculaban que más de la mitad de la población padecía malnutrición. Mientras tanto, la deuda se duplicó, de treinta por ciento del PIB en 1982, a sesenta por ciento en 1987. Por algo los ochenta se conocerían como la década perdida.

Los problemas no llegaron solos, sino en batallones. En 1985, unas diez mil vidas se apagaron en un terremoto de 8.1 grados Richter que devastó la Ciudad de México. En una señal temprana de la débil condición del Estado, en parte debida a parálisis ideológica, el Gobierno no reaccionó ante la catástrofe más que para desdeñar tontamente la ayuda ofrecida por EUA y otros países, y de hecho hizo su mejor esfuerzo por subestimar las muertes. La población civil —sobre todo los jóvenes y las mujeres— asumieron la carga del rescate y brindaron comida y refugio rudimentario a los sobrevivientes, la solidaridad colectiva trajo una chispa nueva a la vida mexicana. Se exigió la reconstrucción urbana. Surgieron organizaciones populares en un frente más amplio, que forjaron movimientos sociales con el fin de cuestionar el proyecto de austeridad en sí mismo. Los ciudadanos se resistieron a los desalojos, invadieron terrenos y exigieron el suministro de bienes públicos. El descontento existente desde hacía tiempo contra el autoritarismo del PRI se exacerbó por la furia contra su ineficiencia y su inversión ideológica. Muy pronto, esta energía se canalizaría hacia movimientos políticos con el objetivo de quitar al PRI del poder.

Capítulo cinco
1988

En 1987, De la Madrid eligió como sucesor a Carlos Salinas de Gortari, quien, como secretario de Programación y Presupuesto, había sido uno de los principales arquitectos de la revisión del contrato social heredado por la Revolución. Miembro de la casi hereditaria clase gobernante del PRI —su padre, graduado de Harvard, había sido secretario de Comercio en los sesenta—, Salinas terminó su doctorado en Ciencias Políticas en Harvard en 1978, y en 1982 se unió al gabinete de De la Madrid como su miembro más joven. El hombre que había sido fundamental para cortar los salarios reales a la mitad y elevar el desempleo a casi dieciocho por ciento estaba convencido de que podía hacer aún más. El hinchado gobierno de México debía reducirse y la economía, desregularse, para volverla más cómoda a bancos e inversionistas extranjeros.

La captura de las altas cúpulas del PRI por parte de tecnócratas neoliberales no triunfó sin resistencia. Un grupo de miembros del partido protestó contra el desmantelamiento de los logros sociales de la Revolución y el abandono de derechos inscritos en la Constitución. También denunciaron la falta de democracia interna en el partido y propusieron cambiar el enfoque de liberalizar la economía a liberalizar la política; un proyecto que, de haber sido consistentes, los priistas neoliberales deberían haber acogido, pero que, por ser ellos quienes detentaban el poder, decidieron rechazar.

El líder de esta facción era Cuauhtémoc Cárdenas, hijo de Lázaro Cárdenas y por tanto vástago de la familia con más pedigrí del partido. Además, había ocupado puestos importantes para el partido, como senador federal y gobernador de Michoacán. Fue él quien lanzó la campaña por una reforma democrática del proceso priista de nominación presidencial, una puñalada al corazón de la élite neoliberal.

Aunque portara el nombre de un emperador mexica, Cárdenas parecía un candidato improbable para la tarea. Libresco y reservado, de todos modos dirigió un éxodo de priistas marginados, unió fuerzas con varios partidos de izquierda existentes, improvisó un Frente Democrático Nacional (FDN) y entró como candidato a la pugna presidencial. Su causa atrajo rápidamente el apoyo de los activistas de la sociedad civil que habían surgido ante el terremoto o durante la Guerra sucia, y de organizaciones de obreros y campesinos que estaban furiosas por el colapso de la calidad de vida, y porque creían que el PRI estaba socavando la soberanía nacional a petición del capital internacional.

A pesar de no tener prácticamente personal ni fondos, de que le negaran el acceso a los medios masivos y de que la policía impidiera sus mítines, en febrero de 1988 la campaña del FDN comenzó a funcionar. En una gira por una región agrícola del norte en la que su padre había llevado a cabo una reforma agraria significante en 1936, miles de campesinos entusiastas aclamaron a Cárdenas y lo cargaron en hombros en cada parada. (Cuando Salinas, el candidato del PRI, dio una gira por la región, lo abuchearon y le lanzaron agua.) En marzo, en el quincuagésimo aniversario de la expropiación petrolera de su padre, cien mil seguidores festejaron a Cárdenas en el Zócalo. En junio, el Partido Mexicano Socialista declinó a favor de Cárdenas, y un mitin en el Zócalo atrajo una cifra sin precedentes de doscientos mil asistentes, incluyendo a ejidatarios y organizaciones de barrios, estudiantiles, obreras, feministas, ambientalistas e indígenas. También atrajo enormes multitudes en

Tijuana, Oaxaca, Acapulco y Veracruz. (Para competir, el PRI acarreó empleados estatales a los que les había concedido el día libre con goce de sueldo, y les pagó a familias pobres para que acudieran.)

Unas semanas antes de la elección del 6 de julio, con Cárdenas despuntando en las encuestas, el PRI soltó a sus gánsters. Cuatro días antes de la elección, Francisco Ovando, el principal asistente de campaña de Cárdenas y su viejo amigo, que había estado a cargo de bloquear los trucos sucios por los que el PRI era famoso en el día de la elección, fue asesinado, con cuatro disparos a quemarropa, junto con un asistente. Sus seguidores se arremolinaron en la Secretaría de Gobernación, gritando: "¡Asesinos!". Cárdenas denunció el "crimen político", pero contuvo a sus partidarios.

El día de la elección, con el PRI en control de la maquinaria electoral, el Gobierno comenzó a contar las boletas e introducirlas al sistema de la Comisión Federal Electoral, suministrado por UNISYS. En este punto, como confesó Miguel de la Madrid en su autobiografía de 2004, recibió reportes de que los resultados iniciales iban muy en contra del PRI, y el público exigía noticias.

"Me dio miedo de que los resultados fueran similares en todo el país", admitió, "y que el PRI pudiera perder la presidencia". Así que le dijo al público que se había caído el sistema y que se retrasarían los resultados. Una semana más tarde se declaró vencedor a Salinas, con cincuenta y dos por ciento de los votos, contra el treinta y un por ciento de la coalición de izquierda que lidereaba Cárdenas, y el diecisiete por ciento del PAN. Tres años después se quemaron las boletas, y las únicas pruebas fehacientes del fraude (si lo hubo) se convirtieron en ceniza.

Una multitud enorme, estimada en más de 250,000 personas, la manifestación voluntaria más grande en la historia del país, llegó al Zócalo. Cargando efigies del calvo y orejón Salinas, gritaban: "¡Mentiroso, pelón, perdiste la elección!". Cantaban: "Lo vamos a sacar de las orejas", y vitoreaban a su candidato bramando: "¡Viva el Presidente Cárdenas!". Las manifestaciones duraron meses.

Pero el 10 de septiembre, la escasa mayoría priista en el Congreso ratificó a Salinas como presidente. Ocho meses después, el 5 de mayo de 1989, la mayoría de los partidos y las organizaciones sociales que habían formado el Frente Democrático Nacional fundaron el Partido de la Revolución Democrática, con Cuauhtémoc Cárdenas como presidente.

Capítulo seis
1991-2000

El gobierno de Carlos Salinas (1988-1994) construyó sobre las políticas neoliberales introducidas por De la Madrid para instaurar una contrarrevolución rampante. En esta ronda se vendieron grandes empresas públicas a precio de remate. Entre las ochenta gigantes que privatizó, estaban la compañía de telecomunicaciones, dos aerolíneas, la compañía siderúrgica nacional, la compañía azucarera y la de fertilizantes, los ferrocarriles y los bancos comerciales nacionalizados en 1982. El proceso creó una nueva clase de magnates mexicanos. En 1987 había un solo mexicano en la lista de multimillonarios de *Forbes*. Cuando Salinas dejó la presidencia en 1994, habían ingresado veinticuatro.

A la clase trabajadora le tocó otro boleto en la tómbola salinista. Cuando se privatizaron las empresas públicas, desecharon sus contratos colectivos, removieron sus prestaciones e impusieron leyes laborales "flexibles". Salinas también distanció al partido de los sindicatos que habían estado siempre afiliados a él. Al mismo tiempo, suprimió de golpe subsidios estatales que habían mantenido bajo el precio de la canasta básica. El precio de la leche, las tortillas, la gasolina, la electricidad y el transporte público subieron, y los salarios bajaron.

Los reformadores neoliberales pusieron especial atención a la producción agrícola, que en términos generales consistía de dos sectores bastante distintos: el comercial, a gran escala, y el de subsistencia, a pequeña escala.

El primero, sobre todo concentrado en el norte, cerca del mercado estadounidense, disfrutaba de un suelo superior y bien irrigado, infraestructura de almacenamiento de cosechas y acceso a crédito, tecnología, transporte y estructuras mercadológicas organizadas en torno a la exportación.

El otro, localizado principalmente en los territorios montañosos y sureños, vivía y trabajaba en pequeños predios de terreno inferior; dependía de la lluvia irregular y carecía de acceso a crédito y transporte. Sin embargo, sí se beneficiaban de una entidad federal, la Compañía Nacional de Subsistencias Populares (Conasupo), que apoyaba la economía de los pequeños productores al comprarles a los campesinos los cultivos básicos a precios garantizados, y luego revenderlos, a un precio menor, a los procesadores y distribuidores, manteniendo así un precio de los alimentos accesible para los consumidores.

Salinas consideraba que los pequeños productores —muchos de los cuales vivían en tierras ejidales, una forma de tenencia comunal que se remontaba a la repartición de las haciendas durante la década de 1930— eran inherentemente ineficientes y necesitaban privatizarse.[9] En 1992, la nueva legislación permitió que las tierras ejidales se dividieran y convirtieran en propiedad privada. Al mismo tiempo, el gobierno comenzó a desmantelar Conasupo, quedó abolida en 1999.[10]

---

[9] Aunque según ciertos criterios eran más eficientes, sobre todo por preservar miles de variedades de maíz, lo que mantenía una rica reserva de diversidad genética.

[10] A pesar de que los neoliberales aseguren que tales subsidios (a los pequeños productores) "distorsionaban" inapropiadamente el "libre mercado", ellos mismos no tenían reservas en cuanto a extender apoyo gubernamental a los agricultores comerciales. En 1991, se creó otro programa de apoyo, ASERCA, para ayudar a los grandes agricultores. Lo siguió, en 1993, procampo, que les daba transferencias directas a los productores de cultivos básicos,

Para acelerar el proceso de "arrancar de raíz" a los agricultores ineficientes, Salinas propuso eliminar los aranceles y exponer a la agricultura mexicana a la competencia global. En 1990 le llevó la propuesta a George H. W. Bush (1989-1992) y negoció con él el Tratado de Libre Comercio del Atlántico Norte (TLCAN), que entró en vigor en 1994, bajo el mandato de Bill Clinton (1993-2000), y sí aceleró la transformación del campo (y también promovió el desarrollo industrial y fomentó la inversión extranjera).

El sector agrícola comercial de México floreció, especialmente en la producción y exportación de frutas y verduras. La importación de maíz amarillo estadounidense (usado para alimentar ganado), barato y subsidiado, permitió una expansión igualmente drástica de la industria mexicana de procesamiento de alimentos intensiva en capital, lo que a su vez atrajo inversión directa de empresas estadounidenses del sector agroindustrial, como Cargill y Monsanto, y expandió la disponibilidad del pollo, el cerdo y la res... para los que podían darse el lujo.

Los campesinos a pequeña escala y de subsistencia, por el contrario, presionados por la competencia de los agricultores a gran escala mexicanos y estadounidenses, vieron disminuir sus ingresos (el índice de pobreza creció de cincuenta y cuatro por ciento en 1989 a sesenta y cuatro por ciento en 1998). En un esfuerzo por compensar los precios cada vez más raquíticos

---

supuestamente para compensarlos por la pérdida de subsidios a insumos, apoyo en los precios y protección de importaciones que antes les brindaba Conasupo. Pero como el monto estaba basado en el tamaño de la propiedad, el programa favorecía a los cultivadores a gran escala. También Alianza, un programa de 1995 que les ayudaba a los agricultores comerciales a expandir sus exportaciones. Y todos éstos no eran nada comparados con el apoyo gigantesco que el Gobierno federal de EUA brindaba a la agroindustria estadounidense, que, sin sombra de culpa por la inconsistencia ideológica, aceptaba gustosa los enormes subsidios que le permitían venderle bienes a México debajo del costo de producción.

que obtenían por sus cosechas, algunos campesinos extendieron sus propiedades, clavando su pica en tierra de calidad inferior o deforestada. Otros se rindieron y abandonaron por completo sus tierras: el empleo agropecuario, que estaba en 8.1 millones a finales de 1993, cayó a 6.8 millones a finales de 2002, una pérdida de 1.3 millones de empleos. Los migrantes huyeron en bandada de jacales rurales al des o subempleo a los barrios desbordados de la Ciudad de México, a los crecientes arrabales de Tijuana y Ciudad Juárez, a trabajar en maquiladoras fronterizas, y/o a Estados Unidos, que, en previsión a la llegada de un campesinado desplazado, inició en 1994 la bien llamada Operación Guardián, y reforzó la Patrulla Fronteriza.

Algunos protestaron. Los indígenas de Chiapas, temiendo perder sus tierras comunales, formaron el Ejército Zapatista de Liberación Nacional, y el primero de enero de 1994, el día que el TLCAN entró en vigor, le declararon la guerra al Estado mexicano.

Y algunos cambiaron de cultivo. En una jugada inesperada, varios pequeños agricultores sí pasaron a la producción para exportación. Sólo que con un pero: sus cultivos eran ilegales. Aunque la cifra de aquellos que abandonaron el maíz y los frijoles a favor de la adormidera y la marihuana obviamente no está disponible —no pagaron impuestos—, llegaron a construir un exitoso imperio comercial, uno que pondría en vergüenza las ganancias de los que se dedicaban a los limones y a los aguacates. Burlaron también las cifras oficiales: cuando los economistas y las autoridades calcularon el PIB, no tomaron en cuenta las ganancias de la narcoagricultura en rápida expansión, como tampoco enfrentaron el hecho de que cierto porcentaje de los que se habían mudado a la economía urbana "informal", formaban parte del complejo industrial del narco.[11]

---

[11] Un estudio del Fondo Carnegie (Audley, 2004) resumió el impacto del TLCAN y del neoliberalismo diciendo que los modernizadores habían promovido "la transición de México a una economía liberalizada sin crear las condiciones necesarias para que los sectores público y privado reaccionaran

Como parte de su programa económico, Salinas había fijado el peso al dólar. Con esto redujo la inflación, un gran logro, aunque, sopesando las otras "reformas", el resultado neto obtenido consistió en salarios reales más bajos. A lo largo del sexenio, el valor real del peso disminuyó, pero Salinas lo mantuvo para tranquilizar a los inversionistas estadounidenses y facilitar sus negociaciones del TLCAN. Cuando Salinas salió, su sucesor, Ernesto Zedillo (1994-2000), se quedó cargando al muerto. Entonces, Zedillo dejó que el peso flotara por su cuenta, y éste se hundió inmediato: perdió la mitad de su valor, disparó una inflación de dos cifras y una recesión marca diablo. Muchas compañías se fueron a la quiebra. Sólo en 1995 se perdieron cinco millones de empleos. A finales de 1996, la cuenta era de ocho millones de desempleados y cinco millones trabajando en la economía informal, de una fuerza laboral de 35.7 millones. La inversión extranjera se esfumó, el capital mexicano huyó a Miami y la clase media perdió los ahorros de toda su vida. El Gobierno mexicano reaccionó con otro plan de austeridad: elevar el IVA, recortar el presupuesto y aumentar el precio de la electricidad y la gasolina.

**

La crisis encendió la mecha de la explosión de la criminalidad. A pesar del aumento constante del narcotráfico, el México moderno no había sido un país particularmente peligroso. Ahora,

---

al impacto económico, social y ambiental de comerciar con dos de las economías más grandes del mundo". En respuesta, muchos hogares rurales "desarrollaron estrategias de supervivencia para cubrir necesidades de subsistencia básica", y reemplazaron "los ingresos perdidos a causa del colapso de los precios de las materias primas" aumentando la siembra de cultivos básicos, migrando y trabajando fuera de la tierra "en el sector informal" o en maquiladoras. Nuestra hipótesis es que estas "estrategias de supervivencia" también incluyeron la siembra de cultivos ilegales para exportación, los cuales, gracias al régimen prohibicionista de EUA, eran en extremo redituables.

las tasas de asalto, robo de autos y secuestro se dispararon, sobre todo en la capital. La policía no reaccionó ante la oleada de crimen, por lo que se creó una atmósfera de impunidad. Su falta de disposición no fue una sorpresa: se estimaba que, en 1995, el setenta por ciento de los secuestros los perpetraba la misma policía.

La propagación del crimen cotidiano —impulsada por el rápido deterioro y corrupción de la policía local— desmoralizó a la sociedad civil y facilitó un clima en el que mayores formas de criminalidad podían florecer.

Si la policía y el ejército, mal pagados (y eminentemente corruptibles), servían de músculo auxiliar para proteger los intereses de los cárteles, el ejército de desempleados urbanos proveía a los cárteles de una fuente constante de soldados de a pie.

Los agricultores a pequeña escala tenían cada vez más problemas para subsistir debido a la desaparición de los subsidios y a la llegada de la competencia de las agrocorporaciones estadounidenses, y consideraron que el bullente mercado de marihuana y adormidera era su única manera de vivir de la tierra.[12] Mucho del impacto fue indirecto.

---

[12] Un estudio del Fondo Carnegie para la Paz Internacional (Audley *et al.*, 2004) resume el impacto del TLCAN: "ha acelerado la transición de México a una economía liberalizada sin contribuir a crear las condiciones necesarias para que los sectores público y privado se adaptaran a los choques económicos, sociales y ambientales de comerciar con dos de las economías más grandes del mundo. [...] En respuesta a los crecientes retos que afrontan las zonas rurales de México, muchas familias han creado estrategias de supervivencia para hacer frente a sus necesidades básicas de subsistencia. Las estrategias incluyen una combinación de mayor cultivo de productos básicos y empleo fuera de la finca, a menudo en el sector informal, en algunos casos en plantas maquiladoras que se han trasladado de la frontera norte al interior". Nuestra hipótesis es que estas "estrategias de supervivencia" incluían las siembras ilegales para exportación que, cortesía del régimen prohibicionista estadounidense, era en extremo redituable.

La crisis también transformó la industria de los narcóticos. De hecho, sería imposible entender los enormes cambios en el negocio de las drogas durante los sexenios de Salinas y Zedillo (1989-2000) sin tomar en cuenta las transformaciones políticas, económicas e ideológicas masivas que el Estado priista forjó durante esa década y la anterior.

La adopción del libre comercio y la integración más profunda de la economía mexicana con la de Estados Unidos incrementaron drásticamente el tráfico transfronterizo del flujo de bienes que corría hacia el norte, facilitando la inyección de narcóticos y aumentando la dosis. Algunas reglas del TLCAN fueron de particular ayuda: como las maquiladoras —plantas de ensamblaje justo en la frontera— estaban exentas de aranceles y sujetas sólo a inspecciones mínimas, los contrabandistas mexicanos comenzaron a comprar las fábricas para usarlas como frentes para enviar cocaína.

El narcotráfico había estado hasta entonces integrado al Estado corporativista del PRI, era el equivalente clandestino de las organizaciones obreras, campesinas y empresariales. Como tal, estaba sujeto a cierto grado de regulación, y a gravación extraoficial, a cambio del permiso *de facto* de contrabando (el sistema de plazas). El abandono del Estado de esta forma de inclusión corporativista contribuyó al crecimiento y poder independientes del crimen organizado. Como en la antigua Unión Soviética y otros regímenes poscomunistas, una terapia de choques neoliberal produjo simultáneamente millonarios y mafiosos, un parto de gemelos que *Forbes* registra incluyéndolos en la misma lista.

El debilitamiento del Estado y la glorificación de la "libre empresa" dieron autoridad y legitimidad al sector privado, del que los narcotraficantes eran ahora piezas clave. Como señalan Watt y Zepeda, los neoliberales dieron prioridad a la acumulación sobre el bienestar social, a la competencia implacable sobre la cooperación y santificación de la propiedad privada, y a la riqueza sobre la comunidad y responsabilidad cívica. Estas proposiciones —los pilares y principios de la ideología del libre mercado— también eran la ideología dominante del crimen organizado.

***

No todas las consecuencias de las iniciativas presidenciales fueron, pues, indirectas. Los presidentes Salinas y Zedillo ejecutaron una serie de acciones directas que rendirían frutos importantes (aunque totalmente imprevistos) para la industria de los narcóticos.

Salinas sabía de sobra que, tras la tortura y el asesinato de Camarena, EUA presionaba a México a enfrascarse en una guerra contra las drogas magnificada —y sabía que los préstamos del FMI colgaban de un hilo: la dichosa certificación—. También sabía que, para llevar sus negociaciones del TLCAN a buen término, debía ganarse la gracia de George H. W. Bush, viejo antinarco desde sus días a cargo del Comando Sur de Florida en tiempos de Reagan.

Siete meses después de entrar en funciones, en su primer discurso televisado, Bush afirmó que "todos estamos de acuerdo en que la mayor amenaza interna que enfrenta nuestra nación hoy en día son las drogas". Propuso gastar miles de millones en una respuesta militarizada. Salinas se apuntó. Aprobó una Fuerza de Respuesta de la Frontera Norte binacional para monitorear la frontera; creó el Instituto Nacional para el Combate a las Drogas (INCD), concebido a partir de la DEA, y permitió que aeronaves estadounidenses del Airborne Warning and Control System (AWACS, Sistema Aéreo de Alerta y Control) volaran en el espacio aéreo mexicano, rastreando actividades de narcotráfico. (Protestas furiosas lo llevaron a cancelar el programa AWACS, pero se aprobó la vigilancia por satélite.) Al triplicar los recursos disponibles para la Procuraduría General y aumentar la participación del Ejército mexicano en las operaciones antinarcóticos, logró aumentar la cantidad de drogas confiscadas y se ganó elogios de las autoridades estadounidenses.

Bush también tenía una petición especial: Salinas tenía que entregarle (metafóricamente) la cabeza de Miguel Ángel Félix Gallardo, jefe del Cártel de Guadalajara. Rafael Caro Quintero y Ernesto Fonseca Carrillo, cómplices de Félix Gallardo en el asesinato de Camarena, ya habían sido aprehendidos, pero el jefe de jefes en persona, protegido por el gobernador de Sinaloa, seguía libre. En 1989, se le encargó la tarea a Guillermo González Calderoni (poderoso) comandante de la Policía Judicial Federal (el equivalente aproximado al FBI), cuyo cometido era combatir al narco.

A González Calderoni le dijeron, como confesó más tarde, que el presidente Salinas quería al amo del Cártel de Guadalajara para asegurar la recertificación de EUA. Según González Calderoni, con sus artes de superdetective, rastreó al capo hasta su guarida en Guadalajara. Según Félix Gallardo, los dos eran viejos amigos, lo invitó a cenar a un restaurante y el poli lo traicionó, arrestándolo. En 1990, el presidente Bush certificó que México cooperaba sin reservas con las campañas antinarcóticos estadounidenses y elogió especialmente el arresto de Félix Gallardo.

El Cártel de Guadalajara era un régimen criminal centralizado y regulado apoyado por el estado priista. Su decapitación le regaló al "mercado libre" una cabeza de ventaja, desatando la competencia en el seno del sector criminal.

Al principio, los lugartenientes del cártel original intentaron establecer algunas reglas del juego. Tras el arresto de Félix Gallardo en 1989, los subcapos organizaron una cumbre en la ciudad turística de Acapulco. Hay quienes dicen que el encuentro lo convocó el mismo Félix Gallardo desde la cárcel, por celular; otros (incluyendo a Félix Gallardo) lo negaron, e identificaron como proponente a nada menos que a González Calderoni. Quien quiera que haya iniciado la reunión, los participantes eran casi todos miembros de la vieja narcotribu de Sinaloa, desde hace tiempo entrelazados por matrimonio, amistad o negocios. Procedieron a repartirse amistosamente los territorios de producción y las rutas de contrabando para el mercado estadounidense, asignándose las plazas que antes había concedido la ahora difunta DFS.[13]

Las organizaciones resultantes fueron llamadas cárteles, aquí sí erróneamente, pues de hecho eran fragmentos de un cártel que había hecho explosión —subproductos de la *descartelización*— y la mayoría era manejado por descendientes o socios del trío tapatío original.

Tres se localizaban en el *occidente* de la frontera mexicana: el Cártel de Tijuana pasó a manos del clan de los Arellano Félix, los sobrinos de Félix Gallardo; el Cártel de Sinaloa lo manejaron los lugartenientes profesionales de Félix Gallardo, sobre todo Ismael Zambada "El Mayo" y Joaquín Guzmán Loera "El Chapo"; el mando del corredor sonorense lo asumió Miguel Caro Quintero, el hermano del encarcelado Rafael.

En el *centro* de la frontera, la ruta de Ciudad Juárez le tocó a la familia de (el tras las rejas) Ernesto Fonseca Carrillo, y finalmente terminó a cargo de su sobrino, Amado Carrillo Fuentes.

El control de la frontera *oriental*, incluyendo los puntos de tránsito de Nuevo Laredo y Matamoros, quedó en manos del Cártel del Golfo, el único grupo cuyas raíces no se remontaban a tierra sinaloense. Sus orígenes datan de principios de la década de 1930, cuando Juan Nepomuceno Guerra contrabandeaba alcohol desde Matamoros hacia el norte sediento por la Prohibición, y luego se diversificó (tras la Derogación) hacia las apuestas, el robo de autos, la prostitución y el contrabando

---

[13] Al asumir así la responsabilidad de la autorregulación, el encuentro de Acapulco tenía el espíritu de la legendaria junta organizada en Atlantic City en 1929, en la que los mafiosos de todo el país se dividieron el mercado y establecieron protocolos para resolver disputas, incluyendo la disposición de reglas para ordenar ejecuciones aprobadas y el encargo de la tarea a un grupo de asesinos a sueldo conocido como Murder, Incorporated (Asesinato, Inc.).

de otros bienes. En los años setenta metió al negocio a su sobrino, Juan García Ábrego, y fue él quien en la década siguiente orientó la organización hacia la cocaína, en un trato directo con el Cártel de Cali.

Durante la década de 1990, todos estos traficantes mexicanos prosperaron. Al mover toneladas de narcóticos hacia el norte y bombear de vuelta miles de millones de dólares, reemplazaron lentamente a los colombianos como socios dominantes en su comercio conjunto de cocaína, una toma de poder pacífica que se solidificó con la muerte, en 1993, de Pablo Escobar a manos de la policía colombiana.

Esta nueva generación de traficantes desarrolló estrategias innovadoras. En Ciudad Juárez, Amado Carrillo Fuentes, del Cártel de Juárez, tenía su flota de Boeings 727 transportando cocaína de Colombia al norte, lo que le ganó el mote de "El Señor de los Cielos". En el este, el sofisticado sistema terrestre de García Ábrego era capaz de contrabandear más de trescientas toneladas al año, lo que le redituaba (según un estimado de la DEA de 1994) diez mil millones de dólares anuales.

¿Cómo lograron desarrollarse sus organizaciones expandidas a principios de los noventa si Salinas, junto con EUA, estaba reforzando las agencias policiales? A corto plazo, el antiguo sistema de colusión de las plazas siguió siendo efectivo, gracias en parte a los esfuerzos y la talla de un remanente del antiguo régimen: Guillermo González Calderoni. Con la DFS desmantelada, la PJF de la Procuraduría General tenía la principal responsabilidad de guarnecer los baluartes de la ley y el orden, y el hombre a cargo del trabajo antinarcóticos era González Calderoni, quien tenía relaciones antiguas, amigables y mutuamente benéficas con la mayoría de las organizaciones.

El Cártel de Juárez de Carrillo Fuentes disfrutó más que nadie de la tan requerida protección: aviones y pistas de aterrizaje eran espectacularmente visibles. Un fino detalle fue que González Calderoni sirviera simultáneamente como jefe de seguridad del Señor de los Cielos y, entre otros títulos oficiales, de director de Intercepción Aérea de la PJF. Sus servicios iban más allá de hacerse de la vista gorda y no decir ni pío: la DEA creía que Carrillo Fuentes había pagado a González Calderoni un millón de dólares para asesinar a un capo rival.

No andaba corto de ingresos Gonzáles Calderoni, también estaba en la nómina de García Ábrego, del Cártel del Golfo, con cuya familia hacía tiempo que tenía una relación estrecha. También le había dado una manita al Cártel de Sinaloa. El comandante González Calderoni estaba, por lo tanto, muy bien parado en el Gobierno y el hampa, y sabía extender la fecha de caducidad de su relación, aunque el frente gubernamental ya no estuviera en la misma posición de poder de antaño. La protección de González Calderoni no era barata, la cantidad de fondos que fluía hacia su persona era impactante, valuada por la DEA en cuatrocientos millones de dólares.

Pero en 1993, el comandante cayó de la cuerda floja cuando el procurador general lo despidió acusándolo de tráfico de drogas, torturar prisioneros y aceptar sobornos de García Ábrego. González Calderoni huyó a Texas, y cuando el gobierno de Salinas intentó extraditarlo, defendió exitosamente su residencia estadounidense al declarar, muy en público, que su amigo García Ábrego le había dicho que el presidente Salinas lo había contratado para asesinar a los dos principales consejeros de campaña de Cuauhtémoc Cárdenas en la elección de 1988, un destino que no quería compartir. También anunció que el hermano de Carlos, Raúl, era un invitado asiduo a los eventos sociales de García Ábrego, y sugirió que Raúl protegía a ese narco. (Ambas declaraciones fueron firmemente negadas por los Salinas.) En 2003, González Calderoni fue acribillado por desconocidos: le dispararon en la cabeza mientras subía a su Mercedes plateado afuera de la oficina de su abogado en McAllen, Texas.

Tras la caída de González Calderoni, ya no sería posible resucitar la vieja relación entre el hampa y el Estado. Los gobiernos (o partes de ellos) seguirían protegiendo narcoorganizaciones, pero la iniciativa vendría cada vez más del lado de los capos, por una razón muy sencilla. Con el auge del comercio de cocaína, las ganancias de los cárteles habían ascendido al empíreo, y la cantidad de dinero que ahora podían presupuestar para sobornos les permitía hacer ofertas irresistibles, e innegables también cuando venían acompañadas de amenazas, como la fórmula "plomo o plata", es decir, toma el dinero o muere. Según un estudio de 1994 de la UNAM, los sobornos de traficantes aumentaron de aproximadamente 3.2 millones de dólares en 1983 a 460 millones en 1993, más que todo el presupuesto de la Procuraduría General de México. En 1995, la Secretaría de Gobernación estimó que el narcodinero había cooptado entre treinta y cincuenta por ciento de los cien mil efectivos de la PJF.

La conquista de cientos de policías municipales fue incluso más minuciosa: la corrupción produjo la deserción casi total de la policía y su incorporación a las filas del crimen, donde sirvieron de escoltas y asistentes. Los términos de la relación se habían revertido. Antes, los criminales estaban forzados a pagar o enfrentarse a sanciones de los agentes estatales. Ahora, los criminales elegían pagar, y eran ellos quienes castigaban la falta de cooperación. La regulación estatal se había desechado, como lo dictaba la doctrina neoliberal, y se la había reemplazado con un régimen privatizado, en el que se sobornaba poco a poco a los funcionarios públicos.

Puede ser una coincidencia, pero la partida de González Calderoni se traslapó con la primera fisura en la confederación de cárteles. La competencia estalló —como sucede en un mercado sin restricciones— entre los hermanos Arellano Félix y los sinaloenses Ismael Zambada y el Chapo Guzmán por las rutas de acceso a California. Es posible que hubiera más en juego que meras consideraciones comerciales. Los dos grupos descendían de diferentes líneas de la organización madre —una familiar y una profesional— y también eran tribales (como señala Ioan Grillo en *El Narco*), dados a las *vendettas* tanto como a las rivalidades estrictamente basadas en negocios. La violencia era un concomitante natural. En las disputas entre capos, la competencia no es sólo cuestión de cortar precios, sino gargantas. La violencia no es sólo utilitaria: también una cuestión de espectáculo. El poder fluye hacia los que demuestren mayor ferocidad que sus oponentes.

Los Arellano Félix tomaron ventaja desde el principio en el juego de la violencia. No sólo formaron un regimiento prominente de gánsters —en el que reclutaron a pandilleros chicanos de San Diego y a los hijos de las familias acaudaladas de Tijuana—, sino que Ramón Arellano Félix se desvivió por labrarse una imagen pública aterradora. Se volvió infamemente celebre por, supuestamente, haber lanzado el cadáver de una víctima al fuego, haber asado unos bisteces y permanecer ahí al lado con sus compadres mientras disfrutaban del asado, la cerveza y la cocaína. Que fuera cierto o no era menos importante que si sus rivales lo creían: una reputación de crueldad era en sí misma un bien poderoso para la competencia. Ramón también inventó una táctica nueva y sangrienta, con una nueva palabra para describirla: un *encobijado*, es decir, un cadáver envuelto en una cobija y tirado en un lugar público, casi siempre con una nota intimidatoria. Eran espectáculos con un propósito público: mostrar su disposición a matar para que todos la vieran.[14]

---

[14] Hubo otro elemento en esta mezcla: el crecimiento de un mercado local de drogas. En la década de 1990, una cantidad significativa de mexicanos comenzó a consumir drogas duras, en parte a causa de una mayor distribución, debida a la extinción de la regulación. Los capos mexicanos comenzaron a pagarles a sus lugartenientes con ladrillos de cocaína y bolsas de heroína, junto con el efectivo (una práctica iniciada por Arturo Durazo, jefe de la policía de la Ciudad de México). El hampa de medio pelo volcó sus productos en las calles locales, sobre todo en Tijuana, que llegó al nivel más alto de uso de drogas en el país. Los allegados a los Arellano Félix fundaron cientos de *tienditas*, sobre todo en los barrios bajos del centro y el este. Las peleas por las esquinas llevaron la violencia a un nuevo nivel. Hacia el fin de los noventa, había unos trescientos homicidios al año en Tijuana, y una cifra similar en Ciudad Juárez.

En 1993, un caso de violencia espectacular, que lo fue por su víctima más que por su método, puso a la creciente guerra inter-cárteles en el radar del público nacional. En mayo, el cardenal Juan Jesús Posadas Ocampo iba al aeropuerto de Guadalajara para recibir al nuncio papal cuando (según la historia oficial) quedó a la mitad de un tiroteo entre los hermanos Arellano Félix, del Cártel de Tijuana, y el Chapo Guzmán y sus sicarios, del Cártel de Sinaloa. El asesinato de Posadas generó muchas explicaciones alternativas, la mayoría de las cuales suponían que el cardenal había sido una víctima voluntaria en vez de accidental. Sin importar la causa, la consecuencia fue que las narcobatallas ahora tenían la capacidad de injerir en los niveles más altos de la sociedad mexicana. La tormenta mediática que siguió presionó enormemente al Gobierno federal para tomar acciones decisivas, y en dos semanas la policía de Guatemala había atrapado al Chapo Guzmán y lo había deportado a México, donde lo encerraron en una prisión de máxima seguridad.

La violencia relacionada con las drogas ahora alcanzaba a las élites seculares y eclesiásticas. En marzo de 1994, el candidato del PRI señalado para suceder a Salinas —Luis Donaldo Colosio, antes presidente del partido— fue asesinado en un mitin durante su campaña en Tijuana. Otra vez se levantaron rumores, y la verdad es difícil de esclarecer. Lo que nos concierne es que hubo explicaciones que giraban en torno a las relaciones de Colosio con (o su rechazo hacia) los narcos. Lo mismo aplicaba a otro homicidio que le pisó los talones al de Colosio, el de José Francisco Ruiz Massieu, cuñado de Carlos Salinas y secretario general del PRI, que había estado exigiendo una investigación más profunda de la muerte de su amigo. El asesinato a plena luz del día de los dos miembros más poderosos del PRI sugería tratos sucios entre el partido y los cárteles, y revelaba que las cúpulas al mando de la autoridad política ya no estaban tan al mando.

Este último golpe a su legitimidad pudo haberle costado al PRI la presidencia, y de hecho los resultados electorales en

agosto de 1994, tal como los certificó el nuevo y casi independiente Instituto Federal Electoral (IFE), demostraron la fuerza
creciente de los antiguos rivales, ya establecidos, y de los recién
creados. El candidato de repuesto del PRI, Ernesto Zedillo, recibió 50.18 por ciento de los votos; el candidato del PAN, Diego
Fernández de Cevallos Ramos, 26.69 por ciento, y Cuauhtémoc
Cárdenas, del nuevo izquierdista Partido de la Revolución Democrática (PRD), 17.08 por ciento. La sabiduría popular sostuvo que la combinación de asesinatos y el levantamiento en
Chiapas llevó a muchos a optar por la estabilidad, pero que el
control absoluto del partido único sobre el sistema político se
había quebrado.

El presidente Ernesto Zedillo, muy consciente del peligro
que corría el partido, se esforzó durante su sexenio (1994-
2000) por lograr reformas. En 1995 arrestaron a Raúl Salinas,
hermano del expresidente Carlos Salinas. Las autoridades bancarias suizas habían descubierto que tenía 289 cuentas, con
un estimado de quinientos millones de dólares, que sospecha-
ban eran ganancias del trabajo con narcotraficantes. Salinas lo
negó y nunca se demostró el caso. En vez de ello lo arrestaron,
condenaron y encarcelaron por la supuesta autoría intelectual
del asesinato de su excuñado, José Francisco Ruiz Massieu,
pero tras diez años de prisión fue exonerado. Sin importar lo
que haya o no hecho Raúl Salinas, el caso le restó más legitimidad al partido en el poder.

En 1996, el capo del Cártel del Golfo, García Ábrego, fue
arrestado y extraditado a Estados Unidos. Enjuiciado y condenado, le incautaron 350 millones de dólares de sus bienes, lo
sentenciaron a once cadenas perpetuas consecutivas y lo enviaron a una prisión de máxima seguridad en Colorado, donde
permanece hasta hoy. La extirpación de García Ábrego produ-
ciría consecuencias inesperadas. También en 1996, Zedillo, tras
decidir que la PJF era insalvablemente corrupta, comenzó a des-
mantelarla: el equivalente a disolver al FBI en desgracia. Despidieron a unos 1,800 agentes por corrupción o incompetencia,

y en 1999 otros fueron transferidos a la recién formada Policía Federal Preventiva (PFP).

La merma de la policía vino acompañada por un mayor protagonismo del ejército, una política muy promovida por el zar de las drogas de Bill Clinton, Barry McCaffrey, un general de cuatro estrellas recién retirado cuyo último puesto había sido el de jefe del Comando Sur de Estados Unidos. Dada la creciente narcoviolencia en el norte, la crisis del sistema político, la desintegración de la credibilidad policial, el colapso de la moneda y la necesidad de mantenerse en la gracia de EUA, Zedillo aceptó. Estableció un plan quinquenal (el Programa Nacional para el Control de Drogas) que amplió significativamente la intervención de las (reacias) fuerzas armadas más allá de su participación esporádica en programas de erradicación. Para 1996, casi mil soldados habían recibido entrenamiento especial en tácticas antinarcóticos en EUA.

Además, en diciembre de 1996, el general Jesús Gutiérrez Rebollo (un militar de muy alto rango, de hecho el candidato favorito para convertirse en el siguiente secretario de la defensa) fue elegido por el procurador general para dirigir el INCD, la agencia mexicana antidrogas. El general Jesús Héctor Gutiérrez Rebollo se convertiría en la contraparte del zar de las drogas, el general McCaffrey, quien clamó que su nuevo colega era un hombre de "integridad impecable". Dos meses después, en febrero de 1997, el secretario de la defensa anunció sombríamente que el general Gutiérrez Rebollo llevaba mucho tiempo protegiendo (y lucrando a costa de) Amado Carrillo Fuentes, El Señor de los Cielos, a quien casi seguramente le había entregado una montaña de información clasificada. Resultó que los bárbaros ya habían traspuesto las puertas del ejército. Para agosto de 1997, 402 oficiales habían sido arrestados, quince de ellos tenían rango de tenientes coroneles a generales. El quiebre de Gutiérrez Rebollo y de una porción significativa de los oficiales hizo cortocircuito en la resistencia del Ejército mexicano respecto de su nueva misión principal.

Se rendiría ante las prioridades antinarcóticos de EUA, de la misma manera en que se reveló drásticamente que su supuesta invulnerabilidad moral era una ilusión.

Para complicar las cosas, mientras el PRI optaba por la militarización, también lo hacía el Cártel del Golfo, al que supuestamente habían arrancado los colmillos al arrestar a su capo, García Ábrego. En 1998, tras un período de batallas intracártel, un tal Osiel Cárdenas Guillén, lugarteniente de García Ábrego, había llegado a la cima escalando a pico de asesinatos. Pero dadas las confrontaciones con sus rivales y el probable despliegue de fuerzas militares en su contra, Cárdenas Guillén se dispuso a crear una guardia pretoriana. Le pidió asistencia a Arturo Guzmán Decena, un comandante del Grupo Aeromóvil de Fuerzas Especiales (GAFE), el equivalente mexicano a los boinas verdes.

Las fuerzas especiales habían recibido entrenamiento en contrainsurgencia en Fort Bragg, Carolina del Norte, y el presidente Salinas las había desplegado para aplastar a los zapatistas. Guzmán Decena había llegado a Tamaulipas para reprimir a los narcos, pero había recibido sobornos de Cárdenas Guillén para dar salvoconducto a los narcoenvíos del Cártel del Golfo. Esto no era raro para los soldados: rascar las ganancias de los traficantes parecía un privilegio de su trabajo. Pero Guzmán Decena abandonó por completo el cuartel y se unió a Cárdenas Guillén. (Grillo especula que su dimisión pudo haberse catalizado por la sentencia a treinta y dos años en prisión contra el general Gutiérrez Rebollo, y por la exigencia creciente de los familiares de los desaparecidos para investigar las violaciones a los derechos humanos durante la Guerra sucia, en la que Guzmán Decena había participado.) Guzmán Decena se llevó al lado oscuro a unos treinta colegas del GAFE, todos soldados de élite, y un arsenal del armamento y equipo de vigilancia más sofisticados del ejército. Muy pronto habían trascendido sus labores de guardaespaldas para convertirse en el brazo militar del Cártel del Golfo, y se apodaron Los Zetas.

***

Mientras tanto, en el oeste, perder la protección de Gutiérrez Rebollo había sido un revés para el Señor de los Cielos. Tras decidir que necesitaba modificar su perfil, Amado Carrillo Fuentes fue a la Ciudad de México en julio de 1997 para una cita con cirujanos plásticos. Se dijo que había fallecido en el quirófano, por los efectos de la anestesia. Su muerte sirvió como cebo para conspiracionistas, que le atribuyeron su caída a una gran variedad de perpetradores. Pero sin importar la causa, su fallecimiento (real o ficticio) desató una tormenta: mientras su hermano Vicente luchaba por tomar el control del Cártel de Juárez, los hermanos Arellano Félix, al ver una oportunidad, intentaron tomar su plaza.

El Cártel de Sinaloa, que ya estaba en guerra con la banda de Tijuana, unió fuerzas con el Cártel de Juárez, siguiendo la norma de que el enemigo de mi enemigo es mi amigo, y lanzó un contraataque a su bastión en Tijuana. Las calles se tiñeron de rojo, con cientos de muertos, torturados y desaparecidos. Al principio, Ciudad Juárez y Tijuana eran los principales campos de batalla, pero luego la lucha se extendió a los estados colindantes. Exactamente al mismo tiempo en que un régimen regulatorio centralizado dio paso a la competencia caótica en el bajo mundo criminal, el régimen unipartidista centralizado dio paso a un sistema partidista competitivo en el mundo de la política.

Capítulo siete
2000-2006

En el año 2000, después de haberse tambaleado desde finales de los ochenta, el PRI cayó en la elección presidencial. Su candidato, Francisco Labastida Ochoa, era un político experimentado —había fungido como senador, miembro del gabinete y gobernador de Sinaloa—, pero llevaba a cuestas la impopularidad del PRI.

Cuauhtémoc Cárdenas otra vez hizo campaña por el PRD, ahora más que nunca identificado con el movimiento por la democratización. En 1997, accediendo a la exigencia popular, Zedillo había abierto a elección la alcaldía de la Ciudad de México —hasta entonces un puesto por designación—, y Cárdenas la había ganado.[15] El puesto de alguna manera había desgastado su imagen de opositor, y reforzó que algunos lo identificaran con el poder —había sido miembro del PRI durante mucho tiempo (y su padre, un fundador), y llevaba un poco del peso—. También era un hombre de izquierda, y había un número considerable de votantes que, aunque decepcionados del PRI, preferirían al malo por conocido si no tenían otra opción.

---

[15] Zedillo también había fortalecido la autonomía del IFE al disociarlo completamente del Poder Ejecutivo y de todos los partidos, con lo que se volvió más difícil para el PRI arreglar las elecciones como hacía antes. Y de hecho, en 1997, el PRI perdió por primera vez el control de la Cámara Baja.

Pero, ante todo, los votantes estaban buscando una cara nueva, y fue el PAN el que la mostró. Vicente Fox parecía una opción adecuada al momento. No era un político de la vieja guardia. Lo proponía un partido de derecha, pero no era un ideólogo duro ni un católico militante. Criado en el rancho familiar, había estudiado administración de empresas, completado sus credenciales en la Escuela de Negocios de Harvard, subido el escalafón hasta la presidencia de Coca-Cola para México y Latinoamérica y transitado hacia la política en 1995, al convertirse en gobernador de Guanajuato. Fox era franco y rústico; usaba botas de vaquero y pantalones de mezclilla; incluso su nombre era refrescantemente diferente. Su personalidad prometía un cambio.

Aun así, pudo haber perdido, de no ser porque una coalición de figuras públicas de centro-izquierda —que calculó que Cárdenas no tenía manera de ganar, pero sí podía dividir el voto antipriista— decidió asegurar un cambio de régimen y apoyar a Fox, llevándole votantes que hubieran sido para Cárdenas ("el voto útil"). El 2 de julio de 2000, ganó la presidencia con cuarenta y tres por ciento de los sugrafios, contra el treinta seis por ciento de Labastida y el diecisiete por ciento de Cárdenas. Por primera vez en setenta y un años, un candidato de la oposición había ganado la presidencia de México.

***

El presidente Fox comenzó su gobierno el primero de diciembre de 2000. Tres semanas después, el 22 de diciembre, se presentó en Tijuana y le declaró la guerra al Cártel de los Arellano Félix. Tenía la intención, decía, de reclutar de doce a quince mil oficiales nuevos para la PFP y desplegarlos ahí, en la entrada al rico mercado de drogas californiano, de donde "erradicaría" al crimen organizado. "Vamos a ganarles", presumió, y en seis meses exactos.

Fox puso a los Arellano Félix en la cabeza de su lista porque eran los jefes "más buscados" por EUA. Ocho meses antes, el

10 de abril de 2000, los capos de Tijuana habían capturado a Pepe Patiño, uno de los pocos procuradores mexicanos antidrogas honestos y efectivos. Patiño había trabajado de cerca con la DEA y el FBI en San Diego y tenía acceso a información delicada de inteligencia. Sin embargo, cuando cruzó la frontera hacia Tijuana, los hermanos Arellano Félix, alertados por un colega corrupto, lo atraparon y torturaron. Le rompieron prácticamente cada hueso del cuerpo antes de matarlo lentamente, aplastando su cráneo con un gato neumático. Esto enfureció a las fuerzas policiales estadounidenses. No sólo se consideraba al grupo de los Arellano Félix la organización criminal más importante de Latinoamérica, pues enviaba toneladas y toneladas de drogas a través de la frontera; y no sólo estaba Ramón en la lista de los diez fugitivos más buscados del FBI, pues había matado (como ejecutor de la banda) a cientos y cientos de personas; sino que ahora, como con Kiki Camarena, era algo personal.

Fox quería actuar ansiosamente. Especialmente porque su viejo amigo, George W. Bush —otro ranchero rico y exgobernador con botas de vaquero y sin pelos en la lengua— había acordado hacer el primer viaje oficial de su presidencia (2001-2009) a México. Se encontraría con Fox en San Cristóbal, en el estado de Chiapas, el 16 de febrero de 2001. Fox tenía una agenda llena de peticiones —sobre todo abrir la frontera y lograr el estatus legal para los 3.5 millones de mexicanos indocumentados trabajando en Estados Unidos— y quería tener en orden sus credenciales anticrimen.

Y entonces, vergonzosamente, el 19 de enero de 2001, el Chapo Guzmán escapó de la cárcel. En la prisión se había comprado una vida cómoda-tendiendo-al-lujo, ahora pagaba por su salida y se reunía con sus colegas del Cártel de Sinaloa. Eran malas noticias para Fox, peores en la víspera de su *tête-à-tête* presidencial con Bush.

Su reacción vino una semana después, el 25 de enero, cuando fue a Culiacán, al corazón del dominio sinaloense del Chapo, y repitió su desafío estilo "en tu cara" de Tijuana, llevándolo a nivel nacional. Anunció una "Cruzada Nacional contra el Narcotráfico y el Crimen Organizado" y declaró una "guerra sin cuartel al narcotráfico y a las perniciosas mafias delictivas". Las amenazas le bastaban para sus necesidades inmediatas. Cuando Bush llegó en febrero, expresó confianza en que Fox estaba comprometido a combatir a los traficantes, e incluso admitió, con un nivel de candor inusual, la obviedad incómoda de que los mexicanos vendían drogas al norte de la frontera porque los estadounidenses las compraban.

***

Pero cuando Fox visitó la Casa Blanca en septiembre de 2001 —la primera visita de Estado de Bush—, lo recibieron con los brazos abiertos y las manos vacías. La burbuja punto-com había reventado, y EUA había caído en una recesión que arrastró consigo a la economía mexicana. Fox había prometido crear 1.4 millones de empleos; en lugar de conseguirlos, se esfumaron casi medio millón. Bush había hablado antes de un plan de trabajadores huéspedes, pero al crecer el desempleo estadounidense, también lo hizo la oposición conservadora, y la idea regresó a los estantes. Luego, cinco días después de que Fox se dirigiera a una sesión conjunta del Congreso pidiendo una frontera más abierta, cayeron las Torres Gemelas, y la petición se convirtió instantáneamente en un imposible. Lo que es peor, como Fox prometió apoyar la guerra mundial de Bush contra el terrorismo, se adoptaron medidas severas contra el cruce ilegal a lo largo de los tres mil kilómetros de frontera. Esto a su vez exacerbó la crisis del campo mexicano, al volver aún más difícil conseguir un trabajo transfronterizo y enviar de vuelta las remesas, el soporte vital del que tanto dependían muchas comunidades devastadas.

La cooperación en la guerra contra las drogas se volvió más importante para las relaciones binacionales. El primero de noviembre de 2001, Fox reemplazó a la notoriamente corrupta PJF con la Agencia Federal de Investigación (AFI), concebida a semejanza del FBI. También se retractó de la promesa de campaña de retirar el ejército del frente contra las drogas, para evitar la corrupción de su personal y para acatar la prohibición constitucional de utilizar las fuerzas militares para cualquier cosa excepto la defensa nacional. EUA dejó claro que consideraba al Ejército mexicano su aliado más confiable, a pesar de que Fox había arrestado en 2001 a varios generales que habían estado protegiendo capos. Fox también traicionó su promesa electoral de investigar a detalle el papel del ejército en la Guerra sucia, renuente a alienar a aquéllos de quienes se veía forzado a depender.

La estrategia foxista apoyada por EUA dio la impresión de producir resultados inmediatos. El 10 de febrero de 2002 mataron a Ramón Arellano Félix, aunque parece fue cuestión de suerte. Viajaba en un Volkswagen sedán cuando lo orillaron agentes estatales, sin reconocerlo. Arellano Félix tiró dos tiros mortales a uno de los oficiales antes de que el poli le diera. Pero el cadáver sin identificar de Ramón desapareció rápidamente de la morgue en Mazatlán, lo que levantó sospechas sobre las declaraciones tardías de que Arellano Félix había sido borrado del mapa.

Estas dudas se apaciguaron un mes después, el 9 de marzo de 2002, cuando capturaron a Benjamín Arellano Félix en Puebla; esta vez fue el resultado de una cacería de meses del GAFE (fuerzas especiales del Ejército mexicano de donde salieron los Zetas) en conjunción con agentes de la DEA en la oficina de San Diego. La captura quizás fue posible porque ya no contaban con la protección de funcionarios estatales que se habían quedado sin su oficina tras la derrota del PRI. Fuera como fuera, al llegar la primavera de 2002 pintaba que el Cártel de los Arellano Félix colgaba de un hilo. Fox estaba a punto de cumplir la promesa de vencer al Cártel de Tijuana.

De paso había destapado un nido de víboras. No sorprende que otros narcos se percataran de que los tijuanos andaban en problemas, en particular los sinaloenses. En octubre de 2001, se encontraron en Cuernavaca para reunir fuerzas y (con suerte) volver a pegar los pedazos del cascarón del antiguo Cártel de Guadalajara: querían recartelizar el narcotráfico. Además del recién prófugo Chapo Guzmán, estaba el sinaloense Ismael Zambada, un viejo jugador en el negocio desde la década de 1970 que empezó con cultivos de marihuana y adormidera, y pasó al tráfico de coca. No faltó a la junta Juan José "El Azul" Esparragoza, expolicía federal, que también había formado parte del antiguo Cártel de Guadalajara. Tampoco los hermanos Beltrán Leyva, cuyas carreras habían corrido paralelas a la del Chapo desde que habían sido vecinos de miseria en Sinaloa. Ignacio "Nacho" Coronel representaba las drogas del futuro, efedrina y metanfetaminas, que su banda producía en laboratorios clandestinos en Jalisco.[16]

Los aliados se autonombraron La Federación, debatieron sus planes de expansión. Había considerable consenso de atacar la debilitada banda de los Arellano Félix en el extremo poniente de la frontera México-EUA, pero se contuvieron. También querían apropiarse de la plaza fronteriza central de Ciudad Juárez, pero en vez de ello la Federación (renuente) se alió con Vicente Carrillo Fuentes, que había tomado formalmente el puesto de su difunto hermano, Amado Carrillo Fuentes, el Señor de los Cielos. Su atención se centró en la plaza de extremo oriente, en

---

[16] La anfetamina se aisló de la planta de la efedra en 1887, en Alemania, y la metanfetamina, una variedad más potente y fácil de hacer, se sintetizó en Japón en 1893; una versión cristalizada llegó en 1919. Vendidas en la década de 1930 como descongestionantes para la sinusitis, las anfetas fueron usadas ampliamente por ambos bandos en la Segunda Guerra Mundial, para mantener a los pilotos y a las tropas en su eficiencia máxima. En los cincuenta, los noctámbulos (estudiantes universitarios, camioneros) y los atletas usaron cristal para aumentar su rendimiento, y a partir de los sesenta, como afrodisíaco eufórico. En 1970, la Ley de Sustancias Controladas de Nixon prohibió la mayoría de sus usos, y al hacerlo creó la demanda que Nacho satisfacía.

Nuevo Laredo (en el estado de Tamaulipas), muy lucrativo paso fronterizo recientemente vulnerable, que había estado bajo el control absoluto del Cártel del Golfo. En este punto llegaban las principales rutas provenientes de la frontera sur mexicana con Guatemala a la frontera norte con Texas, abarcando el puente ferroviario y los cuatro puentes vehiculares de Nuevo Laredo que cruzaban el Río Bravo. El flujo diario de furgones y camiones de carga, sobrecargado por el TLCAN, proporcionaba una gran fachada para canalizar narcóticos a la red ferrocarrilera de EUA y a la Interestatal 35, la autopista hacia San Antonio y los destinos más al norte.

Ningún grupo occidental ni central había pensado antes en atacar a la banda oriental del Golfo, pero las fuerzas de Fox lograron una serie de arrestos de alta envergadura que parecían abrir una oportunidad.

El 28 de marzo de 2002, tropas mexicanas atraparon a Adán Madrano Rodríguez, el número dos del Cártel del Golfo, primer lugarteniente del jefe, Osiel Cárdenas Guillén. Una vez más, la presión y participación de Estados Unidos resultaron cruciales. En 1999, en Matamoros, Madrano Rodríguez había enfrentado y casi asesinado a dos agentes estadounidenses, uno del FBI y otro de la DEA, y sólo se había contenido al recordar la suerte que corrieron los asesinos de Kiki Camarena. Una vez más, lo profesional se había vuelto personal, y EUA puso una etiqueta de dos millones de dólares a la cabeza de Madrano que facilitó su captura.

La segunda caída vino en noviembre de 2002, cuando soldados mexicanos, de nuevo asistidos por EUA, acorralaron y mataron en un restaurante de Matamoros a Arturo Guzmán Decena, el exmilitar mexicano al que Cárdenas Guillén había reclutado para establecer y manejar su grupo de guardaespaldas, los Zetas.

El tercer y más duro golpe vino en marzo de 2003, con la captura del gran jefe en persona, Osiel Cárdenas Guillén, en la fiesta de cumpleaños de una de sus hijas. Estaba acusado en EUA, lo habían puesto en la lista del FBI de los diez fugitivos más buscados (con una recompensa de dos millones de dólares) y el régimen de Bush había estado presionando al de Fox para que se lo entregara.

El Chapo y compañía creyeron que Nuevo Laredo estaba listo para la cosecha. Es cierto que los Zetas —aún sólo una costilla del Cártel del Golfo— tenían un nuevo dirigente: otro desertor del GAFE, Heriberto Lazcano Lazcano (alias "El Verdugo", por sus aficiones sangrientas). Al igual que Guzmán Decena, a Lazcano lo había entrenado EUA en tácticas de combate y operaciones encubiertas, en parte en Fort Benning, Georgia. Aun así, parecía un momento propicio, y la Federación decidió invadir.

Arturo Beltrán Leyva (alias "El Barbas") quedó encargado de la organización del ataque. Reclutó como sicario en jefe al texano Edgar Valdez Villarreal, "La Barbie" (por su guapura ojiazul al estilo muñeco Ken), tan sediento de sangre como "El Verdugo" Lazcano. Juntos, el Barbas y la Barbie conformaron y armaron a Los Negros, fuerza de choque de la Federación, para la que reclutaron, entre otros, a miembros de la Mara Salvatrucha (banda salvadoreña-estadounidense famosa por su crueldad). Querían una fuerza que supiera responder a los militarmente sofisticados Zetas, que a su vez habían tenido como instructores de posgrado a los Kaibiles guatemaltecos, comandos de contrainsurgencia de élite, famosos por haber cometido terribles masacres en la década de 1980, y por su gusto sanguinario por decapitar y desmembrar a sus víctimas.

Las primeras escaramuzas se dieron en el 2003. A partir de entonces, los tiroteos en las calles de Nuevo Laredo aumentaron, hasta que en 2005 eran comunes las batallas espectaculares, con armamento cada vez más sofisticado y mortal. En julio, luego de que los rivales sacaran ametralladoras y lanzagranadas, los funcionarios estadounidenses cerraron el consulado de EUA.

Los nuevos niveles de letalidad impresionaron a los estadounidenses, pero no podría haberlos agarrado por sorpresa, porque el "río de hierro" de armamentos había estado fluyendo con más vigor, cortesía de la industria armamentista estadounidense y de la poderosa ala derecha del Partido Republicano. Siempre había habido un tránsito vigoroso y legal de armas a través de la frontera —algunas por venta o transferencia del Gobierno federal de EUA al Gobierno federal de México, otras por venta de comerciantes con licencia directamente a los gobiernos locales y fuerzas policiales—, y un poco de ambas había sido desviado por funcionarios corruptos hacia el arsenal de los cárteles. También había habido un flujo cuasi-legal: las bandas de narcotraficantes reclutaban grupos de personas que en su lugar compraban hasta veinte armas a la vez a cualquiera de los 6,700 vendedores con licencia alineados en la frontera. Phoenix, un lugar favorito de *shopping* para los traficantes de Sinaloa, tenía 853 vendearmas, Arizona también albergaba fabricantes: en 2004, once compañías produjeron más de cien mil armas. Las compras de los testaferros o prestanombres —compradores de paja, se les llaman en EUA— se contrabandeaban a lo largo de la frontera.

Durante el gobierno de Clinton, se puso un dique a este flujo al sur cuando en 1994 el Congreso prohibió la fabricación, transferencia y adquisición de armas de asalto semiautomáticas. Aunque estaba planeada para eclipsar en 2004, dos tercios de los estadounidenses (incluyendo el presidente Bush) apoyaban extender la prohibición. La oposición feroz de la Asociación Nacional del Rifle (NRA, por sus siglas en inglés) y del congresista texano de derecha Tom DeLay bloqueó su renovación. La NRA, agradecida, invitó a DeLay a inaugurar su encuentro anual en 2005 y, al subir al podio, casi se ahoga al proclamar que el tributo era "el cenit de mi carrera".[17]

---

[17] El promedio anual de 88,000 armas de fuego enviadas al sur entre 1997 y 1999, durante la prohibición de armas de asalto, subió a 253,000 entre 2010 y 2012. En 1997, Clinton había firmado la Convención Interamericana contra la Fabricación y el Tráfico Ilícito de Armas de Fuego, Municiones, Explosivos y otros Materiales Relacionados (CIFTA). El tratado exigía que los países

⌐ Revocar la prohibición de las semiautomáticas le abrió la llave a una creciente cascada de armamento poderoso hacia el sur; justo entonces éste comenzó a aparecer en Nuevo Laredo, incluyendo armas favoritas del narco, como el rifle de asalto Kalashnikov AK-47 (de cariño "cuerno de chivo"), el rifle de asalto AR-15 (una versión para civiles del M16, hecho por Colt) y el rifle de francotirador antiblindaje Barret .50 (preferido de los mejores asesinos a sueldo), junto con ametralladoras, granadas de fragmentación, escopetas, pistolas matatiras y similares. No sólo la habilidad de disparar una enorme cantidad de balas llevó a la muerte colateral de cientos de civiles, sino que

firmantes redujeran la fabricación y el comercio ilegales de armas, municiones y explosivos; adoptaran requerimientos de licencia estrictos; marcaran las armas de fuego al fabricarlas e importarlas para volverlas más fáciles de rastrear, y establecieran un proceso para compartir información entre agencias policiales nacionales que investiguen el contrabando. Treinta y tres miembros de la Organización de los Estados Americanos ratificaron el tratado. Hubo tres que no, entre ellos EUA, donde el cabildeo armamentista bloqueó exitosamente la ratificación del senado. Hace mucho tiempo, la Asociación Nacional del Rifle se promovía como defensora del derecho del hombre común a proteger su hogar y a su familia, de ser necesario, contra el Gobierno, y presumía de no estar "afiliada a ningún fabricante de armas de fuego ni municiones". Pero con los años, aunque mantuvo una base políticamente significativa de poseedores de armas, el grueso de su ingreso pasó a provenir de los productores. Las contribuciones corporativas (por medio de patrocinios del "Anillo de la Libertad" o de publicidad en las publicaciones de la NRA) entraron desde lugares como Arsenal, Inc. (de Las Vegas), Beretta, Browning, Smith & Wesson y Sturm, Ruger & Co. Valió la pena, pues cada vez que sucediera una masacre en EUA, los coleccionistas y cazadores de la NRA podían salir a dar la cara, ahorrándoles a los CEO de la industria armamentista las molestas protestas que habían abrumado a los ejecutivos tabacaleros. Y sin importar el mérito que pueda tener en EUA que el cabildeo armamentista apelara a la Segunda Enmienda, no es aplicable en absoluto a los países extranjeros. Cada evaluación del armamento confiscado a sicarios en México ha descubierto que entre setenta y cinco por ciento y noventa por ciento de sus arsenales viene de EUA.

el aumento masivo de la potencia de fuego —a la altura de la del Ejército mexicano— impulsó la creciente disposición a atacar autoridades estatales. En 2005, emboscaron y mataron a siete comandantes de policía, uno tras otro, en Nuevo Laredo. El puesto permaneció vacante hasta que el dueño de una imprenta lo aceptó la mañana del 8 de junio de 2005. Antes de que pasaran seis horas, los Zetas, con rifles de asalto AR-15, bañaron al impresor de balas.

Este último asesinato, junto con la presión del embajador estadounidense, preocupado por las muertes y los secuestros de sus ciudadanos, obligó al régimen de Fox a tomar medidas, provocando farfulleo interno por la "intromisión externa". Fox decidió crear una fuerza de asalto de policías y militares, sería el músculo de su programa México Seguro. El 11 de junio de 2005, tres días después de que mataran a tiros al último jefe de la policía, Fox envió a seiscientos miembros de la Agencia Federal de Investigación y de la Policía Federal Preventiva (creada en 1999), junto con miembros del GAFE (las fuerzas especiales del Ejército mexicano) desfilando a Nuevo Laredo. La policía local les dio la bienvenida a tiros, pagada por el Cártel del Golfo. Las autoridades federales despidieron a casi un tercio de los policías municipales por no pasar pruebas *anti-doping* o por tener supuestos vínculos con narcotraficantes y suspendieron al resto; los reemplazaron con tropas y policías federales. La percepción general fue que esto no tuvo ningún efecto en la batalla.

El 3 de agosto de 2005, unas pocas semanas después del inicio del programa Seguro del presidente Fox, aparecieron dos cuerpos en Nuevo Laredo. Los Zetas habían dejado un mensaje escrito —un *narcomensaje*—, un nuevo método para comunicarse con sus oponentes: "PINCHE BARBY Y ARTURO BELTRÁN; NI CON EL APOLLO DE LAS FUERZAS ESPECIALES DE APOYO VAN A ENTRAR NI MATANDO JENTE HINOSENTE".

Y no lo hicieron. La invasión de la Federación fue contenida. Pero ahora se abrieron otros frentes, al poniente, por los encontronazos entre Negros y Zetas en un estado tras el otro. Al extenderse la guerra, la violencia se tornó viral. Encargados de invadir nuevos territorios y conquistar viejas plazas (o abrir nuevas), los hermanos Beltrán Leyva y su sicario "La Barbie" se dirigieron hacia el estado de Guerrero, al puerto de Acapulco, popular enclave turístico (y uno de los principales puntos de entrada de la cocaína sudamericana). Ahí comenzó otra batalla contra los Zetas, que todavía trabajaban para el Cártel del Golfo pero que coqueteaban cada vez más con la idea de independizarse. El baño de sangre resultante llevó a la pronta intervención de las autoridades estatales, a lo que los Zetas objetaron enfáticamente con la firma distintiva de los Kaibiles: decapitaron a un comandante y a un oficial de la preventiva municipal, y empalaron sus cabezas en una reja enfrente del cuartel de la policía una mañana de abril de 2006. Siguiendo sus acostumbrados narcomensajes hiperexplícitos, dejaron una nota junto a las víctimas, con palabras garabateadas en una cartulina: "Para que aprendan a respetar".[18]

**

La guerra entre bandas se volvió más salvaje y más compleja, en el estado colindante de Michoacán, un poco más al norte en la costa del Pacífico. Se cultivaba mota y adormidera que comerciaba una organización de narcotraficantes locales autodenominada "La Empresa". Dirigida por un tal Carlos Rosales Mendoza, invertía parte de sus ingresos en fabricar metanfetaminas en laboratorios escondidos en la sierra.

En 2001, Rosales Mendoza le había pedido a su aliado Osiel Cárdenas Guillén que le ayudara a expulsar a algunos competidores locales, y el cacique del Cártel del Golfo accedió a desplegar a sus temibles Zetas. Por varios años, la Empresa

---

[18] Algunos analistas sostienen que estas primeras decapitaciones imitaron ejecuciones que al-Qaeda había filmado y subido a internet.

y los Zetas colaboraron, pero en 2006 se declararon la guerra. Los Zetas, cada vez más cerca de la independencia del Cártel del Golfo (especialmente ahora que Cárdenas Guillén estaba en la cárcel), habían puesto los ojos en capturar el puerto pacífico de Lázaro Cárdenas. Hacía poco se había vuelto espectacularmente lucrativo, gracias al congreso de Estados Unidos, que en 2005 prohibió la compra al mayoreo de pseudoefedrina, lo que empujó a los fabricantes de metanfetaminas a buscar proveedores clandestinos. El tráfico legal hacia Lázaro Cárdenas había aumentado drásticamente, y junto con el comercio lícito llegó una ola de contrabando. Precursores químicos de la India, China y Tailandia llegaban a tierra firme en lanchas de motor que se encontraban con los barcos anclados lejos de la costa.

Los Zetas aplicaron sus tácticas ahora usuales de decapitar a quienes se les resistieran, ya fueran rivales comerciales o agentes del Estado. La competencia adoptó pronto esas tácticas.

La Empresa, ahora en control de Nazario Moreno González (alias "El Más Loco"), se alió con justicieros locales que resentían la toma de poder de los Zetas y sus abusos contra la población, y se proclamó defensor de los michoacanos contra los invasores. En 2006, la Empresa renovó su imagen: adoptó un nombre con sabor más casero, "La familia michoacana", y habló de tomar el lado de los pobres, apoyar los valores familiares y combatir el consumo de drogas (por los locales, claro que los gringos eran juego limpio). Moreno González también insistió en sus credenciales de rebelde, aclamó a Zapata y al Che Guevara, y argumentó que el narcotráfico era el resultado del sistema desigual mexicano, que no les daba más oportunidades a los pobres. "Dicen por ahí que cada sociedad tiene el gobierno que merece", escribió, "y yo diría que también cada sociedad y cada gobierno tienen la delincuencia que se merecen".

La Familia presentaba un rostro espiritual, patriótico y revolucionario. El Más Loco había vivido en Estados Unidos en los noventa, y se había convertido en seguidor de un tal John Eldredge, un autoproclamado apóstol fundador de una secta cristiana evangélica de autoayuda machista. El Más Loco se apropió de algunos de los principios de Eldredge, añadió algunos epigramas propios y terminó con su propia biblia, *Mis pensamientos,* que era lectura obligada para los nuevos reclutas. A los jóvenes salidos de las abundantes filas del desempleo se les ordenaba despreciar las drogas y el alcohol y sobrellevar meses de entrenamiento motivacional, tras lo cual podrían hacer la voluntad del Señor.

El primer indicio de lo que eso provocó vino el 6 de septiembre de 2006, cuando un grupo de hombres armados rodaron cinco cabezas —recién separados de Zetas de bajo rango mientras seguían vivos, con cuchillos Bowie— en una pista de baile en Uruapan, Michoacán. Recogiendo otra práctica zeta, dejaron un mensaje que describía el acto como "justicia divina": "La Familia no mata por paga, no mata mujeres, no mata inocentes. Se muere quien debe morir". Se rumoraba que las decapitaciones eran el castigo por la violación y el asesinato de una mesera/prostituta que trabajaba en el bar. La voluntad del Señor también incluía, para los narcoevangelistas que mostraran ser aptos para la violencia, que los entrenaran como asesinos profesionales y como la columna vertebral del negocio de las metanfetaminas.

La peculiar mezcla de motivaciones de la Familia demostró ser eficaz, y la organización logró contener las incursiones de los Zetas. Como el auge de sus exportaciones de metanfetaminas exigía cada vez más negociaciones del derecho de paso con los poderes que se encontraban camino al norte, los michoacanos comenzaron a probar su suerte, al menos tácticamente, con el Chapo y los sinaloenses.

***

Ante la expansión de los conflictos hiperviolentos entre cárteles que se habían expandido más allá del crucero tamaulipeño, el presidente Fox reforzó su programa México Seguro.

Se desplegaron cientos de tropas y de agentes federales en Michoacán, Guerrero, Baja California y Sinaloa, entre otros. Se purgaron las policías locales —más veces que menos habían estado en contubernio con los cárteles— y se reemplazaron con una combinación de agentes de la PFP, de la AFI y elementos militares. Éstos establecieron retenes militares, registraron vehículos en busca de drogas y arrestaron a adictos y vendedores callejeros. Pero la *vox populi* decía que México Seguro les hizo a los grandes cárteles lo que el viento a Juárez, no infringiéndoles ningún efecto.

Concretamente, los grandes cárteles sí penetraban las fuerzas federales enviadas en su contra. La nueva y reluciente (en 2001) Agencia Federal de Investigación (AFI) ya estaba malamente manchada en 2005. Mil quinientos de los siete mil agentes de la AFI —casi veinticinco por ciento de la fuerza— estaban siendo investigados por supuesta actividad delictiva. Se creía que algunos eran miembros activos del Cártel de Sinaloa, y 457 ya tenían cargos en su contra.

El mismo Ejército se estaba desintegrando. Algunos soldados se iban por miedo, a otros los atraían mejores ofertas. El éxito de los Zetas subrayaba los beneficios que esperaban a quienes llevaran sus habilidades militares al lado oscuro, sobre todo tomando en cuenta los salarios infames, las duras condiciones de vida y la humillación por parte de los oficiales que eran el PAN de cada día en los cuarteles. Entre 2000 y 2006 desertaron 123,218 miembros del Ejército, dos tercios de los 185,143 con los que había iniciado Fox. En estas circunstancias desesperanzadoras llegó a su fin el sexenio de Fox.

Capítulo ocho
2006

En la campaña para reemplazar a Fox, dos candidatos destacaron rápidamente.

El PAN, para sorpresa de la mayoría (incluyendo a Fox), nominó a un abogado ñoño y poco conocido, Felipe Calderón, que había nacido en el seno del partido y pasado la mayor parte de su vida promoviendo su causa. Su padre, Luis Calderón Vega, era uno de los fundadores del PAN y un defensor de la democracia (había luchado contra el autoritarismo del PRI) y de una versión católica del socialismo cristiano. Calderón padre renunció al partido en 1981, convencido de que se había convertido en una organización derechista que sólo servía a los ricos. Felipe se quedó, pues aunque compartía las inclinaciones democráticas de su padre, era mucho más conservador en economía. En la década de 1980 se mudó de su pueblo natal de Morelia, en Michoacán, a la Ciudad de México, donde estudió derecho y una maestría en economía. Luego añadió un grado en administración pública de la Escuela de Gobierno John F. Kennedy de Harvard (2000), embebiéndose en la ideología neoliberal mientras ascendía en las filas panistas. Fungió como secretario de Energía en el gobierno de Fox, pero renunció en 2004 como protesta, porque Fox apoyaba a un miembro rival del gabinete como su sucesor. Cuando consiguió su sorpresiva victoria, la minoría acaudalada mexicana se subió a su barco. Calderón diseñó su campaña para atraer a los clasemedieros que se habían beneficiado de programas específicos de Fox, como préstamos que les habían permitido comprar casa propia, y del muy modesto pero oportuno repunte de la economía durante los últimos dos años de foxismo (debido en parte a un golpe de suerte en el salto al precio del petróleo).

Su principal oponente no era Roberto Madrazo, del PRI, que cargaba el peso del oprobio adherido a su partido, sino Andrés Manuel López Obrador (conocido como AMLO). López Obrador venía del estado sureño de Tabasco, donde se unió al PRI en 1976, y estudió ciencias políticas en una universidad pública. En 1984 se mudó a la Ciudad de México, donde en 1988 se unió al ala izquierdista disidente del PRI que dirigía Cuauhtémoc Cárdenas y, tras la elección robada, lo siguió al PRD. Por partidario incondicional y activista social, López Obrador fue electo jefe de gobierno de la Ciudad de México en 2000. Ahí extendió los programas de bienestar social existentes e inició uno que les daba subsidios en efectivo a madres solteras y ancianos. Salió de funciones en 2005, con un nivel de aprobación sin precedentes, ochenta y cuatro por ciento, y un perfil nacional altamente visible. Como candidato del PRD, su lema de campaña fue: "Por el bien de todos, primero los pobres", por su intención de aumentar los impuestos a los ricos y repartir recursos a los pobres. Esas propuestas de política, junto con un modo de vida austero y un historial de apoyo a los indígenas, alienó a muchos en la clase alta y la comunidad empresarial, que lo veían como un Robin Hood inculto (léase: no totalmente blanco). Pero su atractivo para la clase pobre y trabajadora, junto con el reconocimiento de su nombre, ayudaron a impulsarlo a una temprana ventaja de dos dígitos en las encuestas.

Calderón contraatacó con agresivos *spots* televisivos que acusaban a López Obrador de ser un "peligro para México", pues sus políticas nacionales de transferencias de efectivo descarrilarían la economía, y comparándolo con Hugo Chávez, de Venezuela. Estos *spots* eran golpes muy bajos, según las sabias y muy estrictas reglas de campaña de México contra las campañas negativas, y finalmente fueron prohibidos, pero no antes de que ayudaran (junto con algunos errores tácticos de AMLO) a cerrar la brecha entre los dos punteros.

Al final, se enfrentaron dos Méxicos diferentes pero traslapados: uno más liberal socialmente, el otro más conservador; uno más fuerte en los estados del centro y del sur, donde vivían la mayoría de los pobres del país, el otro más arraigado en el norte industrial; uno que favorecía la acción del Estado, el otro que prefería que el mercado hiciera su magia. Como reportó Ginger Thompson para el *New York Times*, la contienda se reduciría a cómo votaría la clase media. Y la línea divisoria más grande de ese sector —como lo demostraron los análisis postelectorales— fue qué pensaba cada votante del TLCAN. Aquellos que creían que los había beneficiado (junto con los vínculos más estrechos con EUA) tendían a apoyar a Calderón, y aquéllos que sentían que los había dañado (junto con los lazos más fuertes con EUA) se inclinaban por López Obrador.

De lo que *no* se trató la elección de 2006 fue del derramamiento de sangre relacionado con las drogas —las batallas entre cárteles, y del Estado contra ellos— que había fluido profusamente durante el sexenio de Fox.

Tampoco se trató del crimen en general, en parte porque México había experimentado un descenso notorio en el crimen de todo tipo a escala nacional. Desde su cenit en 1992, la tasa nacional de homicidios había (lo escribe Escalante) "bajado sistemáticamente, año con año", de 19.72 por cada cien mil habitantes, a 8.04, en 2007. Las tasas de otros crímenes también descendieron, con lo que los índices de criminalidad de México quedaron cerca del promedio de otras naciones industrializadas, y más bajos que los de Inglaterra, Holanda e Irlanda. El "crac del crimen" hecho en México corría paralelo al de muchas ciudades estadounidenses, con una inquietante precisión: el crimen en Nueva York alcanzó su cenit en 1991 y tocó fondo en 2005.

Todos los candidatos fueron notablemente prudentes en su retórica, sin hacer mención de cárteles específicos, por temor a invocar la ira del narcotráfico. (¿La muerte del candidato Colosio no se había olvidado?) Calderón habló vagamente de "liberar" ciudades como Tijuana, Nuevo Laredo o Acapulco de "este cáncer antes de que carcoma a nuestra sociedad", y propuso una serie de reformas específicas: cambiar el sistema judicial, centralizar las fuerzas policiacas, extraditar a Estados Unidos a los capos capturados, e imponer cadena perpetua a los secuestradores. López Obrador sostuvo que crear empleos y reducir la pobreza era la única manera real de combatir al crimen: "Tampoco creo que se avance mucho con cárceles, con amenazas de mano dura, con leyes más severas", dijo, aunque también rompió con la tradición antimilitar de la izquierda al proponer que el Ejército jugara un papel mayor en la lucha contra el narcotráfico, dado lo bien armados que estaban los cárteles.

El día de la elección, 2 de julio, las fuerzas en conflicto demostraron estar tan divididas en votos como lo estaban en puntos de vista. Calderón recibió el 35.89 por ciento del voto. López Obrador, el 35.33 por ciento. Madrazo, del PRI, quedó en tercer lugar con el 22.26 por ciento. El 0.56 por ciento que separaba a los dos punteros mexicanos en 2006 era un poco más amplio que la brecha de 0.51 por ciento en los comicios estadounidenses de 2000, aunque, no hay que olvidarlo, Al Gore ganó el voto *popular*, y sólo la existencia del Colegio Electoral (los 548 "electores" que lo conforman dan el voto final en EUA, practican la elección indirecta), sólo por el Colegio Electoral la Suprema Corte revocó la decisión popular, lo que generó una tormenta de reclamos por parte de demócratas furiosos que gritaban que se habían robado la elección, porque Bush era un presidente ilegítimo.

En México, donde no hay el equivalente a un Colegio Electoral sino una elección popular (esto no quiere nunca decir "perfecta"), la fuerzas de López Obrador, apuntando a una serie de irregularidades, declararon que el margen de Calderón provenía de un fraude descarado —que se remontaba al gran robo de 1988— y que AMLO era el presidente legítimo. Pero mientras que Al Gore terminó por ceder y aceptó el resultado, López Obrador se negó a claudicar. Sus seguidores declararon que la inminente presidencia de Calderón era ilegítima y tomaron las calles para abortarla. Durante julio y agosto, sus partidarios bloquearon vías principales, como Reforma (el clon mexicano de los Champs-Élysées), e instalaron un campamento gigantesco en el equivalente a once campos de futbol[19] del gigantesco Zócalo, la enorme plaza central de la Ciudad de México. Pero tras realizar un recuento parcial de las boletas (no el total que exigía AMLO), el Tribunal Electoral Federal declaró ganador a Calderón. Las protestas continuaron.

El 20 de noviembre (que también era, sin coincidencia, el aniversario de la Revolución Mexicana), un océano de obradoristas —dijeron ser un millón— se concentraron en el vasto Zócalo y se derramaron por las calles colindantes. Habían venido a "instalar" a su hombre como presidente. Al centro había un escenario inmenso, sobre el cual estaba puesta una réplica del podio del Palacio Legislativo. Como telón de fondo estaba el águila sobre la serpiente (el símbolo nacional), dibujada por El Fisgón (sin alias, Rafael Barajas). Y fue en ese podio, entre la música patriótica y los aplausos atronadores de la inmensa concurrencia (y de los dignatarios sobre el escenario, que incluían a varios gobernadores y senadores), que Rosario Ibarra de Piedra, icónica Madre de los Desaparecidos, cuyo hijo había

---

[19] Ésta fue una ocupación altamente simbólica, pues el Zócalo era (y es) el centro simbólico, cultural y político de la ciudad. A su alrededor están algunas de las instituciones principales de México: la Catedral Metropolitana barroca del siglo XVI; el Palacio Nacional (construido en el siglo XVI en el sitio, y reutilizando los materiales del Palacio de Moctezuma), que alberga al Poder Ejecutivo federal, una Casa Blanca sin la parte habitacional; el Palacio de Gobierno de la ciudad (ayuntamiento), y las ruinas del Templo Mayor de los mexicas.

sido levantado en la Guerra sucia de México en la década de 1970, le puso y ajustó al hombro una reproducción de la banda presidencial tricolor. López Obrador, el presidente financiado por el pueblo de México, dio su discurso inaugural y nombró a los miembros de su gabinete (y, oh paradoja, incluyó al priista que forjó el fraude de 1988).

Once días después, el primero de diciembre, cuando Calderón llegó al Palacio Legislativo de San Lázaro para jurar su toma de protesta ante una sesión conjunta del Congreso, se armó el pandemónium. Afuera, cientos de miles desfilaron por el centro de la ciudad, enarbolando estandartes rojos, banderas tricolores mexicanas y pancartas marcadas con "No al fraude", mientras gritaban sin cesar: "¡Obrador! ¡Obrador! ¡Obrador!". Adentro, representantes de los dos partidos en pugna luchaban a gritos y empujones por dominar la escena. La gente de López Obrador trató de bloquear las entradas para evitar que ingresaran los del partido de Calderón, con la esperanza de quebrar el protocolo por falta de quórum. Esto no era gratuito: la Constitución marcaba que si el presidente electo no tomaba protesta el día establecido en el lugar establecido, la presidencia se declararía vacante y se llamaría a elecciones.

Una cuña de panistas flanqueó a los fieles al PRD y metió a Calderón a la Cámara por una puerta trasera. Se abrieron paso hasta el podio, se saltaron todo el ritual tradicional, se abstuvieron del apretón de manos, tiraron al viento el protocolo y le colgaron la banda presidencial. Calderón hizo apresurados votos de lealtad a México, la voz ahogada en los abucheos y las ovaciones. Tomaron al nuevo (aunque precario) presidente de la República y lo sacaron por la misma puerta. Todo el asunto duró tres minutos exactos.

En el alboroto, no se puso mucha atención a la conferencia de prensa que, horas antes de su carrera por la banda, había ofrecido Calderón. Además de anunciar a los miembros de su gabinete de seguridad, Calderón tiró una bomba en la caldeada conversación nacional. Le declaraba, dijo, la guerra a las drogas, una "batalla contra el narcotráfico y el crimen organizado, que costará tiempo, recursos e incluso vidas".

El crimen organizado, explicó, había crecido exponencialmente gracias a la corrupción y la desidia, y se había vuelto tan poderoso que ahora ejercía el control en porciones significantes del país. "Los mexicanos no podemos ni debemos permitir que haya poderes *de facto* que atenten todos los días contra la sociedad y desafíen la autoridad del Estado", dijo Calderón, ni aceptar las presentes violaciones a la ley, la explosión del crimen y de violencia que, sostenía, estaban fuera de control. Esta guerra protegería a la ciudadanía, disminuiría la corrupción y reduciría el derramamiento de sangre. Era un asunto urgente, un asunto de seguridad nacional. Necesitaba y recibiría acción inmediata.

Diez días después, el 11 de diciembre del 2006, tropas armadas, provenientes sobre todo de varias fuerzas federales (el Ejército, la Marina y la Policía Federal), entraron al estado de Michoacán, al occidente de la Ciudad de México; una iniciativa que se supone que se trató en reuniones a puerta cerrada en algún punto entre julio y diciembre. La última iteración de la Guerra contra las Drogas había comenzado.

A muchos mexicanos les sorprendió. Calderón no había dado indicio alguno durante la campaña de que anunciara tal despliegue militar. No es de sorprender que muchos creyeran que esta guerra inventada fuera una jugada desesperada de Calderón para salvar su presidencia. Parecía un esfuerzo por cambiar la conversación, por distraer la atención de las muchedumbres en las calles, por establecer su legitimidad al reunir al país detrás de su comandante en jefe y su enfrentamiento heroico contra un enemigo casi externo.

Hay mucho que decir a favor de esta teoría, y puede que el cuchillo ensangrentado que la compruebe aparezca algún día. Pero incluso si terminara por mostrarse contundentemente que tales motivos de beneficio propio dominaron la decisión de Calderón, seguiría siendo una explicación demasiado fácil de cómo y por qué se declaró la guerra. La creciente ilegalidad y terrible violencia de tiempos de Fox eran causas legítimas de alarma. Rodaban las cabezas —y en su estado natal de Michoacán, nada menos—, por lo que *prima facie* no era irracional que Calderón argumentara que el Estado necesitaba recapturar el territorio que efectivamente había tomado el crimen organizado. Además, como se ha visto en estas páginas, no era la primera vez que un presidente mexicano declaraba "guerra a las drogas".

La pregunta era cuál era la mejor forma de hacerlo. En su campaña, Calderón había hablado de reorganizar (de nuevo) la podrida policía federal y reformar el sistema judicial. Había mencionado de paso que quería establecer *otra* agencia policial semejante a la DEA. Había hablado de elevar los sueldos del Ejército, lo que pudo verse como augurio de su siguiente jugada. Pero aun así, en toda su retórica electoral, no se percibió ni un tufillo a guerra. Más que nada, Calderón había querido demostrar que la mayor amenaza a la que se enfrentaba México no eran los capos de la droga, sino López Obrador.

Tampoco había hablado de guerra durante la crisis postelectoral, cuando se preparaba para correr hacia la silla presidencial. Lo que sí hizo, en los meses entre la votación de julio y su inauguración turbulenta en diciembre, fue consultar con Antonio Garza, el embajador de EUA, y luego con el presidente George W. Bush, sobre una guerra contra las drogas totalmente militarizada. En septiembre, en una cena privada con Garza en la Ciudad de México, Calderón expuso que ocuparse de los narcos sería un pilar clave de su gobierno. Garza le dio una aprobación efusiva. De hecho, le advirtió a Calderón que si quería atraer las inversiones que se requerían para reactivar la economía mexicana, "los extranjeros y los mexicanos por igual necesitaban estar seguros de que la ley y el orden" prevalecerían. Calderón hizo hincapié en su fuerte deseo por mejorar la cooperación con EUA en materia de seguridad.

En noviembre, en la Casa Blanca, en su primera reunión cara a cara con Bush, el presidente electo pidió un mayor apoyo en armamento y dinero.[20] Recibió la energética bendición Bush —no puede sorprendernos, tres años había pasado por su propia "guerra por la elección"—. Cuatro meses después, en una reunión presidencial en marzo de 2007 en Yucatán, Mérida, los líderes afinaron los términos del apoyo estadounidense: más de mil millones de dólares para armas, equipo de inteligencia y entrenamiento.[21]

↵ Calderón había tomado medidas para conseguir refuerzos, pero no había comprendido la debilidad de las fuerzas armadas de México bajo su mando, ni había ponderado las fortalezas de su enemigo.

La espectacular tasa de deserción en el Ejército bajo Fox exigía medidas más allá de un modesto aumento salarial.[22] Y enviar al ejército a lidiar con el desorden criminal en las ciudades de México requeriría un prolongado período de entrenamiento que su *Blitzkrieg* no permitía. Tal vez a Calderón lo influyó demasiado el secretario de la defensa estadounidense, Donald Rumsfeld, quien, al responder en diciembre de 2004 a las quejas de soldados en el frente de Irak sobre una peligrosa falta de prepa-

---

[20] La elección del momento de la reunión fue un poco incómoda, pues dos semanas antes del encuentro en el Despacho Oval, Bush había firmado la Ley de Valla Segura de 2006, que ordenaba erigir 1,123 kilómetros de valla en la frontera entre los dos países. Calderón criticó el plan en una reunión con grupos de hispanos, donde declaró que no quería ver "la frontera México-EUA cubierta de muros y de alambre de púas, sino como un área de oportunidad y prosperidad para mexicanos y estadounidenses".

[21] Los lucrativos contratos para armar al Estado mexicano fueron para, entre otros, Bell Helicopter, Northrup Grumman, Sikorsky y United Technologies Corporation.

[22] Aunque sí fue una promesa que cumplió: los soldados, que recibían 4,300 pesos al mes (316 dólares) en 2006 recibieron 10,800 pesos al mes (795 dólares) en 2012.

ración, respondió con famoso *dictum*: "vas a la guerra con el ejército que tienes, no con el que quieras o desees tener después".

Es concebible que la centralización de las fuerzas policiales nacionales propuesta por Calderón —mando único para la Policía Federal Preventiva y la Agencia Federal de Investigación— mitigara la corrupción. Pero la cantidad fantástica de dinero que ponían en la balanza los narcos habrían obligado a un hombre más prudente a pensárselo dos veces. Tampoco se prestó suficiente atención a las aproximadamente dos mil fuerzas policiales locales de la nación —que en el mejor de los casos eran inservibles, y casi siempre ayudaban activamente a los cárteles—, más allá de considerar su despido, o de que las fuerzas federales las eliminaran a tiros.

Un eslabón aún más débil que los recursos violentos era la impartición de la justicia. El sistema judicial era un mal chiste, increíblemente corrupto, muy ineficiente, con tasas de condena más que minúsculas y prisiones porosas o controladas por los internos.

Y por más que Calderón dijera que "el Estado" iba a retomar el control del territorio dominado por los cárteles, ya no había un "Estado" en el viejo sentido unitario. Los días del partido (único) eran cosa del pasado, para bien y para mal. El vencido PRI, lamiéndose sus heridas y buscando cómo orquestar su retorno, no estaba dispuesto a unirse a un gobierno de coalición. Los perredistas de López Obrador seguían en las calles, cuestionando la presidencia de Calderón. El Congreso estaba prácticamente paralizado. Algunas gubernaturas estatales clave estaban en manos de los partidos rivales. Todo esto pudo haber influido (o no) en su decisión de ahorrarse cualquier esfuerzo por ganar apoyo, y lanzarse a revelar su guerra en público: no montó un golpe de Estado, sino un teatro, que (esperaba) sacara adelante el día. Pero incluso Bush se había esforzado por formar una "Coalición de los Dispuestos".

Y, como dijimos, estaba la fuerza del enemigo, que pudo evaluarse mejor. No era sólo el polvorín que los gringos habían puesto en manos de los cárteles: Calderón estaba muy consciente de ese problema y pidió a EUA repetida, pública e infructuosamente que renovaran la prohibición de rifles de asalto, que firmaran la CIFTA, que detuvieran el flujo de Kalashnikovs. Lo que Calderón no parecía comprender era que el negocio de la droga se había arraigado profundamente, con cientos de miles de campesinos ya dependientes de la narcoeconomía, a falta de mejores alternativas.

⸸ Calderón y su partido habían hecho campaña basados en una plataforma proTLCAN, con miras a lograr el apoyo, y lo hicieron, de la cantidad sustancial de mexicanos que se estaban beneficiando con el nuevo orden. Los análisis de las estadísticas electorales de 2006 mostraron que el apoyo del PAN había venido desproporcionadamente de los sectores industriales y de servicios norteños, de la clase media y media alta, y de los que se identificaban como católicos. A AMLO le había ido mejor con los votantes rurales, sureños y pobres, aunque a Madrazo, del PRI, le había ido aún mejor en esos sectores. Calderón había hablado de combatir la pobreza, pero creía que la forma de lograrlo era consolidar el proyecto neoliberal: abrir el país aún más al capital internacional y expandir el sector industrial para que pudiera absorber la creciente cantidad de campesinos que abandonaban sus tierras. Un nuevo México reemplazaría así al antiguo. Pero el negocio de la droga, cuyos cargamentos ilícitos rodaban al norte desde Nuevo Laredo y Ciudad Juárez, viajando hacia EUA sin ser vistos, como si fueran la ropa interior de los camiones que entregaban automóviles y electrónicos, también era parte del nuevo México. Los campesinos empobrecidos y los habitantes de las ciudades perdidas que absorbía la narcoeconomía —consiguiendo empleo en el cultivo o la recolección, de sicarios, empacadores o conductores, de guardias o vendedores— y los muchos pueblos rurales que las ganancias del narcotráfico "modernizaban", tenían mucho en juego en el nuevos *status quo*, y lucharían por defenderlo.

Calderón tampoco estaba preparado para abordar la interdependencia entre la narcoeconomía mexicana y la infraestructura financiera, comercial e industrial del país. Aunque sí logró que se pasara una gotita de legislación (extremadamente modesta y apenas aplicada) en materia de lavado de dinero, nunca afrontó el grado en que el sistema bancario se beneficiaba de los miles de millones de dólares que se repatriaban cada año de las ventas en Gringolandia, dinero que ayudaba a su vez a fertilizar una plétora de sectores "modernos", como transporte, hoteles, seguridad, ranchos ganaderos, disqueras y compañías cinematográficas, equipos de futbol, constructoras. En 2009, a la mitad de su sexenio, los treinta mil millones de dólares aproximados que fluían anualmente hacia los capos mexicanos, pisaban los talones a las exportaciones petroleras (36.1 mil millones de dólares) y excedían las remesas de los migrantes mexicanos que trabajaban de sirvientas y obreros agropecuarios (21.1 mil millones), y también del turismo extranjero (11.3 mil millones). No alcanzaba a percibir el grado en que sus propios votantes podían ser cómplices del narcoorden establecido que ahora se disponía a derrocar a punta de balazos.

También pudo haberse fijado en el atractivo cultural que el narcoenemigo tenía en un porcentaje indeterminado, pero considerable, de la juventud mexicana de ambos lados de la frontera, en particular, la popularidad de los narcocorridos. Estas canciones, que mostraban a los traficantes como rebeldes heroicos, habían evolucionado (o degenerado) de una tradición bicentenaria de bardos itinerantes. Hubo una vez en que los trovadores nómadas traían las últimas nuevas, musicalizadas, al interior del norte de México. Durante la Guerra de Independencia (consumada en 1821), las letras adquirieron un tono rebelde. Este énfasis seguía en pie un siglo más tarde, durante las guerras de la Revolución, cuando (como apunta Grillo en *El Narco*) se cantaba en torno al fuego en los campamentos de los alzados.

En la década de los treinta, los rapsodas comenzaron a cantar sobre bandidos y contrabandistas, celebrando la ilegalidad de manera similar a como la cultura popular lo hacía en EUA por las mismas fechas. En los setenta, los forajidos ensalzados se convirtieron en narcotraficantes, la encarnación contemporánea de los contrabandistas. Con el enorme éxito, en 1974, de "Contrabando y traición" de Los Tigres del Norte, el formato entró al mercado masivo. La historia de contrabandistas conduciendo a través de la frontera hacia San Diego, con las llantas del tráiler repletas de yerba mala, fue una sensación en Sinaloa, y entre las pandillas de chicanos en California. Muy pronto, cientos de imitadores de ambos lados de la frontera estaban produciendo narcocorridos explícitos en masa, con conexiones obvias, en las décadas de 1980 y 1990, con el *gangsta rap* estadounidense.

A pesar de que los cantantes sostuvieran haber heredado el manto de una tradición subversiva, y por más que heroizaran a los nuevos forajidos como machos temerarios con inclinaciones de Robin Hood, de hecho son baluartes del sistema. Las canciones son himnos al consumismo y la misoginia; celebran los carros rápidos y la ropa elegante y a las mujeres sexis y serviles: el disfrute de la riqueza, no su redistribución. Su representación de los narcos como hombres exitosos por sus propios medios, emprendedores con Uzis, es también ofuscante, pues el narcotráfico es una máquina casi corporativa, que depende de la complicidad activa de las fuerzas del orden.

Su congruencia esencial con el *status quo* fue una de las razones por las que las canciones se volvieran populares no sólo entre los narcos, y entre muchos en las descontentas masas de desempleados y semiempleados del viejo México, sino que también las acogieran los *juniors*, los hijos acaudalados del nuevo México. Los graduados en escuelas privadas, vástagos de ricas familias de rancheros (o empresarios) que adoptaban poses *gangsta* y hiphoperas a la manera de la juventud suburbana de EUA, creían que era *cool* vestirse de gánsters y juntarse con los hijos de los capos. Aunque estuvieran tan renuentes como sus contrapartes estadounidenses a empuñar un AR-15, su susceptibilidad al atractivo de la narcocultura complicaba la idea calderonista de que podría apelar a un "nosotros" unificado contra un "ellos" marginal.

El nuevo presidente estaba seguro de algo: sería mala idea revertir la política macroeconómica (como aconsejaba la izquierda) y reinstalar la red de seguridad, restablecer los subsidios que el PRI había promovido por años, detener o revertir la privatización de los servicios públicos. En vez de eso, Calderón definió a lo que se enfrentaba en jerga puramente militar. Y en esto lo alentó Estados Unidos. Eran, después de todo, tiempos de Bush, cuando el terrorismo no se trataba como un crimen contra la humanidad, sino como un acto de guerra que requería en respuesta un "guerra global contra el terrorismo", pero una guerra sin definición clara de "victoria". Una guerra a la que le tenía muy sin cuidado cualquier punto de cualquier Convenio de Ginebra. También es posible que Calderón tuviera en mente, como modelo, la Operación Cóndor: una campaña rápida para aporrear a los narcos durante un año o dos, zarandeados recordarles quién manda, tras lo cual los malosos se volverían a cuadrar. Pero dado que el viejo aparato priista de vigilancia federal corrupta del narcotráfico había sido desmantelado, no había ante quién cuadrarse, incluso si hubiera querido (y no era el caso) reemplazar la organización priista *de facto* de la industria con una dirigida por el PAN.

No fue buena idea tomar la guerra de Bush en Irak como mal ejemplo a seguir. En 2006, Irak hacía tiempo que se había convertido en un embrollo estilo Vietnam, y en las elecciones de noviembre de 2006 acababa de costarles a los Republicanos el control de la Cámara y del Senado. Pero justo cuando Calderón asumía el poder, Bush, que había estado alejándose sigilosamente de su retórica de "mantener el curso", cambió de nuevo el rumbo —orillado por la derecha— y lanzó otras veinte mil tropas a la ciénaga de Medio Oriente. ("La oleada" le ganaría un poco más de tiempo, a costa de muchas más vidas estadounidenses e iraquíes, pero al final sólo llevó a que un demócrata antiguerra sacara a su partido de la Casa Blanca en 2008, por no hablar de los efectos en las sociedades mismas donde se guerreó a lo bruto".)

Al igual que Bush, Calderón echó a sus hombres a la carga temerariamente, con resultados igualmente desastrosos.

Capítulo nueve
2006-2012

El primer asalto vino el 11 de diciembre de 2006, diez días tras la toma de protesta, cuando Calderón envió a más de cinco mil elementos de tropa terrestre y policía federal enmascarados a serpentear por los pasos montañosos hacia el corazón del narcoterruño michoacano, donde los Zetas y la Familia, antes aliados, se habían trabado en combate mortal. Semanas después, Calderón voló a una base militar para saludar a las tropas. Portaba gorra y chaqueta militares, un quiebre drástico con la estricta separación entre la dirigencia civil y militar instaurada en la década de 1940. "No daremos tregua ni cuartel a los enemigos de México", y (sólo semanas después), "Tenemos el deber de declarar la guerra a los enemigos de México... Los convoco a escribir nuevas páginas de gloria en defensa de la nación".

Calderón extendió la ofensiva rápidamente, abriendo un frente tras otro. Siete mil tropas entraron a Acapulco, 3,300 policías federales y soldados marcharon sobre Tijuana —números mucho mayores que los que Fox había dedicado— y muy pronto había unos 50,000 hombres en el campo de batalla, incluyendo casi la totalidad de la Policía Federal y gran parte del Ejército.

La ofensiva logró algunos resultados rápidos. Agentes federales atacaron una casa de seguridad en la Ciudad de México y confiscaron 207 millones de dólares provenientes de las anfetaminas, el mayor decomiso de efectivo de la historia. Marinos mexicanos incautaron más de 23.5 toneladas de cocaína, el mayor decomiso del polvo en la historia. Los hombres de Calderón también arrestaron a miles de supuestos traficantes. La mayoría eran pandilleros de bajo nivel, pero también sacaron del tablero a algunos capos. Varios de ellos, para la enorme satisfacción del vecino del norte, fueron extraditados a EUA, incluyendo a un blanco protagónico, Osiel Cárdenas Guillén, con lo que (se esperaba) dejaría el mando del Cártel del Golfo desde su celda en México. Es cierto que lo confiscado sólo sumaba una mínima fracción de las ganancias de los cárteles, y que se liberó a la mayoría de los arrestados sin procesarlos. Pero con todo y todo, Calderón había llegado con *fuerza*. Sí, los críticos se quejaban de que, tras su primer medio año de gobierno, la violencia en las calles mexicanas todavía excedía los niveles en tiempos de Fox. Luego eso también cambió.

En agosto de 2007, el Cártel del Golfo y la Federación Sinaloa-Juárez acordaron un cese al fuego. Ambos habían subestimado al otro. Ambos habían sufrido grandes bajas. La guerra había sido mala para el negocio. Sus respectivos contactos en Colombia comenzaban a dudar de la fiabilidad de los mexicanos. Sin victoria a la vista, el alto mando sinaloense (el Chapo y Cía.) y sus comandantes en el frente (el Barbas y la Barbie) decidieron a regañadientes abortar su invasión y buscar un *rapprochement* con el Cártel del Golfo y su ejército de Zetas. En una cumbre de paz en Monterrey, las dos mafias acordaron dejar de masacrarse y respetar los hechos del territorio. El Cártel del Golfo se quedaría con el noreste de México, incluyendo Nuevo Laredo, y con el estado oriental de Veracruz; la Federación Sinaloa-Juárez se quedaría con sus viejos territorios occidentales, incluyendo Acapulco; y en otros dominios acordaron coexistir. Arturo Beltrán Leyva fue el sinaloense encargado de mantener la paz con Heriberto Lazcano, de los Zetas. Las muertes comenzaron a disminuir en los meses siguientes, y aunque 2007 remató con 2,500 homicidios relacionados con el narcotráfico, un número mayor que en 2006, la tasa de mortandad iba en descenso. Como señala Ioan Grillo, después del primer año de gobierno de Calderón, su guerra se veía "endemoniadamente bien".

Luego, a principios de 2008, México explotó. El resto del sexenio de Calderón, la guerra que había empezado se expandiría e intensificaría, cuantitativa y cualitativamente, y se volvería increíblemente convulsa. No habría guerra de trincheras, ni grandes batallas con figuritas de plomo entre ejércitos opuestos, ni líneas claras de demarcación entre —ni dentro de— uno y otro bando. En vez de eso, en una dialéctica mortal, la guerra *contra* los narcos exacerbaría la guerra *entre* narcos, lo que a su vez traería una escalada de la guerra *contra* los narcos. Los cárteles se fisuraron en fragmentos, que se reagruparon en nuevos alineamientos; los aliados se volvieron enemigos, los oponentes mutaron en amigos. Las fuerzas gubernamentales luchaban entre sí tan ferozmente como contra los narcos. Las líneas entre combatientes y civiles se confundieron, desaparecieron. A veces parecía una guerra de todos contra todos. También se volvió cada vez más monstruosa. La pila de cadáveres y miembros mutilados se elevó a proporciones épicas. Los aproximadamente setenta mil muertos —casi siempre de formas grotescas y sangrientas— pusieron el nivel de carnicería a la par de la Guerra Cristera y de la misma Revolución Mexicana. Se había abierto el infierno.

Es imposible acomodar la geografía de esta calamidad de pesadilla en escenarios de guerra ordenados. Las fronteras territoriales se volvieron tan mutables como los límites entre combatientes. Los campos de batalla podían cambiar abruptamente, de tierras de matanza empapadas de sangre, a paisajes relativamente pacíficos. Un enfoque geográfico —centrado en las trayectorias de la violencia en los estados occidentales, orientales y centrales de las regiones fronterizas del norte— nos permite rastrear las líneas principales del conflicto. Lo que sigue será una vista aérea desde una altura relativamente elevada del terreno boschesco (boschiano) que yace abajo, aunque también descenderá para describir los horrores, a partir de la multitud de recuentos de primera mano que escribieron reporteros valientes y experimentados (aquellos que vivieron para contarlos).

Desde nuestro mirador privilegiado de la tempestad de asesinatos, parece claro que lo que disparó la guerra en 2008 fue la tregua que la había dejado atrás en 2007. El tratado de paz le había dado la responsabilidad de mantener las cosas pacíficas al brazo militar de cada cártel. Cumplieron con su responsabilidad tan asiduamente que ambos comandantes —Arturo Beltrán Leyva, de los Negros, y Heriberto Lazcano, de los Zetas— decidieron valerse por sí mismos: abandonaron a sus respectivos jefes y entraron en un acuerdo de negocios con el otro. Cuando estos antiguos enemigos mortales se reconstituyeron como cómplices comerciales, se retrazó el mapa del narcotráfico organizado de México. Sin embargo, sus respectivos superiores en los cárteles se rehusaron a aceptar la nueva situación y le declararon la guerra a sus respectivos exsubordinados.

QUIEBRE DE SINALOA

Las hostilidades iniciaron casi de inmediato en el poniente, empujadas tanto por las *vendettas* personales como por la lógica comercial subyacente.

La victoria contra los Zetas —o por lo menos haber combatido al feroz brazo armado hasta un empate— se le subió a la cabeza a Arturo Beltrán Leyva. El Barbas, y aun más su hermano Alfredo, aparecían a menudo en fiestas glamorosas acompañados de su número uno en seguridad, Edgar "La Barbie" Valdez Villarreal. Su estilo despilfarrado de vida parece haber irritado al (más discreto) Chapo, de la misma manera en la que, allá en los ochenta, las escandalosas aventuras neoyorquinas de John Gotti, el jefe de la mafia sediento de publicidad, le revolvieron las tripas a Big Paulie Castellano, un capo más conservador, que creía que los jefes debían pasar inadvertidos, nadie debía verlos ni oírlos. Así que, cuando el 21 de enero de 2008 arrestaron a Alfredo en Culiacán, los corrillos decían que el Chapo había dado pistas de su paradero a las autoridades federales.

Esta convicción se fortaleció cuando el Chapo no le ayudó a Alfredo a recobrar la libertad, en contraste con Lazcano, de los Zetas, quien de inmediato tendió la mano a su nuevo amigo Arturo, su abogado de más confianza. La desayuda del Chapo, conjeturaron algunos, también podía estar apuntado a que quería ganarse el favor de las autoridades, para lograr la liberación de uno de sus hijos, encerrado en una prisión de máxima seguridad en el Estado de México. A favor de este argumento, sí liberaron al hijo meses después, el 11 de abril. Semanas más tarde, el 9 de mayo, el clan de los Beltrán Leyva —que aparentemente había sacado sus propias conclusiones sobre los acontecimientos— mandó un escuadrón de quince hombres a eliminar al otro hijo del Chapo, Édgar, un universitario de veintidós años. Lo perforaron, a él y a dos amigos, con quinientas balas, en el estacionamiento de un centro comercial de Culiacán.

Alentado por su creciente vínculo con los Zetas, el Cártel de los Beltrán Leyva, como se hacían llamar ahora los hermanos, rompió con la Federación, y, acompañados de su confiable secuaz, la Barbie, le declararon la guerra al Cártel de Sinaloa. Las batallas subsiguientes fueron más feroces por ser fratricidas —pues los rivales habían trabajado y luchado hombro con hombro por décadas— y por centrarse en su patria común, de la que ambos bandos conocían cada centímetro. Hubo masacre tras masacre, con una creciente pila de cadáveres desmembrados, para fin de año se habían registrado 1,162 homicidios sólo en Sinaloa.

El año 2009 fue más de lo mismo hasta diciembre, cuando agentes de la DEA rastrearon a Beltrán Leyva hasta un lujoso departamento en Cuernavaca, y pasaron su dirección a una fuerza de élite de marinos mexicanos que se había entrenado con el Comando Norte estadounidense. Doscientos marinos rodearon el edificio y dispararon, un helicóptero volaba encima, y Arturo y su banda respondían con balas y granadas al ataque. Después de dos horas, los marinos entraron al departamento y mataron a todos los ocupantes. Luego desnudaron el cuerpo de Beltrán Leyva, cubrieron el cadáver con su dinero y otros objetos de valor, y lo fotografiaron, creando una versión pictórico-estatal de los narcomensajes. Más tarde, los restos fueron enterrados en un mausoleo de dos pisos en Jardines del Humaya, el singular cementerio (por no decir bizarro) en el extremo sur de Culiacán que el descanso final preferido de Narcolandia.[23]

En cuanto quedó decapitado el Cártel de los Beltrán Leyva, brotaron dos facciones rivales, una dirigida por la antigua mano derecha de Arturo, la Barbie, y la otra por su hermano, Héctor Beltrán Leyva. Se abalanzaron uno contra el otro, la Barbie y sus Negros contra Héctor Beltrán Leyva, apoyado por los Zetas. Apilaron cuerpos de caídos, intercambiaron videos de sesiones de tortura y, en agosto de 2010, colgaron cuatro cuerpos decapitados de un puente en Cuernavaca, junto con un mensaje en una pancarta (una *narcomanta*) que garantizaba que darían el mismo destino a quienquiera que apoyara a Valdez. Fue entonces que la DEA rastreó a la Barbie (por medio de sus celulares) hasta una casa de campo cerca de la Ciudad de México, donde la policía federal lo arrestó el 30 de agosto de 2010. (Hay quienes dicen que la Barbie se entregó, pues se sentía más seguro en custodia del Gobierno federal que huyendo de Héctor y sus Zetas). Con la caída del Barbas y la Barbie, los caciques locales comenzaron a luchar por tomar el control de sus lucrativos territorios. La guerra en el poniente se derramó del noroeste mexicano al centro y al sur, con derramamientos de sangre en una docena de estados.

Una trayectoria similar sucedió en el oriente.

***

---

[23] Para más información sobre el Panteón Jardines del Humaya, véase el documental de 2011 de Natalia Almada, *El Velador*.

Golfos contra Zetas

Las primeras fisuras en la asociación Golfo-Zetas había aparecido en 2007, cuando los líderes del Cártel del Golfo hicieron la paz con sus contrapartes sinaloenses, una jugada que los Zetas consideraron una traición. Durante los dos años siguientes, los Zetas comenzaron a expandir sus propias operaciones; se extendieron por la costa oriental e instalaron células débilmente interconectadas en ciudades pequeñas, pueblos y barrios. Muchos Zetas habían nacido como campesinos pobres, y ahora reclutaban a miles más de su clase. Ya para el 2010, se calculaba que los Zetas tenían más de diez mil soldados versados en estrategias militares y dados a la violencia sádica.

En ese año, la añeja tensión se tornó en franca guerra. Los Zetas comenzaron a atacar operativos del Golfo donde los encontraran y a reclamar su territorio. El Cártel del Golfo se alió con sus antiguos rivales sinaloenses y contraatacó, con lo que la región noreste quedó envuelta en una espiral de violencia. El primer choque entre estos socios-vueltos-luchadores fue en Reynosa, en el estado de Tamaulipas. La lucha se extendió a Nuevo Laredo, Matamoros y otros municipios a lo largo de la frontera Tamaulipas-Texas, y luego a los estados vecinos de Nuevo León y Veracruz. Calderón desplegó más tropas, pero los Zetas repelieron por igual a las unidades del ejército y a los escuadrones de cárteles rivales, usando ametralladoras de calibre pesado y lanzagranadas. Algunas batallas duraban horas, paralizaban el centro entero de una ciudad y dejaban el paisaje urbano teñido de guerra, salpicado de comercios incinerados. El número de bajas llegó a las nubes. En 2009, el Gobierno federal había reportado noventa asesinatos relacionados con las drogas en Tamaulipas; en 2010, la cifra fue de 1,209, una porción sustancial del total nacional de quince mil muertos.

El impacto de toda esta mortandad era mayor de lo que los números sugerían por sí mismos, ya que incluía la mayor masacre a la fecha. En San Fernando, Tamaulipas, la estratégica autopista federal 101 intersecta en su curso norte-sur con una docena de caminos locales y veredas que llevan a varias ciudades fronterizas, lo que la convertía en un punto nodal del contrabando de drogas de los Zetas. (El dominio Zeta sobre San Fernando incluía el control de la policía local, casi la mitad de la cual estaba en la nómina del cártel.) Naturalmente, una locación tan estratégica solía ser blanco frecuente de las fuerzas del Cártel del Golfo, por ejemplo, tras una incursión colgaron cuerpos de zetáceos y sus asociados en postes de luz.

En lo que parece haber sido una reacción hipercautelosa (para no decir paranoica), los Zetas comenzaron no sólo a detener a los camiones y autobuses que se dirigían al norte por la 101 —ya lo habían estado haciendo como parte de sus negocios de extorsión y secuestro, alimentándolos con carne de migrantes centro y sudamericanos que buscaban un cruce ilegal del río hacia EUA—, sino también a llevarse de cola a quienquiera que sospecharan que habían enviado los Golfos o sus aliados en Durango y Michoacán (el Cártel de Sinaloa y la Familia) para apoyar a sus fuerzas.

El 22 de agosto de 2010, bajaron a 72 migrantes (58 hombres y 14 mujeres) de dos camiones, los interrogaron para averiguar su destino e inspeccionaron sus celulares en busca de evidencia incriminatoria. Aunque no descubrieron algún indicio de conexión con los del Golfo (los golfáceos), les pareció mejor prevenir que lamentar. Llevaron a los migrantes a un cobertizo abandonado en una granja, los ataron de pies y manos, los tiraron bocabajo en el suelo y los acribillaron, excepto a un ecuatoriano que, tras fingirse muerto, logró llegar a un puesto de control del ejército en la carretera.

Resultó que esto no fue más que el ensayo con vestuario para una masacre peor de macabra cometida menos de un año después. En marzo de 2011, detuvieron a varios autobuses en la 101 y sacaron y asesinaron a sus pasajeros (esta vez casi todos mexicanos). La excavación de 47 fosas comunes en el área de San Fernando extrajo por lo menos 193 cadáveres. A la mayoría los habían despachado con un golpe en la cabeza en vez de una bala. A pesar de la captura y las confesiones de varios Zetas que se declararon perpetradores, la causa y naturaleza de las ejecuciones siguen siendo opacas. Las explicaciones van de la misma justificación ofrecida por las muertes de 2010 (miedo a refuerzos del Golfo), a haberse negado a trabajar para los Zetas como camellos, al secuestro (que no es particularmente plausible, dada la muerte inmediata y la falta de exigencia de rescate), a la historia como de película que un hasta hoy anónimo y autoproclamado participante narró a un reconocido periodista de Texas. Sostuvo que les dieron armas a los hombres, incluyendo mazos, y los forzaron a luchar a muerte, como si fueran participantes en una pelea de gladiadores en la antigua Roma. A los sobrevivientes los reclutaron como asesinos de los Zetas y los enviaron a misiones suicidas, como entrar a un bastión del Golfo y llenarlo de plomo.[24]

Después de los 566 asesinados a manos de los Zetas, miles de ciudadanos de San Fernando empacaron y huyeron a otras

---

[24] La segunda masacre de San Fernando perdió la corona de "la Peor", también en marzo de 2011, cuando los Zetas se vengaron contra a los parientes, amigos y empleados (actuales o antiguos) de dos de sus miembros por haberse robado cinco millones de dólares y huido a través de la frontera a los brazos de un programa de protección de testigos. Esto afectó el tráfico de cocaína del cártel hacia Eagle Pass, Texas, que había estado produciendo seis millones de dólares a la semana, fondos de los que dependían para la guerra con los Golfos. Un pequeño ejército de Zetas apareció en la ciudad natal de ambos hombres, Allende, Coahuila, armados con maquinaria de construcción pesada (y herramienta pequeña, como mazos), y procedieron a demoler por completo cualquier edificio conectado con los traidores, y a secuestrar y matar a todo residente, incluso vagamente asociado con ellos, incluso si sólo compartían apellido. Por lo menos trescientas personas desaparecieron; sin duda acabaron en cualquiera de las fosas comunes desparramadas por el paisaje yermo. Todo el episodio fue acallado hasta 2014. Los sobrevivientes estaban mudos de terror —sobre todo luego de que un alma emprendedora que comenzó a ofrecer *tours* de los edificios arruinados fue encontrada con una bala en la cabeza— y las autoridades no tenían interés en esparcir más malas noticias.

partes de México, o a Estados Unidos. Calderón inundó de soldados el área, destituyó a la policía local y convirtió el territorio
en una base militar. Pero el conflicto Golfo-Zeta simplemente
migró a otras sedes, donde los Zetas (en 2011) siguieron expul-
sando a su cártel progenitor de mucho de su territorio tradicional en la frontera con Texas. También se expandieron al sur,
hacia los estados de Oaxaca y Chiapas, y cruzaron la frontera con
Guatemala; se comportaban menos como mafiosos (señala Grillo) que "como un grupo paramilitar controlando territorio". En
2012, Calderón proclamó un gran revés al gigante Zeta cuando
fuerzas de la marina mexicana mataron a Heriberto Lazcano en
el estado de Coahuila, el 7 de octubre. Desafortunadamente, el
principio de la hidra —corta una cabeza y surgirán dos más en
su lugar— fue tan operativo ahora como antes. Un tal Miguel
Treviño Morales, el número dos de Lazcano, asumió su función
de líder; de hecho, muchos observadores de los Zetas creyeron
que ya había usurpado su puesto. Mientras que Lazcano ("el
Verdugo") era un hombre difícil de superar en crueldad, Treviño era incluso más sanguinario, dado, por ejemplo, a "guisar" a
sus víctimas: tirarlas en barriles de doscientos litros de petróleo,
rociarlas de gasolina y quemarlas vivas. La máxima de "cuidado
con lo que deseas" fue muy apropiada en el caso de la caída de
Lazcano y el ascenso de Treviño. Y lo mismo resultó con la otra
celebración prematura de Calderón, del otro lado del país, en
Michoacán, sobre la extirpación de otro capo, el "Más Loco" de
la Familia, una cirugía que sólo llevó a un mal más profundo.

***

FAMILIAS, TEMPLARIOS

Para fines de 2009, la Familia Michoacana, con el auxilio de
los cárteles del Golfo y de Sinaloa, había logrado expulsar del
estado a los Zetas, el enemigo común. No satisfechos con controlar el negocio de las metanfetaminas —exportaban a EUA

unas noventa toneladas anuales, con un valor de calle de quizás diez mil millones de dólares— se expandieron a mercar cocaína, heroína y marihuana, y añadieron vertientes como contrabandear a EUA personas junto con las drogas. También estrecharon su control sobre el gobierno local: compraron algunos políticos y asesinaron a otros, y ganaron la capacidad de nombrar a los jefes de la policía que suponían que los perseguirían. Tampoco eran tímidos a la hora de atacar a las fuerzas federales que Calderón vació en el estado. Cuando arrestaron a un lugarteniente de la Familia en julio de 2009, sus camaradas se vengaron capturando, torturando y asesinando a una docena de policías federales, a los que tiraron en una carretera montañosa, adjuntándoles un narcomensaje que decía: "Para que vengan por otro, aquí los estamos esperando". Calderón desplegó mil policías federales más, pero sin que le quitaran un pelo al gato. Hasta que, en diciembre de 2010, gracias a la información de inteligencia brindada por las agencias estadounidenses, que cada vez se involucraban más, el Gobierno anunció que habían matado en un tiroteo al capo del cártel, Nazario el "Más Loco" Moreno González, aunque, para decepción de todos, el cuerpo desapareció antes de poder identificarlo con certeza.

Tras la muerte aparente de su líder estratégico y espiritual, la Familia se retiró a su refugio en la sierra, donde la dirigencia se dividió en dos, lo que provocó declaraciones triunfales del Gobierno: Michoacán muy pronto iba a estar bajo control. Pero mientras que una de las facciones comenzó a disiparse, la otra mutó en un descendiente todavía más repelente: los Caballeros Templarios, nombrecito pergeñado en honor a los cruzados del medioevo. Asumiendo el manto de Moreno, a los Caballeros los dirigían dos de sus lugartenientes, Servando ("la Tuta") Gómez Martínez y Enrique "el Kike" Plancarte. Portaban capas blancas adornadas con cruces rojas, erigieron estatuas del fallecido capo equipado con armadura medieval y, al decorarlas con oro y diamantes, veneraron al Más Loco como un santo.

Al igual que la Familia, los Caballeros Templarios profesaban ser devotos de la justicia social e incluso de la Revolución. También expresaban respeto por la Iglesia Católica Romana, y cuando el papa Benedicto XVI visitó México, colgaron mantas en puentes en siete ciudades: "Los Caballeros Templarios se deslindan de cualquier acción bélica, no somos asesinos, bienvenido el Papa". También prometieron proteger a Michoacán de los maleantes externos. Poco después de aparecer en escena colgaron más de cuarenta mantas en Michoacán: "Nuestro compromiso con la sociedad será la de: salvaguardar el orden. Evitar robos, secuestros, extorciones, blindar el estado de posibles instrucciones de organizaciones rivales", refiriéndose a los Zetas, contra quienes habían invitado a otros cárteles a unirse; una alianza antizeta a nivel nacional.

A los Caballeros les tomó mucho menos tiempo que a la Familia volverse ultramalévolos.

Además de dominar el tráfico de drogas, los Templarios comenzaron a aterrorizar a la población local, cometiendo todos los crímenes que habían prometido "evitar". Extorsionaron a los campesinos al forzar a los cultivadores de aguacate y limón a pagar una cuota por cada kilo; intimidaron a los agricultores de maíz a vender baratas sus cosechas, y luego se las revendieron a los tortilleros al doble de precio. Violaban mujeres, secuestraban a cuantos les viniera en gana y torturaban y decapitaban en público a quienes se resistieran. También tomaron control de mucho del orden político de Michoacán: instalaban a políticos locales en funciones, controlaban los presupuestos municipales y empleaban a policías locales como asistentes.

Los Caballeros no sólo amenazaron a los campesinos locales, sino también a empresas corporativas y a multinacionales. A partir de 2010, comenzaron (valerosos) a robarles su mineral a las compañías mineras, o a despojarlos de las minas. Vendían el producto a procesadores, distribuidores y firmas industriales chinas —consumidores voraces de mineral de hierro—, ya que tenían el control total del puerto de Lázaro Cárdenas, ahora el segundo más grande del país. En 2010 movieron algo más de novecientas mil toneladas de mineral extraído ilegalmente, un golpe a la economía y reputación del país. Los Templarios, tornados en una sanguijuela de 350 kilos, habían abierto un campo de actividades completamente nuevo para el crimen organizado mexicano.

Encima de todos los reveses que atrajo la guerra de Calderón en el este y el oeste, lo más descorazonador sucedió en el centro de la frontera.

***

Ciudad Juárez, capital homicida del mundo

La pesadilla que abrumó Ciudad Juárez no puede explicarse simplemente por la batalla entre los cárteles de narcotráfico que buscaban controlar este corredor crucial hacia el mercado estadounidense, aunque eso estuviera en el meollo del asunto. La catástrofe de clase mundial que cayó sobre la ciudad surgió de la concatenación de fuerzas históricas, algunas de las cuales se remontaban a la Segunda Guerra Mundial, convocadas y fundidas con desafortunada simultaneidad en 2008.

En 1942, Estados Unidos y México lanzaron el Programa Bracero, una serie de acuerdos bilaterales que permitía a los peones agrarios mexicanos trabajar por temporadas en granjas de EUA. El flujo y reflujo resultante de cientos de miles de campesinos inundó de mano de obra (de bajo salario) el norte del Río Grande, revirtiendo de hecho los efectos de las deportaciones masivas efectuadas en los deprimidos años treinta, cuando había llegado a haber un excedente. El Programa Brasero se suspendió en 1964, en parte por las protestas que argumentaban que los salarios los peones agrarios se socavaban con la importación de mano de obra. Los mexicanos se quedaron sin acceso a trabajo en el norte.

Respondiendo al desempleo resultante, el Gobierno mexicano lanzó el Programa de Industrialización de la Frontera.

Seguían el ejemplo de Hong Kong y Taiwán, dos zonas establecidas de libre comercio, enclaves en los que corporaciones extranjeras podían construir fábricas y contratar a obreros locales para ensamblar partes importadas y producir mercancías terminadas, como televisiones. Las corporaciones no pagaban aranceles por las partes "importadas", y sólo estaban sujetas a un impuesto de exportación por el valor añadido por los obreros, que, dados los salarios extremadamente bajos, era un incremento modesto. El programa gubernamental mexicano de maquiladoras —un término derivado de la práctica de los molineros de cobrar una maquila por procesar el grano ajeno— ofreció a las compañías de EUA mano de obra barata, exenciones de impuestos y una ubicación que estaba a pasos (no a océanos) del suelo estadounidense.

Las compañías estadounidenses saltaron ante la oportunidad y abrieron fábricas a lo largo de la frontera durante las décadas de los setenta y los ochenta. El número de estas plantas creció de doce (con tres mil empleados) en 1965, a 1,920 (con 460,258 empleados) en 1990, cuando las maquiladoras mexicanas habían superado a sus rivales asiáticas. Ciudad Juárez dominaba el terreno; aspiró enormes cantidades de migrantes en apuros de los alrededores de las áreas rurales, para trabajar en los enclaves industriales. Entre 1950 y 1990, la población total de la ciudad se infló de 122,600 a 800,000.

El sector de maquiladoras detonó de nuevo en los noventa, impulsado por la firma del TLCAN en 1994, y la devaluación del peso ese mismo año, en la que perdió más de la mitad de su valor. El alza resultante en la tasa de inflación, de siete por ciento en 1994 a cincuenta y dos por ciento en 1995, bajó el precio de los salarios mexicanos, dominados por el dólar, en casi treinta por ciento. Las empresas estadounidenses corrieron a México a lucrar con la mano de obra ultraabaratada, razón por la que, incluso mientras el crecimiento económico del país se *contrajo*, el empleo en maquiladoras se disparó un promedio de once por ciento anual entre 1995 y 2001. En Ciudad

Juárez, los 140,045 obreros de maquilas de 1994 casi se duplicaron a 262,805 para el año 2000. Y la población total de la ciudad se disparó junto con su fuerza laboral: aumentó de 800,000 a principios de los noventa a 1,200,000 para fines de la década.

Las ganancias se escapaban hacia el norte y aunque, en ciertos aspectos, a los obreros les iba mejor que en el campo, el descenso en los sueldos (por la competencia local y cada vez más por la internacional) mantenía a la gente empobrecida. Las condiciones de vida en los arrabales que se extendían afuera de las puertas fabriles eran, por decir lo menos, escuálidas. Los jacales desvencijados que hacían de vivienda estaban en algunos casos construidos con tarimas desechadas de los puertos de carga de las fábricas estadounidenses. Vastas cantidades de personas tenían acceso limitado o inexistente al agua corriente, sistema de drenaje funcional, calles pavimentadas y/o electricidad. Escuelas, hospitales, parques, transporte público —los servicios públicos en general— eran escasos. En algunos aspectos, Ciudad Juárez, a pesar de su nombre, era menos una ciudad que un corral para albergar obreros en enclaves del sector privado.

Los niveles de tensión social eran altos, en particular en la división entre géneros. Las plantas de ensamble, aunque originalmente se habían pensado para resolver el problema de desempleo masculino, optaron en cambio por contratar a jóvenes solteras, que eran más baratas y se consideraban más flexibles. Esto cumplía con las necesidades de los hogares rurales que, enfrentados con la crisis agraria, necesitaban aumentar las vías de ingresos. Las maquiladoras urbanas permitían ingresar a sus hijas a la fuerza laboral industrial; de hecho, las mujeres jóvenes se convirtieron en mayoría. El trabajo, las condiciones de trabajo y los salarios eran desalentadores. Los empleadores de las maquilas pagaban a las mexicanas aproximadamente un sexto del salario que recibían las mujeres al otro lado del Río Bravo. Peor aún, las mexicanas se enfrentaron a la hostilidad de los varones —muchos de los cuales estaban desempleados—, no sólo por el acceso a las fuentes de empleo, sino porque el cuerpo de las mujeres trabajadoras, independientes y móviles, representaba una amenaza al orden profundamente patriarcal.

Alrededor de 1994, cuando la pobreza se disparó al declinar el peso, el empleo en las maquiladoras aumentó, el trabajo se lo ganaban las féminas, una plaga de violencia contra las mujeres —abrumadoramente obreras de maquiladoras— azotó la ciudad. La cantidad de violaciones, golpizas, torturas y muertes cada vez más violentas (estrangulación, apuñalamiento, mutilación) comenzó a ascender, asesinatos con complicidad de (y a veces perpetrados por) la policía, y facilitados por el oscuro paisaje urbano que aumentaba la vulnerabilidad de las mujeres. Más de 340 mujeres murieron entre 1993 y 2003, año en que "las muertas de Juárez" se convirtió en el lema internacional de los manifestantes indignados. Aunque algunos de los asesinatos estuvieran enraizados en situaciones específicas y los hubieran provocado motivos personales, era evidente que la ola de homicidios (de feminicidios) era más que una aglomeración de incidentes individuales. Era algo enraizado en la ecología social de la ciudad.

Los noventa también fueron el auge del "Señor de los Cielos", Amado Carrillo Fuentes, ascendido en 1993 al poder en el Cártel de Juárez. Su flota de *jets*, en 1995, aterrizaba en el aeropuerto de Juárez, llena de cocaína colombiana, y generaba más de doce mil millones de dólares al año. El flujo de drogas hacia el norte, en paralelo y a caballo sobre el flujo de productos legales expandido por el TLCAN, brindó las ganancias que mantenían el espléndido estilo de vida de Carrillo Fuentes y sus amigos. También abastecía la nómina de un ejército de narcotraficantes que movía las toneladas de producto almacenadas en la ciudad, un ejército cuyos números, creían algunos, iban a la par de los que trabajaban en las plantas de ensamblado. Hasta su caída en 1997, el Señor de los Cielos mantuvo su sector en un nivel razonable de orden. Los homicidios eran, por supuesto, parte del estilo de hacer negocios en la industria ilegal —era imposible llevar a la Corte tales disputas de negocios—, pero estaban limitados a unos modestos doscientos a trescientos anuales.

En los albores del siglo XXI, se añadió estrés adicional a una situación peligrosamente tensa. La competencia de las plantas de ensamblado chinas, con sueldos aún más bajos, tentó a algunas corporaciones a mudar sus operaciones a Asia. Y en marzo de 2000, la burbuja punto-com de EUA reventó, y la economía cayó en recesión. La economía mexicana se fue de bruces: siempre había sido sensible a las perturbaciones financieras de Estados Unidos, y ahora, más vulnerable que nunca, debido a la integración que el TLCAN propiciaba. En ningún lugar fueron tan devastadoras las consecuencias como en el cinturón fronterizo. Entre 2000 y 2002, el sector de maquiladoras de Ciudad Juárez se tambaleó con el cierre de 529 plantas, barriendo consigo unos 49,000 empleos (de 262,000 existentes).

La recesión fue breve, y la economía de montaña rusa volvió a escalar. El empleo creció. También la inmigración. Para 2005, la población alcanzó 1,464,100, lo que llevó a algunos a preocuparse porque la ciudad subdesarrollada simplemente fuera incapaz de sostener esas cifras.[25]

Había más de qué preocuparse. A la muerte del Señor de los Cielos en 1997 siguió la crisis de sucesión acostumbrada y la inestabilidad concomitante, pero para principios de la

---

[25] Claro que esas evaluaciones dependían del ojo con que se las mirara. En 2008, Ciudad Juárez fue designada "La Ciudad del Futuro" por la prestigiosa revista *Foreign Direct Investment*, publicada por el influyente grupo Financial Times. Así se entusiasmaba el sitio de internet *Global Direct Investment Solutions: Corporate Development for a Networked World*: "Felicidades a Ciudad Juárez, Chihuahua, México, por ser la Ganadora de las clasificaciones General y Más Rentable, además de un sitio entre los Cinco Mejores por Mejor Infraestructura en la competencia de Ciudades Norteamericanas del Futuro 2007/2008 de la revista *fDi* en la categoría de Ciudades Grandes (de 500 mil a dos millones de habitantes)".

siguiente década, el hermano de Amado, Vicente Carrillo Fuentes, más o menos había triunfado. Ahora se hacía llamar "el Viceroy", y fortaleció su posición al entrar en la alianza de la Federación con el Cártel de Sinaloa, del Chapo Guzmán. Pero 2004 trajo señas inquietantes de que este frente unido —dirigido contra la potencia Golfo-Zetas— se estaba divorciando.

El 11 de septiembre de 2004, Rodolfo Carrillo Fuentes, otro hermano del difunto Amado, fue ejecutado por sicarios que, se sospecha, envió el Chapo. Esto provocó la muerte en venganza, tres meses después, de Arturo Guzmán Loera, un hermano del Chapo. Al desmoronarse la alianza —su rompimiento total pospuesto sólo por la guerra en marcha contra el Cártel del Golfo y su ejército de Zetas— se formaron facciones dentro del Cártel de Juárez, y el endeble control del Viceroy quedó minado.

Una vez terminada la guerra oriente-occidente con la tregua de 2007, la separación entre los cárteles de Sinaloa y de Juárez fue completa, y se desató un conflicto a gran escala. La violencia se disparó en enero y febrero de 2008, con un récord de cien homicidios en sesenta días. En abril, Calderón lanzó la Operación Chihuahua (comparada entonces con la "oleada" de Bush en Irak), que terminó mandando a miles de soldados y policías federales a la ciudad. Fue como rociar gasolina al fuego. A finales de 2008, habían muerto 1,600.

Otra calamidad cayó ese año sobre Juárez. El 15 de septiembre, Lehman Brothers se declaró en bancarrota. La picada subsecuente de la economía estadounidense produjo la caída más drástica en veinte años de la economía mexicana. El PIB se contrajo 6.6 por ciento en 2009, un declive más pronunciado que el de cualquier país latinoamericano.

- La Gran Recesión, combinada con la escalada de la violencia, interrumpió los flujos de inversión extranjera, con consecuencias devastadoras para el cinturón de maquiladoras. Ciudad Juárez, la ciudad con la mayor concentración de empleos de ensamble y exportación, se llevó el golpe más fuerte.

El empleo fabril, que había caído en cincuenta mil durante la década, perdió ahora casi otros cincuenta mil empleos, una cascada que se escurrió de 214,272 en julio de 2007 a 168,011 en diciembre de 2009, una disminución del veintidós por ciento. Tijuana cayó veintiuno por ciento. Otro golpe: como los mexicano-estadounidenses en EUA pasaban por tiempos difíciles, su capacidad para enviar remesas al sur se diluyó, y en 2009 México sufrió un declive del dieciséis por ciento de este influjo vital. A nivel nacional, diez millones de personas cayeron bajo la línea de pobreza entre 2006 y 2009.

Los economistas señalaron que, en compensación parcial, la llamada economía informal creció casi en un millón de empleos de 2008 a 2009, aunque muy pocos meditaron en que un número considerable de esos puestos no los crearon intrépidos emprendedores independientes, sino el sector más grande de negocios que se mantenía en pie. Los cárteles contrataron a los desempleados para cualquier cosa, desde camellos hasta asesinos, un prospecto atractivo (dada la falta de alternativas) especialmente para la juventud, que salía de las escuelas a tropezones hacia las calles. En Ciudad Juárez, un estudio de 2010 descubrió que 120,000 jóvenes juarenses de trece a veinticuatro años —cuarenta y cinco por ciento del total— no estaban inscritos en ninguna institución educativa ni tenían empleo formal. En vez de ello, muchos blandían las Kalashnikovs y las AR-15 de los cárteles, y pasaban así de ser estudiantes de prepa, a sicarios con cara de niños, listos para matar por dinero. (El precio corriente por cadáver en Juárez eran ochenta y cinco dólares, alcanzaba a pagar una semana de cervezas y tacos.) El conflicto se llevó consigo a miles en los arrabales desparramados de la ciudad, bien reclutados directamente por el Cártel de Juárez o el de Sinaloa, o por alguna de sus pandillas callejeras subordinadas.

***

En 2009, varios frentes imploraban a Calderón que reaccionara frente a la crisis económica. La Iglesia Católica de México (no el sector más progresista del país, por medio del periódico semanal de la Arquidiócesis de México, *Desde la Fe*, declaró que la crisis financiera de EUA comprobaba que el capitalismo salvaje y especulativo "había fracasado", y pedía la vuelta a una economía socialmente responsable. El PRD propuso que el Banco de México aportara veinticinco mil millones de dólares para construir obras públicas, y generar empleos y reactivar la economía. López Obrador también pidió al Gobierno cancelar todos los incrementos a la gasolina y la electricidad; brindar becas a todos los estudiantes y crear un presupuesto alimenticio para adultos mayores, comenzando por la población indígena y los pobres urbanos y rurales. La respuesta de Calderón fue lanzar un programa intensivo para revertir décadas de abandono del tejido social juarense, pero fue como ponerle una curita en el brazo a un paciente al acaban de rafaguear en el vientre. Su programa, "TODOS SOMOS Juárez", proclamó, consistía en "una serie de intervenciones políticas para abordar no sólo los efectos sino también las causas de la violencia y el crimen". Incluían: "Setenta y un escuelas con horario extendido; establecer un programa de Escuelas Seguras", "el cual promueve un ambiente seguro a través de planes de prevención de la adicción y la violencia"; conceder "préstamos" a 1,379 pequeñas y medianas empresas; diecinueve espacios públicos en zonas urbanas pobres fueron "rescatados o mejorados", incluyendo instalaciones deportivas, parques y centros comunitarios; inscribir a más gente al Seguro Popular, el programa de seguro médico gratuito del Gobierno federal; duplicar el número de hogares (a 21,808) cubiertos por el programa federal antipobreza, Oportunidades —que Calderón había heredado de Fox y Zedillo—, que proporcionaba subsidios a familias de bajos ingresos que inscribieran a sus hijos en la escuela "y los llevan a visitas médicas rutinarias". La patética inutilidad de estas iniciativas —de otro modo loables— quedó subrayada por el primer uso de una de las nuevas canchas de futbol... como matadero, en el que asesinaron a siete personas.

A nivel nacional, la respuesta del Gobierno ante la crisis fue aprobar recortes presupuestales para 2010; las medidas de austeridad pretendían "restaurar la confianza de los inversionistas".

Irónicamente, lo que sí parecía mantener contentos a los inversionistas eran las narcoganancias, que seguían fluyendo tan copiosas como siempre. Los analistas estaban sorprendidos por lo bien que le iba al sector bancario mexicano, con la economía derrumbándose. El gobierno de Calderón lo atribuyó a sus reformas financieras implementadas tras la crisis de 1994. Pero según Antonio Maria Costa, entonces director de la Oficina de Naciones Unidas contra la Droga y el Delito, parecía que "el dinero de las drogas, con un valor de miles de millones, era lo que mantenía a flote al sistema financiero en la cumbre de la crisis mundial". Los treinta mil millones de dólares sucios que se habían lavado hacia el sur hasta las bóvedas de los bancos mexicanos demostraron ser, creía el zar mundial antidrogas, "el único capital líquido de inversión" disponible durante el colapso para las instituciones al borde del derrumbe. El secretario de Hacienda de México dio una evaluación más modesta de las dimensiones de la bonanza cuando dijo, en una conferencia de prensa el 15 de junio de 2010, que los cuarenta y un bancos que operaban en México tenían: "Lo que se venía observando desde hace varios años es que el sistema bancario mexicano estaba recibiendo una cantidad muy importante de dólares en efectivo, más allá de la que se pudiera explicar por las actividades y la dinámica de la economía en México. Básicamente teníamos un excedente anual de más de diez mil millones de dólares".[26]

---

[26] HSBC aceptó por lo menos 881 millones de dólares en efectivo del Cártel de Sinaloa, cientos de miles cada vez, usando cajas diseñadas para caber exactamente en sus ventanillas. Además, el banco no monitoreó más de 670 mil millones de dólares en transferencias electrónicas y más de 9.4 mil millones de dólares en compras de divisas estadounidenses desde hsbc México. Los

Calderón sí trató de remediar esta situación. Decretó medidas para reprimir los depósitos en efectivo y ganó la aprobación, en octubre de 2012, de una modesta ley contra el lavado de dinero que intensificaba la regulación de los bancos, casinos y compañías de tarjetas de crédito, y limitaba las transacciones con efectivo en algunas operaciones de bienes raíces o en la compraventa de vehículos, joyería, metales y piedras preciosas, relojes y obras de arte. Pero el prospecto de una aplicación eficiente parecía sombrío: la Secretaría de Economía de México reportó que, en 2010, sólo el dos por ciento de las investigaciones por lavado de dinero terminaron con la sentencia del acusado.

***

En vez de afrontar la crisis financiera y sistémica, Calderón insistió en la opción militar. En Ciudad Juárez, despidió a aproximadamente ochocientos oficiales de policía y los reemplazó con tropas y policías federales. En marzo de 2009 habían llegado por lo menos 4,500; para agosto eran más de 7,500. Siguieron más refuerzos en 2010, con la insistencia de Calderón: "Ni tregua ni cuartel para los enemigos de la Patria". En esto tenía el apoyo total del Gobierno de Estados Unidos, el cual, a pesar del cambio de régimen, se mantuvo firme en la estrategia de enviar al ejército a las calles mexicanas. El presidente Bush había firmado la Iniciativa Mérida —que autorizaba que se desembolsaran 1.4 mil millones de dólares en equipo y entrenamiento durante tres años— en 2008, pero su administración recayó en el presidente Barack Obama (2009-2016). En su primera visita presidencial a México, en abril de 2009, Obama

---

ejecutivos admitieron que no habían seguido las reglas contra el lavado de dinero, y en 2012 recibieron una multa por 1.9 mil millones de dólares —unos dos meses de ganancias—, pero los fiscales renunciaron a levantar cargos, por temor a tumbar al banco y desestabilizar aún más el sistema financiero mundial. "Muy grande para imputar" fue el consenso.

felicitó a Calderón por enfrentarse a los cárteles y prometió expeditar el envío de armamento que había tardado en llegar a manos del gobierno.[27]

Al estallar la violencia en Ciudad Juárez, al gobierno de Obama y el Comando de Fuerzas Conjunto del Pentágono les preocupaba que México estuviera al borde de convertirse en un "Estado fallido". Se preguntaban si la violencia de los cárteles podría disparar el colapso del Gobierno y enviar al país hacia el caos, lo que a su vez "exigiría una respuesta estadounidense basada en las serias implicaciones que tendría tan sólo para la seguridad nacional". En abril de 2009, la secretaria de Seguridad Nacional, Janet Napolitano, anunció que enviaría a cientos más de agentes federales y otro personal a zonas fronterizas.

Al subir la mortalidad mexicana, Calderón le pidió drones armados a Bush, impresionado por sus resultados en Irak y Afganistán. La Casa Blanca lo rechazó por miedo al daño colateral (como en Irak y Afganistán). Pero tras la muerte de un agente de la patrulla fronteriza estadounidense en un tiroteo en 2009, se aprobaron los drones Predator, sólo para reconocimiento, con pilotos estadounidenses controlándolos desde Estados Unidos, y comandantes del ejército mexicano o de la policía federal dirigiendo su curso de vuelo al sur del Río Bravo. Obama también aprobó que la DEA y la CIA entrenaran a sus contrapartes mexicanas para cazar capos, usando

---

[27] Sin embargo, el armamento destinado a los cárteles había seguido fluyendo a un ritmo acelerado y lucrativo. Obama lo admitió y señaló (como lo había hecho Bush) que más del noventa por ciento de las armas confiscadas a sicarios mexicanos venían de Estados Unidos. Obama prometió tomar medidas, diciendo que presionaría al senado estadounidense a ratificar la CIFTA, el tratado interamericano contra el tráfico de armas. Falló. También indicó que estaba a favor de reinstaurar la prohibición estadounidense contra los rifles de asalto, pero en este frente ni siquiera intentó actuar, pues, dada la intransigencia de la nra y los republicanos, creía que el control de armas, incluso para su exportación a sicarios, simplemente no estaba en sus cartas políticas.

estrategias antiterroristas de "blanco de valor elevado" como las que se usaban contra Al Qaeda y los talibanes. Los estadounidenses también intentaron establecer unidades mexicanas confiables por medio del polígrafo, *anti-doping* y veto de candidatos, pero estas operaciones fueron penetradas rutinariamente por topos.

El nivel de ansiedad subió en 2010. En enero (como lo reveló un cable de Wikileaks), funcionarios de la embajada estadounidense veían que Calderón luchaba contra "índices de violencia en aumento que lo han hecho vulnerable a la crítica de que su estrategia anticrimen ha fallado". En septiembre, la secretaria de Estado, Hillary Clinton, visitó México y declaró que la violencia de los cárteles podría estar "convirtiéndose en o haciendo causa común con lo que llamaríamos una insurgencia". En febrero de 2011, el subsecretario del ejército de EUA expresó su preocupación ante "el posible derrumbe de un gobierno que esté justo en nuestra frontera", un escenario que podría requerir a los "soldados armados" de Estados Unidos para luchar contra "una insurgencia justo en nuestra frontera o justo al otro lado de ella".

Esta alusión a una posible intervención militar de EUA —que evocó memorias de la incursión de Pershing en 1916, si no es que de la invasión de Polk en 1846—, provocó un clamor indignado en México que obtuvo la retracción inmediata. Pero días después, el 15 de febrero de 2011, un agente del Servicio de Inmigración y Control de Aduanas (ICE), Jaime Zapata, murió a manos de Zetas que le dispararon con un arma contrabandeada desde Estados Unidos. Éste fue el primer asesinato en su tipo desde el de Kiki Camarena en 1985, lo que llevó a algunos a exigir que el creciente número de agentes estadounidenses en México tuvieran permiso para portar armas. En marzo de 2011, Calderón voló a Washington para tener pláticas con Obama, lo que llevó a este último a elogiarlo por su "valor extraordinario" al luchar contra los cárteles, e insistir en que la guerra de Calderón tenía un "socio total" en Estados Unidos.

Para apoyar los operativos mexicanos en Ciudad Juárez, las autoridades estadounidenses organizaron sesiones de lluvia de ideas en el cercano Fort Bliss, en Texas, y oficiales de enlace estadounidenses entraron a la sala de guerra de la policía federal en Ciudad Juárez.

Pero en el terreno, en la ciudad asediada, se volvió evidente muy pronto que el ejército, que veía en cada lugareño a un narcoasesino en potencia (y muchos lo eran), había lanzado ataques brutales contra civiles sospechosos y policías municipales, y se había convertido en parte del problema en vez de su solución. Lo que es peor, ellos y la policía federal —como si los hubiera infectado un virus de codicia— pasaron al lado oscuro en grandes cantidades; robaban, violaban, asaltaban y secuestraban a voluntad. Aunque al principio la ciudadanía les había dado la bienvenida, muchos cambiaron de opinión, y llovieron quejas de abusos. En un informe de Human Rights Watch de noviembre de 2011 (*Ni Seguridad, Ni Derechos: Ejecuciones, desapariciones y tortura en la "guerra contra el narcotráfico" de México*), su director (José Miguel Vivanco) decía que: "En vez de reducir la violencia, la 'guerra contra el narcotráfico' de México ha resultado en un aumento drástico de asesinatos, tortura y otros abusos abominables por parte de las fuerzas de seguridad, lo que sólo empeora la atmósfera de ilegalidad y miedo en muchas partes del país".[28] Al general de brigada Manuel de Jesús Moreno Aviña, comandante de la Tercera Compañía de Infantería, y a cargo de los operativos en todo el estado de Chihuahua, lo retiraron de su cargo y le imputaron tortura, asesinato y colaboración con traficantes. Pero la carnicería siguió.

Un frenesí de homicidio, secuestro, extorsión, robo, choques entre bandas, muertes por venganza y asesinatos de

---

[28] Entre 2006 y 2009, hubo un aumento de mil por ciento en las quejas contra la Secretaría de la Defensa Nacional (Sedena) por violaciones a los derechos humanos; un gran salto en realción con los niveles de Fox.

sicarios atrapó a la ciudad. Las ráfagas de ametralladoras se volvieron el sonido de fondo rutinario, tan prevalente como las alarmas de coches. Los casquillos de rifles AK-47 y AR-15 y de pistolas calibre 40 y de 9 mm cubrieron las calles. También los cadáveres decapitados, quemados, mutilados o simplemente rociados de balas.

En agosto de 2009, la tasa de homicidios en Ciudad Juárez fue la más alta del mundo, con el segundo lugar, Caracas, mordiendo el polvo. Para fin de año habían muerto 2,660, casi el doble que el total de 2008. En 2010, los cuerpos llegaron a 3,116.

Decenas de miles huyeron de la ciudad entre 2007 y 2011, aquéllos con dinero y papeles se reubicaron al otro lado de la frontera, en El Paso, y otros puntos al norte. Se reportó que cien mil hogares estaban vacantes, abandonados o destruidos.

Dentro del infierno, la muerte parecía omnipresente, una guerra de todos contra todos, inmune a una explicación racional. El periodista Charles Bowden, que vivió en Juárez en esos tiempos, escribió en su desgarrador libro *La ciudad del crimen* que parecía como si "la violencia ya estuviera tejida en la trama de la comunidad, y no tuviera una sola causa ni un solo motivo ni un botón de apagado". La violencia era "como polvo en el aire, parte de la vida misma". O no, reflexionaba Bowden, "no parte de la vida, ahora es la vida".

Pero el derramamiento de sangre no era inexplicable ni sin sentido. Aunque lo inflamó la intervención de Calderón, en última instancia era producto de la lucha por controlar la plaza, y las decenas de miles de millones de dólares que acumularía el vencedor. Cuando en 2011 el Chapo y sus sinaloenses degradaron significativamente las fuerzas del Viceroy, y Calderón fue presionado para que retirara al ejército inflamatorio a favor de las fuerzas policiales federal y local reconstituidas, la violencia comenzó a disminuir, y los cuerpos cayeron a 2,086 para fin de año. Y en 2012, reflejando el claro (aunque no absoluto) triunfo de las fuerzas sinaloenses, bajaron hasta 750; todavía atroz, pero un cambio cuantitativo suficientemente significativo como para reflejarse en la experiencia cualitativa. Los negocios reabrieron; los ciudadanos disfrutaron la calma relativa.

Pero la reducción del choque entre goliats esta vez no por una tregua, sino por victoria, no trajo alivio a nivel nacional. Al contrario: la guerra generó una vasta expansión de crimen colateral, la estampida ya no fue de tiranosaurios sino de velociraptors, y devastó la tierra.

***

CRIMINALIDAD COLATERAL

Calderón había sostenido que su meta fundamental no era la prohibición de las drogas, sino repeler la amenaza *de facto* (rayando en *de jure*) de los narcos a la autoridad del Estado, y así terminar con el socavamiento del orden y la seguridad públicos por parte del crimen organizado. Pero el presidente prefirió definir la victoria como el desmantelamiento de los cárteles al tumbar capos —ir mano a mano contra los señores de las drogas—, bajo la creencia de que decapitar a las organizaciones degradaría y, con suerte, destruiría su capacidad para dominar grandes porciones del territorio mexicano. Con este criterio, su sexenio fue un gran éxito, pues las fuerzas de Calderón capturaron o mataron a veinticinco de los treinta y siete malos del cuento. Pero el resultado final no fue el deseado.

Por un lado, las cinco organizaciones principales del crimen organizado en 2006 se consolidaron en dos supercárteles gigantescos de 2012: los sinaloenses, que dominaban la mitad poniente del país, y los Zetas, que dominaban el este. Calderón había instigado sin proponérselo la concentración del poder en la industria (con las organizaciones del Golfo, Beltrán Leyva, Juárez, Tijuana y Templarios reducidas a un estatus secundario).

Por el otro lado, hubo una explosión del crimen desorganizado. El principio de la hidra estaba funcionando de nuevo. La guerra de Calderón, junto con la *fisionabilidad* de la industria criminal, generó un estimado de ochenta organizaciones criminales menores, lo que restauró el sistema de libre empresa y su concomitante asesino: la competencia. Él arguyó que la explosión resultante de violencia por parte de banditas, entre ellas y contra los civiles, era un indicio de éxito, de la misma manera en que la fiebre muestra que el cuerpo está combatiendo una infección. Este perturbador nivel de abstracción le permitió presentar un terrorífico colapso del orden público como la mera tormenta antes de la calma.

En realidad, el forcejeo por flujos de ingresos en tiempos de guerra estaba reconfigurando el paisaje criminal, pues los competidores abrían nuevos mercados. En Estados Unidos, una situación algo similar había emergido tras la derogación de la Prohibición en 1933. Cuando las corporaciones legítimas retomaron el control de la producción y la distribución del alcohol, los caciques del crimen organizado —a quienes el tráfico de licor había empoderado y enriquecido— se vieron forzados a diversificarse hacia otros canales empresariales, como estafas laborales, extorsión, apuestas y prostitución. En el México del siglo XXI hubo una agitación, o más bien una bifurcación. Los niños grandes se quedaron con el control del narconegocio internacional y les dejaron la diversificación a los pequeños, que se movieron a jales claramente locales.

En este contexto, según las estadísticas compiladas por el Instituto Nacional de Estadística Geografía e Informática (INEGI), el crimen se disparó, con lo que se revirtió el descenso histórico que venía desde la década de 1990. Al frente venían los secuestradores.

***

La última vez que habían abundado las abducciones —durante la crisis económica de los noventa—, las habían llevado a cabo criminales independientes, sin vínculos importantes con los narcotraficantes organizados de esos tiempos. De hecho era, a veces, al contrario: cuando pistoleros independientes en Sinaloa comenzaron a secuestrar a rancheros acaudalados y cortarles los dedos para acelerar la llegada del rescate, los capos emitieron un edicto que prohibía la práctica en su territorio, bajo pena de muerte. Tal vez por eso el estado tenía una de las tasas de secuestro más bajas del país.

El secuestro volvió a dispararse durante los años de la guerra de Calderón. Un estudio gubernamental descubrió que el número de casos reportados subió 317 por ciento entre 2005 y 2010, con un pico en 2008; alcanzó 1,350 en 2010. Como la proporción entre casos reportados y reales se consideraba generalmente de uno a diez —dado el miedo a que llamar a la policía (si se suponía que no habían perpetrado el hecho en primer lugar) aumentaría la probabilidad de que los secuestradores mataran a su víctima—, los criminólogos calcularon que la tasa de secuestro de México podía ser la más alta del planeta.

Mucho del negocio sucio lo llevaban a cabo las bandas menores, que habían emergido en el caos de la guerra y se alimentaban de la creciente disponibilidad de jóvenes reclutas, que, apaleados por la crisis económica y las perturbaciones de la guerra, audicionaban en busca de vías accesibles de ganancia. Se les unieron los policías despedidos de las fuerzas policiales locales, a quienes el ejército había echado por considerar (no sin razón) que estaban bajo control de los cárteles. Esto tuvo la doble desventaja de diluir el poco patrullaje que existía y crear un cuadro de pistoleros desempleados.

Los recién llegados tendían a no agarrar a los ricos y mejor protegidos, sino a los profesionistas y pequeños negociantes, doctores y vendedores de coches, e incluso empleados mejor pagados, como los petroleros. Y casi siempre iban tras lugareños en vez de estadounidenses y europeos.

Eso no quiere decir que los cárteles gigantes dejaran pasar la oportunidad. De hecho, los Zetas entraron al negocio —que era un complemento obvio y fácil para una organización armada y temible—, pero lo hicieron a escala industrial: se volvieron hacia un suministro masivo de víctimas potenciales, los migrantes que subían desde Centroamérica hacia la frontera del Río Grande.

Desde la década de 1970 y entrada la de 1990, guatemaltecos, salvadoreños, hondureños y nicaragüenses habían estado huyendo de la guerra civil y los escuadrones de la muerte respaldados por sus gobiernos y apoyados por EUA, que mataban y desaparecían a cientos de miles. Dos millones se habían abierto paso hasta México y Estados Unidos. Desde 2000, los 180,000 asesinados en el Triángulo Norte (El Salvador, Guatemala y Honduras) han mantenido a la región como la más empobrecida en Latinoamérica y la más violenta en la Tierra. Sus tasas de homicidio se dispararon desde 2007 —llegaron (en Honduras) arriba de noventa por cien mil en 2012, superando por mucho el 21.5 de México (y el 4.7 de EUA)—, en parte en respuesta a la llegada de cárteles mexicanos en sus tierras natales, que añadieron su propio estilo de salvajismo a la cultura homicida que había heredado la ciudadanía.

El caos continuo envió a su vez a un estimado de cuatrocientos a quinientos mil a buscar refugio en EUA cada año. La mayoría prefirió llegar a la frontera trepándose a los techos de trenes de carga, conocidos colectivamente como La Bestia, o, si sus familias podían juntar el dinero, viajaban en camión o autobús. Los criminales organizados, en colusión estrecha con policías corruptos, se dieron un festín con ese flujo: robaron, violaron, secuestraron, mataron.[29] Los Zetas calcularon que las ganancias potenciales del rescate a precio unitario bajo y volumen alto eran enormes. Conscientes de que incluso el migrante más pobre tenía familiares que, si juntaban lo que

---

[29] Se estima que de seis a ocho de cada diez mujeres son violadas o atacadas sexualmente durante el viaje hacia el norte; lo hacen narcos, criminales, policías, funcionarios del Gobierno u otros migrantes; muchas, conscientes de lo que les espera, comienzan a tomar anticonceptivos antes de partir.

tenían, podían conseguir cinco mil dólares por cabeza, en teoría, diez mil secuestros podían lograr veinte millones de dólares. Y tenían la capacidad administrativa para secuestrar a raudales. Sus proyecciones no eran fantasiosas. En 2009, la Comisión de Derechos Humanos del país documentó 9,758 secuestros reportados en seis meses, de septiembre de 2008 a febrero de 2009. Y en 2010, entre abril y septiembre, la Comisión citó 214 secuestros en masa, que involucraban a 11,333 personas. Aun así, ni el Gobierno ni los medios le pusieron demasiada atención a los levantamientos y rescates hasta que la masacre de San Fernando de ese año, en la que cayeron setenta y dos migrantes, abofeteó al país con el aprieto de los centroamericanos que lo cruzaban.

Aquéllos que lograban llegar a la frontera de EUA se enfrentaban a otro conjunto de problemas. El muro reforzado no cubría todos los 3,185 kilómetros. Tenía una serie de lagunas, usualmente adyacentes a entornos hostiles, que habían producido una frontera fortificada salpicada de embudos, las únicas vías de acceso viables para los migrantes ilegales. Pero eso los volvía vulnerables al enjambre de bandidos en pasamontañas que, sabiendo precisamente a dónde debían ir los viajeros, los esperaban para robar y violar. Aún más peligrosos eran los narcos, que se escurrían por los mismos lugares y se enfurecían cuando los movimientos en masa de los migrantes atraían la atención de la Patrulla Fronteriza. En una ocasión, en un pequeño pueblo en la frontera entre México y Arizona, narcotraficantes pertenecientes al Cártel de Sinaloa atraparon a casi trescientos migrantes que usaban una de "sus" rutas a través del desierto. Les rompieron los tobillos con bates de beisbol, un castigo simbólico y un disuasivo efectivo. En otras ocasiones simplemente mataron a grupos enteros de intrusos centroamericanos. En otras más, los secuestraron y pidieron rescate. O los obligaron a transportar drogas como precio por permitirles moverse hacia el norte. Como alternativa, los cárteles podían actuar como coyotes y sacar buenas ganancias por contrabandear a los mismos migrantes a través de la frontera. Dado que el patrullaje más severo había aumentado el precio, podían cobrar más por sus servicios.

***

El secuestro era una forma de extorsión dirigida a individuos. Pero los hambrientos recién llegados al banquete de las oportunidades criminales atacaron también a negocios, a los que les exigían sobornos a cambio de no dañar a los propietarios o sus propiedades. Hasta 2008, los chantajes del crimen organizado habían sido relativamente escasos, pero luego los Zetas se dieron cuenta de que, dado su control sobre grandes trechos de espacio urbano, podían convertir sus territorios en cotos de caza, a gran escala. Así que exigieron sobornos de protección a restaurantes, bares, discos, burdeles, agencias de autos, sitios de taxis, farmacias y funerarias: la infraestructura comercial de la vida citadina. Las empresas que no pagaban terminaban rastrilladas de balas o quemadas hasta los cimientos, como cuando los Zetas le prendieron fuego a un casino obstinado en Monterrey y bloquearon las salidas; murieron más de cincuenta personas.

El descubrimiento de esta forma de conseguir impuestos a punta de pistola aceleró la expansión del cártel en México, pues mientras más territorio controlaba, más dinero conseguía. Los Zetas incluso comenzaron a dar su nombre en franquicia: les permitían a los extorsionadores locales (por un precio) declarar que eran Zetas, y usar la temible reputación de la marca para facilitar la extracción de tributo.[30] Otros cár-

---

[30] De manera menos organizada, ésta fue la práctica de la afamada "banda" de la Mano Negra que floreció en EUA a principios del siglo XX: extorsionadores independientes le adjuntaban la huella de una palma en tinta negra a las cartas en las que exigían sobornos bajo amenaza de muerte, y la gente llegó a creer que eran todos miembros de la misma temible banda criminal; en realidad, la Mano Negra era un *modus operandi*, no una organización.

teles saltaron rápidamente al vagón de la extorsión. La Familia Michoacana y su sucesor, los Caballeros Templarios, se convirtieron en maestros de la forma y expandieron su garrapatismo más allá de los pequeños negocios: fueron hacia los sectores agropecuario e industrial y extorsionaron a agricultores de limón y excavadores de minas.

La guerra aceleró esta nueva práctica. Los jales de extorsión despegaron en Ciudad Juárez después de 2008, en parte para compensar la interrupción de otros negocios por las guerras territoriales y la presión del Gobierno, y en parte porque los policías echados de sus puestos eran un músculo listo para la acción. La Cámara de Comercio de Juárez sintió pronto la mordida: mientras que nunca se había quejado demasiado por las toneladas de narcóticos que atravesaban la ciudad, ni por los narcodólares que se lavaban de vuelta, ahora le exigió indignada a la ONU que enviara tropas.

***

Además del secuestro y la extorsión, los robos de todo tipo tuvieron un renacimiento, con lo que se revirtieron los índices que iban en declive desde principios de los noventa. Algunos eran viejos renacidos, como los robos de vehículos. El robo de ganado también volvió a escena. En septiembre de 2010, por lo menos once estados mostraron un aumento del treinta por ciento al cincuenta por ciento en el negocio de robar vacas y luego venderlas al mercado libre, una práctica que los rancheros atribuyeron a que los cárteles estaban expandiendo su campo de actividades. Aquí los cárteles también operaban en una escala mayor de lo que eran capaces los ladrones de jardín. Los Zetas fueron pioneros otra vez. Entre 2008 y finales de 2009, cuando la atención federal estaba centrada en otro lado, ellos (y cárteles imitadores) robaron más de mil millones de dólares en petróleo de Pemex, la compañía petrolera nacional de México. Simplemente accedieron directamente a los ductos federales, extrajeron el crudo con sifones y lo llevaron en pipas a Texas, para vendérselo a las petroleras.

***

Prácticamente todo este crimen quedó impune. Calderón había creído que podía arreglar de paso el sistema judicial descompuesto, en medio de la guerra, pero se demostró lo contrario. En 2008 sí ganó la aprobación de un paquete de reformas penales, que entre otras cosas cambió el sistema de juicios de un modelo cerrado e inquisitorial a uno abierto y adversativo, similar al usado en EUA, y que prohibía específicamente la tortura.

Pero el problema era llevar a los criminales a juicio en primer lugar, dada la corrupción masiva, la ineficiencia y la falta de confianza del público. La Comisión de Derechos Humanos mexicana descubrió en 2012 que sólo ocho de cada cien crímenes cometidos llegaban a reportarse, y los procuradores sólo investigaban el uno por ciento de éstos. Los homicidios de la guerra contra las drogas merecían un poco más de atención: se investigó el cinco por ciento. Sin embargo, las condenas eran prácticamente inexistentes. Se les había garantizado inmunidad absoluta a los criminales de todo tipo. Los homicidas tenían una "licencia para matar 007". Esta impunidad se extendía a los escaños superiores, por supuesto, prácticamente no se arrestó a ningún lavador de dinero ni político corrupto durante el sexenio de Calderón.

También al ejército le habían concedido inmunidad *de facto*. Mientras que su reputación había quedado mancillada repetidas veces por los muchos cargos de abuso de derechos humanos —homicidio, violación, tortura—, prácticamente nunca llegaban al castigo. Según un informe de Amnistía Internacional, de las 7,164 quejas de tortura presentadas entre 2010 y 2013, exactamente cero terminaron en condenas.

El ejército era más severo al lidiar con desertores. La Secretaría de la Defensa Nacional (Sedena) reportó que entre diciembre de 2006 y abril de 2012, 56,886 soldados desertaron —más de un cuarto de las fuerzas armadas—, de los cuales aproximadamente un quinto fue rastreado y castigado. (Las penas podían ser tan bajas como un mes en la cárcel, dependiendo del rango.) Por otro lado, los otros cuatro quintos simplemente se desvanecieron, y muchos temían que hubieran vendido sus habilidades a los cárteles. Calderón había elevado los salarios —tal vez por eso sus deserciones, aunque abismales, sólo fueron la mitad que en años de Fox—, pero los sueldos seguían siendo bajos, lo que hacía a los soldados susceptibles a mejores ofertas.

***

Lenguaje y silencio

Durante su guerra contra los cárteles, Calderón se concentró, comprensiblemente, en recapturar el control físico del territorio, un objetivo para el cual creía, con o sin razón, que el método apropiado era la aplicación de la fuerza militar. Pero había otra dimensión del conflicto, aunque casi nunca se expresara como tal: una lucha por lo que se podía y no se podía decir (o leer, o ver, o pensar) sobre la guerra; una batalla, pues, por la percepción y discusión públicas. También en este frente encontró una resistencia que tal vez no había anticipado.

El poder de los presidentes mexicanos para forjar discursos nacionales por medio de su control del podio público se había debilitado drásticamente con el quiebre del monopolio del PRI sobre el poder político y, en consecuencia, de su capacidad para dominar a los medios nacionales. En los viejos tiempos, la presidencia del PRI y las autoridades estatales priistas hablaban con algo que se acercaba a una voz única, y tanto la información como los análisis que venían desde arriba se atenían casi por completo al lineamiento del partido. Además, los regímenes priistas habían tenido una influencia tremenda en los mensajes que diseminaban los canales privados de comunicación. En el mundo de la televisión, los barones de los medios y los funcionarios gubernamentales forjaron lazos políticos, económicos, sociales e ideológicos muy estrechos. Telesistema Mexicano (que se convirtió en Televisa en 1973) trabajaba de la mano con el partido reinante. A la cabeza de la compañía estaba Emilio Azcárraga Milmo, a quien le gustaba llamarse "un soldado del PRI". Sus canales censuraron notablemente la cobertura del movimiento estudiantil y eclipsaron la masacre de 1968. En el mundo impreso, se recompensaba la lealtad de editores y periodistas (con subsidios del Gobierno e información clasificada), mientras que aquéllos que se alejaban demasiado se enfrentaban al retiro del mecenazgo publicitario, a que se les negara el acceso a notas de la agencia estatal de noticias y a intimidación física, incluyendo la muerte.

Una de las áreas más sensibles, que se consideraba que requería control de información, era el sistema de plazas, la colusión organizada entre funcionarios del PRI y narcotraficantes. Aunque generalmente se entendía que la corrupción era omnipresente, el silencio era el tributo que le exigía el vicio a la virtud. Durante el *boom* de la cocaína en los ochenta, cuando lo que estaba en juego aumentó significativamente para ambos socios, se tomaron medidas extremas para suprimir reportes no autorizados ni deseados, en especial cuando también afectaban preocupaciones de la Guerra Fría.

En 1984, Manuel Buendía, periodista reconocido, muy bien conectado con las salas del poder, pero también autor de *exposés* investigativos de corrupción gubernamental, vínculos entre las fuerzas policiales y el crimen organizado y operaciones encubiertas de la CIA. La impía trinidad de Estado, mafia y CIA, creyendo que Buendía estaba a punto de exponer su financiamiento de los Contras en Nicaragua, lo mandó asesinar; le dispararon por la espalda mientras salía de su oficina en la

Ciudad de México. El caso permaneció "sin solución" hasta 1989, cuando José Antonio Zorrilla Pérez, exdirector de la para entonces difunta y en desgracia Dirección Federal de Seguridad —el equivalente mexicano a J. Edgar Hoover— fue arrestado y encarcelado por haber planeado el homicidio.

En la década de 1990, al crecer en poder los narcos, comenzaron a compartir el trabajo de silenciamiento. En 1997, los hermanos Arellano Félix ordenaron el asesinato de Jesús Blancornelas, periodista y editor mexicano cofundador la revista *Zeta*, con base en Tijuana, y que era conocido por sus reportajes sobre corrupción y narcotráfico. Blancornelas había enfurecido a Ramón Arellano Félix por publicar su fotografía. Así que un escuadrón de sicarios disparó 180 balas a su carro y mató a su chofer y guardaespaldas, pero sólo hirió al reportero. Blancornelas seguiría con su trabajo, pero pasó el resto de su vida como prisionero en su casa tapiada y su oficina fortificada, rodeado por una falange de guardaespaldas cada vez que se movía de una a la otra.

En la década de 2000, en especial durante el sexenio de Calderón, los asesinatos de periodistas se volvieron cada vez más abiertos, y sus intenciones se subrayaban con fuerza.

En 2009, Eliseo Barrón Hernández, reportero criminal para un periódico en el estado fronterizo de Coahuila, publicó algunos artículos sobre un escándalo de corrupción policiaca. Su cobertura ayudó a asegurar el despido de unos trescientos oficiales. También llevó a su muerte, cuando once pistoleros enmascarados entraron a su casa, lo golpearon ante su familia horrorizada y se lo llevaron. Encontraron su cuerpo veintiséis horas después en una zanja, con cinco heridas de bala y muestras de tortura.

Durante su funeral al día siguiente, las narcomantas colgaban por toda la ciudad; decían: "YA ESTAMOS AQUI PERIODISTAS EN EL PONIENTE. PREGUNTENLE A: ELISEO BARRÓN. EL CHAPO Y CARTEL PONIENTE NO PERDONAN. CUIDENSE SOLDADOS Y PERIODISTAS". Muy claro, excepto por el hecho de que unas semanas después, sospechosos detenidos en sucesos sin relación supuestamente confesaron (¿bajo tortura?) haber asesinado a Barrón Hernández, cumpliendo órdenes de los Zetas, los enemigos del Chapo. ¿Información? ¿Desinformación? Nadie sabe, nadie supo, pues nunca se oyó nada más sobre los asesinos putativos. No hubo más arrestos, ni juicio, ni quedó nada más que un signo de interrogación y un periodista muerto.

— En 2010, en la ciudad norteña de Saltillo, Valentín Valdés Espinosa, reportero del diario local *Zócalo Saltillo*, había publicado una nota sobre el arresto de un líder zeta en un motel local, junto con un policía corrupto en la nómina del cártel. Días más tarde secuestraron a Valdés, lo torturaron, le dispararon cinco veces y tiraron su cuerpo (con los brazos y las piernas amarrados) afuera de ese mismo motel, acompañado de un narcomensaje escrito a mano: "Esto le va a pasar a los que no entiendan. El mensaje es para todos".

***

Éstas no fueron instancias aisladas; México tiene un largo historial de asesinatos de periodistas. Pero es importante entender el patrón y su distribución en el tiempo. Una cuenta escrupulosa enlistó un total de 289 asesinatos verificados entre 1876 y 2012 (incluyendo algunas desapariciones que casi de seguro fueron homicidios, pero cuyos cuerpos nunca se hallaron). De 1876 a 1935 —un período que comprende el Porfiriato, la Revolución y sus secuelas— hubo treinta y tres muertes, con un promedio anual de 2.3. Entre 1936 y 1982 hubo treinta y tres, con un promedio anual de 0.48. Entre 1983 y 2000, cuando el narcotráfico se convirtió en un gran negocio, el número saltó a noventa y dos, un promedio de 5.1 al año. Los años de Fox sólo vieron un aumento leve, con los treinta y cinco asesinatos dando una cifra anual de 5.8. Pero durante el gobierno de Calderón se registraron 106 muertes, y el promedio anual se disparó a 17.7. En 2012, la Guardia de la Muerte del Instituto Internacional de la Prensa (International Press Institute Death Watch) no sólo etiquetó a México como "el país más letal del mundo para los periodistas en 2011", sino que descubrió que el arresto y procesamiento de los responsables de tales asesinatos era esencialmente inexistente.

La intención de esta explosión de ataques contra la prensa por parte de los cárteles y funcionarios corruptos era suficientemente clara: buscaban el silencio, con la esperanza de asfixiar el flujo de información indeseada. Y a grandes rasgos, tuvieron éxito. En 2010, el *Zócalo Saltillo*, para demostrar que había entendido claramente el "mensaje" entregado con el cadáver de su reportero, Valdés Espinosa, anunció rápidamente que ya no publicaría información relacionada con el narcotráfico. En julio de 2012, *El Mañana*, uno de los principales periódicos regionales de Nuevo Laredo, declaró que dejaría de reportar sobre "disputas violentas" después de que atacaran sus oficinas con granadas y fusiles; citó la "falta de condiciones para el libre ejercicio del periodismo".[31] Otros comenzaron a limitar su cobertura a la información obtenida de comunicados de prensa oficiales o reportes policiales. Y si una publicación no se censuraba, su reporteros podían hacerlo. Como lo planteó Javier Valdez Cárdenas, del semanario de Culiacán *Ríodoce*: "Cuando tú escribes una nota sobre el narco, no piensas en el editor, no piensas en el jefe de información, no piensas en el lector: piensas en el narco, si le va a gustar, o si lo ve como un problema o si te va a amenazar, o si estará esperando para 'levantarte'. El narco manda en la redacción".

---

[31] Como esto sugiere, los ataques a los medios iban más allá de asesinar a periodistas individuales. Las oficinas de los periódicos y las estaciones de televisión sufrieron ataques con coches bomba, granadas, IEDS (artefactos explosivos improvisados, que se usaban extensamente en Iraq en esos años), ráfagas de pistoleros y, en una ocasión, la recepción de cabezas cercenadas, que dejaron a sus puertas en hieleras.

Esta declaración era un poco exagerada, dado el involucramiento continuo de policías corruptos, sobre todo a nivel estatal y local, que tenían su propio interés en mantener el discurso federal oficial: que la guerra contra el narco era una lucha claramente dividida de un pueblo unido y un Estado virtuoso ("nosotros") contra una clase criminal ("ellos"), una trama límpida que los *exposés* de la colaboración estatal con los capos mancharían. De manera similar, el discurso triunfalista de Calderón —que las bandas estaban en las cuerdas, que "nosotros" los habíamos hecho huir a "ellos"— podría verse socavado si los canales de televisión y la prensa nacional le prestaran demasiada atención a la aterradora realidad de la vida cotidiana. Los reportes de guerra dominaban los medios nacionales —notas desde varios "frentes" comenzaban los noticieros nocturnos—, pero en general los medios masivos se enfocaban en "victorias" espectaculares, la captura de un capo o un gran decomiso de droga, en vez de la realidad sombría del día a día, en cuya captura los reporteros habían arriesgado el pellejo.

***

Con la información sobre ejecuciones de sicarios y operativos militares subreportada en los canales masivos de información, la gente acudió a las redes sociales en busca de información más detallada. La existencia de esta red de comunicación alternativa era en sí misma algo reciente. En 2000, menos de tres millones de mexicanos tenían acceso a internet; para 2006 eran treinta millones; para 2012 eran cuarenta millones, más de un tercio de la población. El uso de celulares también explotó, subió seiscientos por ciento entre 2000 y 2012, para cuando aproximadamente un ochenta por ciento de la población tenía uno, a pesar del alto costo de la compra y de la necesidad de pagar tributo al monopolio de Carlos Slim para tener acceso a las redes, lo que excluyó a los pobres del uso de celular.

Quienes residían en partes peligrosas del país podían acudir a Twitter para averiguar si había tiroteos que debieran evitar de camino al trabajo. Estos tuits se unieron cada vez más con *hashtags*; se creó así un noticiero *ad hoc*, el primero de los cuales quizás haya nacido en la mortífera ciudad de Reynosa, Tamaulipas.

Surgieron blogueros que dedicaron sus publicaciones a cubrir la narcoviolencia local, aunque fuera un negocio peligroso. En septiembre de 2011 se encontraron dos cuerpos colgando de un puente peatonal en Nuevo Laredo, con una nota que decía: "Esto les va a pasar a todos los relajes del internet". Poco después, María Elizabeth Macías Castro, reconocida editora de un periódico de Nuevo Laredo, que también había blogueado sobre las actividades del crimen organizado en la región, ignoró la advertencia. Encontraron su cuerpo varios días después, junto a su cabeza cercenada y un teclado de computadora, con una nota firmada con la letra Z que decía: "Aquí estoy por mis reportes". El mismo destino cayó sobre uno de sus colaboradores, cuyo cuerpo decapitado traía el texto: "Me pasó esto por no entender que no debo reportar en las redes sociales".

***

Las órdenes de silencio del narco definitivamente no se aplicaban a sí mismos. De hecho, en tiempos de Calderón, los cárteles soltaron una descarga de comunicados, un torrente de palabras e imágenes que cuestionaban la capacidad del presidente para dominar la conversación pública.

Hasta cierto punto dejaban que su violencia hablara por sí sola. Colgar, balear, quemar, mutilar o decapitar a rivales, periodistas, policías y ciudadanos —y luego tirar los cuerpos en lugares públicos (carreteras, plazas, la puerta principal de edificios de gobierno)— llamaba la atención aunque no vinieran acompañados de texto. Los cadáveres mudos daban testimonio de la ferocidad de los criminales y la incapacidad del Gobierno.

Pero los capos comunicativos casi siempre entregaban los restos de sus víctimas con palabras adjuntas: mensajes rayoneados a mano en una cartulina y clavados con picahielos al pecho del cadáver; berrinches iletrados pintados en sábanas que cubrían el cuerpo; proclamaciones bravuconas impresas profesionalmente en mantas (narcomantas) colgadas de puentes; letreros pegados a los costados de autobuses secuestrados y camiones volcados para bloquear caminos —narcobloqueos—, que traían a los conductores detenidos cara a cara con su mensaje.

Durante la era de Calderón, la cantidad y ubicuidad de las narcomantas estalló, los cárteles forzaron verbal y visualmente su presencia en la esfera pública. La aparición de narcomantas se convirtió en un suceso semanal, y a veces diario, en muchos estados mexicanos. Los mensajes se dirigían a bandas rivales, al público en general y al Estado; a veces a todos al mismo tiempo.

En septiembre de 2011, una subbanda de Sinaloa cuestionó el control de los Zetas sobre Veracruz al presentar dos mensajes en un narcobloqueo; el primero anunciaba que la plaza ya tenía nuevo dueño, el segundo advertía "al pueblo veracruzano" que no se dejara ya extorsionar, que dejara de pagar cuotas. Las misivas venían reforzadas por la presencia de treinta y cinco cadáveres tirados en la escena, supuestamente Zetas. Más tarde, los Zetas contestaron con un llamado "a todo el pueblo veracruzano" bellamente impreso, en el centro de la ciudad, que imploraba a los ciudadanos que "no se dejen engañar no somos sus enemigos".

Otro tema común era quejarse con el Estado por ser "injusto". Un letrero que algunos gánsters colgaron en varias poblaciones de México (Palenque y Veracruz, y según Grillo también en Juárez) decía: "Para que se den cuenta o para los que ya tienen conocimiento que el Gobierno federal protege al Chapo Guzmán, que son los culpables de la masacre de gente inocente… Chapo Guzmán que es el protegido de los panistas desde que Vicente Fox entró y los soltó". "¿Por qué no pelean con nosotros de frente a frente?", preguntaban. "Invitamos al Gobierno federal que ataque a todos los cárteles".

Los Zetas también desplegaron pósters de reclutamiento conminando a militares a desertar, como éste en uno de sus "anuncios clasificados", una manta colgada de un puente: "Grupo Operativo 'Los Zetas' te quiere a ti militar o exmilitar. Te ofrecemos buen sueldo comida y atenciones a tu familia. Ya no sufras maltratos y no sufras hambre".

Ninguna de éstas era propaganda en el sentido político clásico. Los narcos mexicanos no tenían nada en común con las FARC en Colombia ni con Sendero Luminoso en Perú. No tenían ideología, ni mostraban interés por el poder, ni pretendían ganarse los corazones de la gente, excepto por el hecho de que se esforzaron de manera extraordinaria para persuadir a la población de que su marca criminal era superior a las otras, desde el punto de vista del público, e incluso llegaron a sugerir que eran defensores del interés público. En marzo de 2012, pistoleros del Chapo mataron a 14 zetas en Nuevo Laredo, tiraron sus cuerpos y llenaron la vecindad de mantas que anunciaban la intención de Guzmán de liberar a la ciudad del control de los zetas. El capo de Sinaloa ridiculizó a los zetas, llamándolos lacras, mugrosos, boleros y lavacarros, y declaró: "Nosotros somos narcotraficantes y no nos metemos con la gente honesta, trabajadora o el comercio... Le voy a enseñar a estos mugrosos a trabajar al estilo Sinaloa, sin secuestrar, sin costos, ni extorsiones".

***

Los cárteles no se limitaron a los medios impresos; de hecho, se insertaron muy rápido al nuevo mundo de internet. Una de sus estrategias principales era subir videos caseros. Los de mayor resonancia eran la función en vivo, frente a la cámara digital, del interrogatorio de algún miembro de una banda rival, un político, o un policía corrupto, sentado y atado de pies y manos. Cuando se lograba la confesión de una ofensa, seguía su ejecución inmediata, usualmente con una bala, o por decapitación. Los gánsters aquí también buscaban persuadir a los espectadores de que actuaban con justicia, que la sentencia y ejecución del acusado (presentado como enemigo del pueblo en vez de rival de negocios) era legítima, incluso loable, algo que se hacía en nombre de la ciudadanía, algo que el Gobierno no había podido o querido hacer. Así, en 2011, el Cártel del Golfo montó un video en el que ocho de sus miembros usaron un hacha para podar los miembros de un supuesto sicario de los zetas, uno por uno. La pesadilla duró ocho minutos y treinta y cuatro segundos, y terminó con el narrador, la cabeza cercenada en las manos, declarando que la ejecución había sido en retribución por la segunda masacre de San Fernando de los zetas; "un intento", como sostiene Robert Gomez en su *A New Visual Regime: Narco Warfare through Social Media*, por reclamar "legitimidad como un poder justo en México". E incluso si su espectáculo no lograba borrar de la mente de los espectadores que los cineastas eran criminales tan despiadados como los que estaban despachando, las cintas eran una demostración cruda de su poder y libertad para matar a voluntad.

Estas representaciones volvieron a montarse, millones de veces, por cortesía de los sitios web que emergieron durante el sexenio de Calderón, dedicados específicamente a cubrir la guerra contra y entre los narcos. El mejor conocido es el *Blog del Narco* (BDN).[32] Estrenado en marzo de 2010 —corren varias historias sobre sus comienzos y fundador—, el BDN ha sobrevivido y prosperado, en parte porque abrió su sitio a todos. Aunque sube (y copia) historias escritas por periodistas reales en instituciones respetables, también solicita contribuciones de ciudadanos ordinarios: "Envía información de tu localidad", pide la página de inicio, "y será publicada de manera anónima". Su

---

[32] Ver http://www.elblogdelnarco.org, se recomienda precaución extrema.

primera entrada fue sobre un tiroteo en un pueblito que la policía ni siquiera quería confirmar que hubiera pasado, pero que un transeúnte había capturado en un video *amateur*, subido a YouTube y reproducido en el *Blog del Narco*. Pero muy pronto el sitio estaba transmitiendo videos extremadamente sangrientos creados por los mismos cárteles —cintas que documentaban interrogatorios, decapitaciones, balaceras y sesiones de tortura—, y también metraje que mostraba terroríficas escenas del crimen que sólo eran accesibles al ejército o la policía.

La llegada del *Blog del Narco* (y su encarnación en YouTube) precipitó la controversia en la comunidad periodística y en la sociedad civil. Los productores declararon desde el principio que el BDN era una respuesta a la autocensura adoptada por la prensa para evitar la retribución del narco. Afirmaron, también, que estaban presentando reportes sin filtros, sin mediaciones de periodistas, sin censura del Estado (y sin revisión de fuentes, había que admitirlo) como servicio público. Aunque horribles, estos reportes eran representaciones de la realidad contemporánea de México, de la cual los ciudadanos tenían derecho a saber. Su pretensión de desinterés financiero quedaba un poco agrietada por la publicidad en el sitio, aunque sin duda hay costos que cubrir. Pero lo más inquietante era la ambigüedad en la intención de tanto productores como consumidores —los últimos se contaban por millones—. ¿Acaso estos espectáculos de brutalidad brindaban información esencial que pudiera facilitar la defensa propia, o movilizar una resistencia civil? ¿O eran sólo un tipo de pornografía, como las cintas *snuff*, propias de sitios a los que se subía erotismo casero? ¿Cuestionaban el baño de sangre o reempaquetaban lascivamente sus aspectos más grotescos?[33]

---

[33] Hay que enfatizar que existen sitios dedicados a cubrir el narco que no están manchados por tal ambigüedad. *Borderland Beat*, un sitio en inglés que opera desde 2009, está moderado (y por lo tanto no es sin filtros), pero es tolerante en su selección de piezas excesivas. Depende mucho de artículos

***

Un debate similar giró en torno a los narcocorridos —género establecido desde antaño, como hemos visto— que también se volvieron virales durante la guerra de Calderón. Insertaron en la cultura una música nihilista (aunque eminentemente bailable) cuyas letras glorificaban a los capos y la violencia que desataban. "Con cuerno de chivo y bazuka en la nuca", va una tonada entre miles, "Volando cabezas al que se atraviesa. Somos sanguinarios, locos, bien ondeados. Nos gusta matar". Heroizaban a los Chapos y las Barbies, contaban sus hazañas, los alababan como rebeldes que habían vencido al sistema, desafiado al ejército y a los gringos, y se habían vuelto asquerosamente ricos en el proceso.

Los corridos recibían a menudo el subsidio de sus personajes y el patrocinio del capo se agradecía en la letra. Los compositores novatos, como señala Ioan Grillo, pedían tan poco como mil dólares para escribir algunos versos sobre un gánster prometedor, pero los músicos reconocidos podían obtener decenas de miles de dólares por una melodía sobre un miembro importante de un cártel. Aunque era un negocio peligroso. Cuando los corridos se convirtieron en armas —los capos pagaban para denigrar a sus enemigos—, sus compositores se convirtieron en bajas del conflicto. Valentín Elizalde, conocido como "El Gallo de Oro", terminó lleno de balas mientras salía de un concierto en la Feria de Reynosa; lo mataron los zetas, consternados porque sus canciones —en particular "A mis enemigos"— favorecían a los sinaloenses. Y La Quinta Banda estaba tocando en un centro nocturno en la ciudad de

---

escritos por su propio personal de colaboradores regulares (aunque anónimos, dada la preocupación por una retribución el narco). *Insight Crime*, fundado en abril de 2010 con financiamiento de la Open Society Foundation de George Soros, reproduce reportes de noticias, con comentario adjunto, y lleva a cabo investigaciones profundas.

Chihuahua cuando un pistolero encapuchado armado con una AK-47 abrió fuego y mató a cinco de los músicos; se cree que murieron porque su canción "El corrido de La Línea" alababa a La Línea, brazo armado del Cártel de Juárez. En la enorme mayoría de asesinatos de músicos, como con los homicidios de periodistas, la policía no nombró sospechosos ni arrestó a nadie.

Los críticos decían que los corridos glorificaban a los narcotraficantes y contribuían a la violencia. Algunos estados muy afectados por los cárteles, como Sinaloa y Chihuahua, los prohibieron del radio y la televisión, y prohibieron que las canciones se tocaran en vivo en bares y clubes. La censura se evadió inmediatamente, y los narcocorridos siguieron accesibles en internet, y casi en cualquier lado podían comprarse CD con enmascarados blandiendo Kalashnikovs en la portada. Tan sólo Culiacán presumía cinco disqueras de corridos, cada una de las cuales tenía unos doscientos rapsodas generando producto. Podría argumentarse que hay que revertir el veredicto de su impacto: en vez de que las canciones impulsen la guerra, la guerra aumentó el atractivo de las canciones (que, a pesar de sus letras incendiarias, siguieron siendo incondicionalmente tradicionales en sus melodías polkescas).

***

Además de la rápida difusión de narcotextos, videos y música orientados hacia la muerte en la cultura comercial mexicana, los años de la guerra de Calderón se traslaparon con una rápida expansión de cultos religiosos orientados hacia la muerte. En Sinaloa habían venerado desde hacía mucho al santo bandido Jesús Malverde, un mítico Robin Hood que se suponía que había vivido durante el reinado de Porfirio Díaz, pero la devoción al hombre del bigote con el traje blanco pasó a la cultura general durante el sexenio de Calderón.

En una escala mucho mayor, también lo hizo el culto de la Santa Muerte, una figura de mucha antigüedad en Europa y México, a quien los narcos hace mucho que aceptaron como su diosa. Cubiertos de tatuajes con su imagen —una calavera que porta un elaborado atuendo, un manto y una hoz—, imploran su ayuda para garantizar la entrega segura de sus cargamentos de narcóticos hacia el norte y su protección antes de intentar un homicidio. Los muros de las celdas en las prisiones del país están adornados con su imagen. Durante los años de la guerra contra las drogas, su culto creció con velocidad meteórica y atrajo la veneración de muchos mexicanos pobres de clase trabajadora que no tenían conexión con el crimen. Las ventas de su parafernalia se dispararon, y los santuarios y altares en los caminos brotaron con creciente frecuencia, especialmente en los estados de la frontera norte. Los estimados del número de devotos en México (señala R. Andrew Chestnut en su libro sobre la Santa Muerte) llegan a cinco millones (aproximadamente un cinco por ciento de la población), con muchos seguidores más en otros países influidos por la narcocultura mexicana, incluyendo partes de Estados Unidos.

Calderón consideró que la Santa Muerte era la manifestación suprema de la narcocultura y también le declaró la guerra: en algún punto desplegó al ejército para que derribara con bulldozers los santuarios en la frontera (los reemplazaron rápidamente). La Iglesia católica, que ya estaba atormentada por el crecimiento de sectas protestantes, también condenó a la "Huesuda", otra razón por la que los panistas procatólicos ayudaron a atacar a esta rival de la Virgen de Guadalupe. Pero el hecho de que Calderón se opusiera al culto no niega la posibilidad, dados los tiempos, de que su guerra fuera un factor significativo en su expansión; otra consecuencia inesperada más de su resuelta acción social.

***

La sociedad civil despierta

Los esfuerzos de Calderón por forjar la narración de los hechos se enfrentaron a la competencia de los narcos, ¿pero qué hay de las voces de la sociedad civil? ¿Acaso la gran masa de la población lograba decir algo? ¿Acaso la omnipresencia de mensajes a altos decibeles de funcionarios estatales y cárteles criminales dominaban la banda sonora de la esfera pública?

De hecho, hubo innumerables actos de valiente (o temeraria) resistencia individual ante las actividades de los narcos y/o los militares, pero la triste verdad es que aplastaron a la mayoría. La tasa de supervivencia de la oposición al *status quo* mejor organizada, sin embargo, fue considerablemente mayor. Había grupos ya establecidos o recién creados en casi cada rincón del país; muchos de ellos enarbolaban la bandera de los derechos humanos. Eran ante todo organizaciones ciudadanas, autónomas e independientes, o afiliadas a iglesias y universidades, dedicadas a construir un sector civil que pudiera rodear la corrupción endémica del Gobierno y los partidos políticos. Cientos de ellas estaban activas en tiempos de Calderón.

Muchas eran entidades locales que recolectaban y promulgaban información de violaciones a los derechos humanos iniciadas por el Estado, monitoreaban la violencia entre bandas en su territorio, buscaban desaparecidos, litigaban casos de derechos humanos, preparaban propuestas legislativas y/o defendían a grupos específicos como mujeres, migrantes o periodistas.[34] Otras tenían

---

[34] Éstas incluyen a: el Comité de Derechos Humanos de Nuevo Laredo, la Comisión de Derechos Humanos del estado de Chihuahua, la Defensa y Promoción de los Derechos Humanos "Emiliano Zapata" (en Matamoros), el Centro de Estudios Fronterizos y de Promoción de los Derechos Humanos (Reynosa), el Centro de Derechos Humanos "Fray Bartolomé de las Casas" (Chiapas), el Centro Binacional de Derechos Humanos (Tijuana), el Centro de Derechos Humanos "Fray Francisco de Vitoria" (Ciudad de México), Ciudadanos en Apoyo a los Derechos Humanos (Monterrey), el Centro

jurisdicción a nivel nacional.[35] Las metaorganizaciones como el Centro Nacional de Comunicación Social se dedicaron a ayudar a las ONG a desarrollar una estrategia de medios como parte integral de su trabajo. Y un escalón más arriba estaban las coaliciones de estas organizaciones locales y nacionales,[36] que a su vez estaban conectadas con organizaciones internacionales.[37]

El activismo de derechos humanos también era un negocio peligroso. Montones de activistas fueron amenazados, golpeados, encarcelados, torturados y matados —sólo en 2011 murieron treinta y uno—, las muertes prácticamente siempre irresueltas y sin castigo. En 2010, una organización llamada Acción Urgente para Defensores de Derechos Humanos emergió para llevar la cuenta de tales ataques y ofrecerles entrenamiento de seguridad a los activistas.

Además de toda esta actividad civil, se creó una agencia considerable —la Comisión Nacional de Derechos Humanos

---

de Derechos Humanos del Migrante (Ciudad Juárez), y Fuerzas Unidas por Nuestros Desaparecidos en Coahuila.

[35] Como: la Comisión Mexicana de Defensa y Promoción de los Derechos Humanos, la Liga Mexicana por la Defensa de los Derechos Humanos, Asistencia Legal por los Derechos Humanos (ASILEGAL), el Colectivo Contra la Tortura y la Impunidad, la Casa de los Derechos de los Periodistas y Periodistas de a Pie.

[36] Como la Red Nacional de Organismos Civiles de Derechos Humanos "Todos los Derechos para Todas y Todos" (REDTDT), que estaba compuesta por setenta y un ONG de derechos humanos, y otra organización sombrilla: Nuestra Aparente Rendición.

[37] Las cuales incluyen a: la Federación Internacional de Derechos Humanos, la Coalición por la Corte Penal Internacional, Human Rights Watch, Amnistía Internacional, Coalición Internacional de Organizaciones por los Derechos Humanos en las Américas, la Comisión Interamericana de Derechos Humanos de la Organización de los Estados Americanos, la Oficina en Washington para Asuntos Latinoamericanos, el Grupo de Trabajo para Asuntos Latinoamericanos, el Comité para la Protección de los Periodistas, Reporteros sin Fronteras y Artículo 19.

(CNDH)— en 1989, como parte de la Secretaría de Gobernación. Logró un estatus casi independiente, aunque seguía dependiendo económicamente del Gobierno. Tiene la autoridad para investigar cargos en contra de cualquier rama del gobierno aparte del poder judicial, y su presidente es el equivalente de un *ombudsman* nacional. Sirvió como una de las pocas vías abiertas a las víctimas que buscaran compensación por injusticias pasadas, y documentó algunos obstáculos sistemáticos a las reformas en derechos humanos. Pero como descubrió Human Rights Watch en 2008, cuando se trataba de "asegurar remedios y promover reformas para mejorar el deprimente historial de derechos humanos de México, el desempeño de la CNDH ha sido decepcionante". Cayeron críticas similares en los años subsiguientes, y en 2014 su entonces presidente, Raúl Plascencia, no sólo fue blanco por pecados de omisión, sino de comisión, como canalizar fondos —de su amplio presupuesto anual de 1.4 mil millones de pesos— para promover su propia reelección, una empresa en la que falló.

***

A pesar de su valioso trabajo, la mayoría de estas organizaciones no consideraban que movilizar a las masas estuviera en su jurisdicción. Pero hubo entidades que aceptaron el reto. La mayoría las comenzaron individuos que habían perdido familiares a manos del crimen organizado, el ejército o la policía. Una multitud de grupos de familiares de las víctimas apareció para investigar desapariciones y rastrear testigos cruciales y convencerlos de hablar. Unas pocas comenzaron a organizar marchas y manifestaciones para ganar atención nacional para su causa.

El más prominente fue un poeta, Javier Sicilia, cuyo hijo fue asesinado en marzo de 2011 en Cuernavaca, capital del estado de Morelos; se atribuyó su muerte a bandas de narcotraficantes. El 4 de abril, Sicilia publicó una abrasadora carta abierta dirigida "A políticos y criminales".

"Estamos hasta la madre de ustedes", les dijo a los primeros, de que estén "permitiendo que nuestros muchachos, nuestros hijos, no sólo sean asesinados sino, después, criminalizados", de su "guerra mal planteada, mal hecha, mal dirigida", de su corrupción que "genera la complicidad con el crimen y la impunidad para cometerlo", de su "miserable grilla, de su lucha por el poder" que impide la unidad requerida para enfrentar el problema. "La ciudadanía ha perdido confianza en sus gobernantes, en sus policías, en su Ejército, y tiene miedo y dolor", resumió, y luego les recordó a los funcionarios del Estado "esa acertadísima frase que Martí dirigió a los gobernantes: 'Si no pueden, renuncien'".

"De ustedes, criminales", continuó, "estamos hasta la madre, de su violencia, de su pérdida de honorabilidad, de su crueldad, de su sinsentido. Antiguamente ustedes tenían códigos de honor. No eran tan crueles en sus ajustes de cuentas y no tocaban ni a los ciudadanos ni a sus familias. Ahora ya no distinguen… Se han vuelto cobardes como los miserables *Sonderkommandos* nazis que asesinaban sin ningún sentido de lo humano a niños, muchachos, muchachas, mujeres, hombres y ancianos, es decir, inocentes. Estamos hasta la madre porque su violencia se ha vuelto infrahumana, no animal —los animales no hacen lo que ustedes hacen—, sino subhumana, demoniaca, imbécil".

Pero dados "los miles de cadáveres anónimos y no anónimos que llevamos a nuestras espaldas, es decir, de tantos inocentes asesinados y envilecidos", argumentaba Sicilia, lanzar palabras no era suficiente, sino que debían ir acompañadas "de grandes movilizaciones ciudadanas". Por lo tanto, anunció, "saldremos a la calle", con la meta de forjar "una unidad nacional ciudadana que debemos mantener viva para romper el miedo y el aislamiento que la incapacidad de ustedes, 'señores' políticos, y la crueldad de ustedes, 'señores' criminales, nos quieren meter en el cuerpo y en el alma".

El llamado de Sicila a marchas en Morelos y ciudades a lo largo del país —"debemos hablar con nuestros cuerpos, con nuestro caminar, con nuestro grito de indignación"— tocó una fibra nacional, y cientos de miles se juntaron en más de cuarenta ciudades, bajo carteles que proclamaban "¡Ya basta!", "No + Sangre" y "Ni Uno Más". A esto le siguió una marcha de tres días en mayo de 2011 desde Cuernavaca a la Ciudad de México (unos cien kilómetros al norte), que culminó con una manifestación gigante en el Zócalo. Durante los siguientes días y semanas, mientras tomaban forma las bases de un Movimiento por la Paz con Justicia y Dignidad, surgieron metas más específicas. Los manifestantes exigieron una eliminación gradual de la guerra contra las drogas, el retiro de las fuerzas militares de las calles (aunque no precipitadamente), la legalización de las drogas y la renuncia del secretario de Seguridad Pública de Calderón, Genaro García Luna. Muchos exigieron que el mismo Calderón renunciara.

El poeta sugirió hacer un pacto con los cárteles, uno que comenzara con la premisa de que los mexicanos deberían dejar de asesinarse entre ellos en nombre de Estados Unidos. "Las armas que están armando al crimen organizado y están matando a nuestros muchachos, a nuestros soldados, a nuestros policías", señaló, "vienen de los EU y ellos no están haciendo nada por detenerlas". Así que, "si los EU no persiguen o ponen un coto a su industria armamentista —un horror legalizado—, ¿por qué nosotros deberíamos perseguir a los productores de la droga?". El consumo debería tratarse como "un asunto de salud pública", y si EUA se rehusaba a hacerlo, "el problema de su consumo no es nuestro, es suyo". Los criminales deberían quedar libres para competir entre sí para venderles drogas a los gringos, siempre y cuando hubiera un acuerdo de que "no se toca a la población civil, no se asesinan inocentes y los prisioneros de los bandos en conflicto que caigan deben ser tratados conforme a los derechos humanos".

En junio de 2011, al ganar Sicilia atención internacional, Calderón accedió a una discusión pública con él en el Castillo de Chapultepec, y que se transmitiría en vivo por televisión. Sicilia pidió un minuto de silencio "por todas las víctimas de esta guerra atroz y sin sentido", y acusó al presidente de ser responsable de cuarenta mil muertos e ignorar la creación de empleos, educación y salud pública. Le pidió que se disculpara con la nación y con los familiares de los muertos y los desaparecidos. Calderón se mantuvo en su trinchera, sólo se arrepintió de no haber mandado antes a las calles a la policía federal y al ejército, aunque sí se disculpó por no haber podido proteger a las muchas víctimas. Entonces y en otras ocasiones insistiría en que los reportes de abusos y desapariciones por parte de soldados y policías eran casos aislados; que el ejército mexicano no era equiparable a los escuadrones de la muerte desplegados por regímenes autoritarios; que no podía ni debía haber esperado a que las instituciones policiales cambiaran antes de atacar la inseguridad, y que los manifestantes deberían decirles ¡basta! a los criminales que secuestran y matan, pues ellos eran el enemigo, no los soldados que peleaban contra ellos.[38]

Tuvieron otra conversación televisada en octubre de 2011, y aunque cada uno se mantuvo en su postura, Calderón, que

---

[38] Después de que se culpara al Cártel del Golfo por la muerte del hijo de Sicilia, éste colgó rápidamente una serie de narcomantas en Morelos que negaban su participación en el asesinato. De hecho, abdujeron a un miembro del Cártel del Pacífico Sur (un descendiente del Cártel de los Beltrán Leyva), lo dejaron golpeado y amarrado en un camión abandonado y alertaron a las autoridades sobre su participación en el homicidio de Sicilia. Cuando supuestamente confesó ante la policía federal, los Beltrán Leyva publicaron una serie de mantas que repudiaban el homicidio y aseguraban que sus miembros "no matan gente inocente". En junio de 2012, tropas del ejército capturaron a un tal Raúl Díaz Román, el renombrado jefe del Cártel de los Beltrán Leyva en el estado de Morelos, quien, decían, era responsable por la muerte del joven Sicilia. Parece que en ese entonces Díaz Román era miembro de la policía morelense y supervisaba la guerra contra los narcotraficantes (es decir, contra sí mismo) en Cuernavaca. Cuando algunos policías trataron de asaltar o extorsionar a Sicilia y a sus amigos, y los chicos dijeron que iban a reportarlos, los policías-policías llamaron a Díaz y sus policías-pandilleros del Cártel del Pacífico Sur, que de hecho cometieron el acto, como se pensaba originalmente.

estaba cada vez más molesto con Estados Unidos, se desvió un poco hacia el rumbo de Sicilia. Culpó a la demanda estadounidense de drogas por impulsar la violencia, y pidió a EUA que redujera el flujo de dinero que venía de los consumidores. "Cómo lo van a reducir", añadió, "es su problema". Sugirió una alternativa: si optaban por la legalización, quizás "tienen que abrir el tráfico, por ejemplo, de cocaína", aunque si lo hacían, "que lo hagan por Florida o que lo hagan por otra parte, no por aquí". Y si ninguna de esas estrategias funcionaba, EUA debería buscar otras soluciones, y añadió: "Ése es un debate que tiene que darse internacionalmente".

Sin embargo, fue Sicilia quien llevó el caso al otro lado de la frontera. Después de organizar más marchas desde la Ciudad de México hasta Ciudad Juárez, y al sur, a la frontera con Guatemala, el poeta llevó su movimiento al norte. De agosto a septiembre de 2012, la Caravana por la Paz con Justicia y Dignidad, de ciento veinte personas —dirigida por madres, padres, hermanas y hermanos de los mexicanos asesinados y desaparecidos durante la guerra contra las drogas—, atravesó Estados Unidos de San Diego a Washington; cubrieron nueve mil kilómetros, organizaron eventos en veintiséis ciudades y generaron una extensa cobertura en los medios. Pero para entonces el sexenio de Calderón estaba a punto de expirar, su partido acababa de ser repudiado en las encuestas y la atmósfera política de México parecía haber cambiado abruptamente.

Capítulo diez
2012

Las elecciones presidenciales del primero de julio de 2012 no serían simplemente un referéndum de la guerra contra las drogas, pero con toda claridad el tema era central, dados los boletines que retumbaron desde todos los frentes durante las últimas semanas de la campaña. Nuevo Laredo: catorce cabezas en hieleras abandonadas en una camioneta afuera del palacio municipal; nueve personas colgadas de un puente. Veracruz: un alcalde secuestrado en su casa, su cadáver maniatado y torturado hallado días después. Monterrey: cuarenta y nueve cadáveres sin cabeza, manos ni pies tirados en un pueblito cercano. Ciudad de México: un tiroteo en el Aeropuerto Internacional entre dos grupos de policías federales uniformados, de los cuales por lo menos uno trabajaba para una banda de narcotraficantes, con tres oficiales muertos en el área de comida.

Calderón no podía hacer campaña de nuevo, pero quien quiera que fuera el candidato del PAN tendría que hacerlo a partir de su historial, cuya evaluación dependería de los juicios sobre su guerra. En vez de dejarle esto a los demás, Calderón ofreció su propia evaluación: declaró que había sido un éxito. A finales de noviembre de 2012, sostuvo que la guerra había dado un giro. Los homicidios atribuibles a la actividad del crimen organizado al fin habían caído, por primera vez desde que había entrado en funciones; no había habido una masacre dramática desde hacía varios meses; las regiones populares para el turismo estaban relativamente tranquilas. En sus discursos de cierre de sexenio afirmó que "la historia juzgará" su tiempo en funciones, y rebosaba de confianza en que el veredicto le sería favorable. Pero si lograr la reducción de la violencia era el marcador de éxito de Calderón —como él mismo hizo hincapié durante sus últimos días en funciones— entonces era difícil aceptar una declaración de "misión cumplida" sin tomar en cuenta el impacto de su primera escalada de violencia.

La gente comenzó a contar cuerpos. Hubo un amplio rango de estimados de cuántos homicidios "relacionados con las drogas" se cometieron durante su sexenio, y una conversación colateral sobre cómo comprobar que una muerte estaba "relacionada con las drogas".[39] Pero había el acuerdo general de que mucha, mucha gente había llegado a su fin, sin ambigüedad, de alguna manera que cumpliera con los criterios legales de "relacionada con las drogas". Esto incluye asesinatos acompañados de un mensaje relacionado con el crimen organizado (como 3,268 de los homicidios); perpetrados con armas de alto calibre (u otro método típico de bandas de narcotraficantes); capturados (y presumidos) en un narcovideo; evidentemente precedidos por tortura (como era claro tras examinar los cuerpos de 4,645 personas), o cometidos por decapitación (como en el caso de 1,892 individuos).[40]

Las muertes que cumplieran con estos criterios fueron sumadas escrupulosamente por el gobierno de Calderón en persona y hechas públicas, en parte porque se creía que todas las bajas eran sicarios. Esta postura, que implica que estaban espulgando a las bandas criminales del pelaje nacional, ya fuera a manos del Estado o entre ellas, de vez en cuando se expresaba

---

[39] Para una investigación lúcida sobre los problemas estadísticos (y políticos) involucrados en el macabro trabajo del conteo de cuerpos, véase Heinle, Rodríguez y Shirk, *Drug Violence in Mexico*.

[40] Estas cifras provienen del cómputo del respetado periódico *Reforma*, tal como lo publicaron en su "ejecutómetro".

directamente. Tomemos el caso de un general mexicano, que le dijo a la prensa que deberían de dejar de decir que el Estado había matado a una persona más, y mejor alegrarse de que hubiera un criminal menos. Pero este argumento se volvió más difícil de sostener al alargarse la guerra y al crecer los reclamos contra la matanza de civiles y las quejas contra el ejército y la policía por violación a los derechos humanos, lo que tal vez sea una de las razones por las que el régimen dejó de contar durante su último año. Mientras que mucha de la violencia ciertamente era interna, pues los cárteles o facciones luchaban por una porción del mercado, los analistas de derechos humanos, como Nik Steinberg, concluyeron que la gran mayoría de las víctimas no eran criminales, sino hombres jóvenes de clase trabajadora con familias. E incluso los que se habían enrolado irrefutablemente como sicarios no habían "nacido para matar", sino que casi siempre se habían visto arrastrados, les gustara o no, hacia la única opción disponible.

De cualquier manera, la lista oficial establece un mínimo bajo el total; un mínimo inimpugnable, pues lo construyó el propio gobierno de Calderón. En enero de 2012, el Gobierno reconoció que por lo menos 47,515 personas habían muerto en incidentes "relacionados con las drogas" entre diciembre de 2006 y septiembre de 2011 (cuando anunció que ya no actualizaría ni publicaría cifras oficiales). Varias fuentes sugieren que un estimado conservador de las muertes adicionales durante su período entre octubre de 2011 y diciembre de 2012 rondarían las diez mil, con lo que tendríamos una línea base de mortandad de unas sesenta mil almas.[41]

A este número hay que añadirle un porcentaje de "los que desaparecieron" o "a los que desaparecieron". La gente de Calderón también llevó una lista de éstos, aunque se mantuvo en

---

[41] *Reforma* reportó que en 2012 hubo 9,577 homicidios al estilo del crimen organizado, mientras que el igualmente reconocido *Milenio* reportó que hubo 12,390 ese mismo año.

secreto durante su sexenio, y sólo se filtró (por un analista del Gobierno) al *Washington Post* dos días antes de salir de funciones. Contenía más de veinticinco mil nombres de personas desaparecidas, por cualquier razón, en tiempos de Calderón. Aunque algunas entradas venían acompañadas de notas de una claridad escalofriante ("Uno de los compañeros de trabajo de su hija finalmente le confesó que vio cuando Esquivel era obligada a subir a un vehículo"; "el padre de Ribera fue detenido arbitrariamente... Los hombres armados que se lo llevaron vestían uniformes de la policía ministerial del estado"), la lista también incluía a aquéllos que podían haber emigrado ilegalmente a Estados Unidos, o simplemente huido de casa. El siguiente gobierno publicó una versión podada que sugería que, después de haber revisado con las familias si el pariente reportado como desaparecido había vuelto a aparecer, unas ocho mil seguían faltando, de las cuales un porcentaje desconocido estaban relacionadas con las drogas. Esta cifra —que luego corrigieron a doce mil— fue rebatida encarecidamente. No había tomado en cuenta la recuperación continua de cientos de cadáveres sin identificar, exhumados de fosas comunes no señaladas, que el Estado no había examinado a pesar de las promesas de construir una base de datos de ADN que permitiría compararlos con la información provista por los parientes de los desaparecidos. El Estado tampoco había establecido una investigación estilo Comisión de la Verdad, como las de Chile, Argentina y Sudáfrica.

Aceptar una cifra de aproximadamente diez mil desaparecidos y considerados muertos lleva el total, estimado conservadoramente, a unos setenta mil durante el sexenio, pero también se ha rebatido esta cantidad. El paciente examen por parte de periodistas responsables, académicos, activistas y defensores de los derechos humanos, que dragaron en noticias, documentos legales, registros de hospitales y otras muchas fuentes, produjo cifras más altas. Un conteo cuidadoso de *Zeta*, un semanario publicado en Tijuana, dejó la cuenta en 109,000. Pero nadie defiende una cantidad menor a la base construida a partir de las cifras del propio Gobierno. Con estadísticas tan sangrientas, es difícil dar crédito a una declaración de éxito basada en la reducción de la violencia.

Si Calderón no hubiera levantado un dedo, la mortandad seguramente no habría sido ni una fracción de lo que su intervención generó, si obviamos la necesidad de disminuir el nivel de violencia que él mismo había elevado.

Tampoco se había alcanzado alguna meta global, alguna victoria que le hubiera dado al candidato del PAN razones para declarar que estos muertos no habían muerto en vano. ¿Tal vez la interdicción del flujo de drogas hacia los consumidores gringos podría —según alguna especie bizarra de cálculo moral de costo-beneficio— tomarse como justificación de la masacre?

Pero el historial tampoco ofrecía alivio en este terreno, pues una gran variedad de indicadores dejaban claro que, con todo y el caos intercárteles, los capos habían logrado mantenerse en el negocio. Ya se midiera por precio, cantidad o calidad, no había ninguna disminución en el flujo de sustancias ilegales. La marihuana, metanfetaminas y heroína mexicanas se mantenían baratas y más abundantes que nunca en Estados Unidos. Sondeos de las Naciones Unidas indicaban que el precio por gramo de la cocaína en las calles estadounidenses era casi el mismo en 2012 que una década antes, y con la misma pureza. Ese año, un informe de Bruce Bagley y el Centro Woodrow Wilson argumentó que las organizaciones del narcotráfico hacían lo suyo mejor que nunca, y que todos los indicadores sugerían un fracaso generalizado de las estrategias usadas para contenerlas.

La profesionalización de los cárteles durante el gobierno de Calderón incluyó tácticas nuevas de alta tecnología: túneles de mayor capacidad, dotados de línea férrea, electricidad y ventilación; submarinos —el narcosubmarino promedio de veinte metros cargaba varias toneladas de cocaína—, y drones, camellos aéreos que cruzaban la frontera bajo la línea del radar. Pero los cárteles todavía desplegaban dispositivos antiguos de baja tecnología. Un exjefe de operaciones de la DEA señaló que unos días después de que EUA erigiera una reja de alta tecnología en un tramo fronterizo en Arizona, los cárteles se presentaron con una catapulta y comenzaron a lanzar pacas de cincuenta kilos de marihuana al otro lado. "Tenemos la mejor reja que el dinero puede comprar", señaló con remordimiento, "y nos vencen con tecnología de 2,500 años de antigüedad". Pero la vía principal del narco era vehicular. Gracias al TLCAN, el flujo de comercio legal era tremendo. En 2011, según la Oficina de Estadísticas de Transporte de EUA, casi 4.9 millones de camiones y sesenta y un millones de vehículos particulares cruzaron la frontera México-EUA. Era imposible que los inspectores registraran más que una pequeña muestra de los vehículos. A pesar de los dramáticos decomisos ocasionales —las confiscaciones romperrécords que Calderón presumía como medida de su éxito—, la verdad es que el río de drogas siguió su cauce.

- Todavía peor: si la reducción del consumo de drogas había sido la meta de Calderón, parecía haber empeorado las cosas. El consumo de drogas había aumentado en México, lo que a su vez había elevado el nivel de violencia, pues las bandas de vendedores menores luchaban por el control, no el de las grandes plazas internacionales, sino de las esquinas locales, en las que ahora la lucha era, por cortesía de la NRA, con armamento pesado.

Tal vez la mayor carga que Calderón le heredó a su sucesor fuera el miedo.

La capacidad de los criminales para forjarse nuevas carreras —sobre todo secuestro y extorsión— se había visto facilitada por el quiebre del orden público que engendró la guerra, el aumento espectacular de la corruptibilidad de la policía, la completa impunidad garantizada por un sistema penal prácticamente difunto y un Estado que, en muchas áreas, se acercaba al estatus de "fallido": precisamente el escenario de pesadilla que Calderón se había propuesto evitar. Al competir las bandas por establecer sus nombres, su violencia se había vuelto cada vez más grotesca, lo que produjo un miedo paralizante en todos los niveles de la sociedad, y llevó al debilitamiento de la vida social, al abandono del espacio público, al aumento de la desconfianza entre vecinos y a un sentimiento generalizado de indefensión. En una encuesta nacional de 2011, dos tercios de los mexicanos dijeron que tenían mucho miedo de ser secuestrados, un tercio había sido víctima del crimen en los tres meses anteriores, cuarenta y tres por ciento había dejado de permitirles a sus hijos jugar en la calle y cuarenta y cinco por ciento había dejado de salir por la noche. El 74.3 por ciento consideraba que era "un poco" o "muy" peligroso acudir a la policía (84.6 por ciento de ellos en el norte). Y cuando la lucha contra las drogas se presentaba como una "guerra", el cincuenta y ocho por ciento (de todas las clases sociales) creía que el crimen organizado la estaba ganando, mientras que sólo el dieciocho por ciento creía que era el Gobierno.

***

Al final, el peso del legado de Calderón lo asumió Josefina Vázquez Mota, la candidata del PAN en los comicios presidenciales de 2012. Vázquez Mota —la primera candidata femenina de una de las entidades políticas principales— fue entrenada como economista, trabajó para organizaciones empresariales, escribió un libro pop de autoayuda para esposas y se escurrió hacia una carrera político-administrativa. Trabajó en la Cámara de Diputados, fue secretaria de Desarrollo Social y luego secretaria de Educación Pública. Se encargó de la campaña de Calderón en 2006 y se apropió de la nominación en 2012, a pesar de no ser la elegida de Calderón. Como representante del PAN, no había manera en la que pudiera distanciarse de la guerra de Calderón, sin importar lo impopular que fuera. Así que hizo lo contrario. Prometió continuar su agresiva campaña militarizada para quebrar a los cárteles y argumentó, como lo había hecho Calderón, que había sido su política de línea dura, no la victoria del Chapo, lo que disminuyó la tasa de homicidios en Juárez. También sugirió que trabajaría aún más de cerca con las fuerzas policiales de EUA.

López Obrador, hablando de nuevo por el PRD, criticó firmemente la estrategia militarizada, subrayando su violación a los derechos humanos, y prometió más ayuda a las bajas de la guerra. Propuso, como lo había hecho Calderón, establecer un mando único de la policía que se responsabilizara gradualmente de los operativos de seguridad del Ejército; el entrenamiento de sus reclutas, enfatizó, debería inculcar valores morales y civiles, de la mano de la maestría policial. Detendría las actividades de operativos de la CIA y agentes de la DEA; reconsideraría la permanencia de la ayuda militar bajo la Iniciativa Mérida, y centraría las actividades de inteligencia en romper las redes financieras de los criminales.

Pero el candidato que, inmediatamente después de ser nominado, saltó al primer lugar en las encuestas y se quedó ahí hasta ganar fue el joven, telegénico, copetón gobernador del Estado de México, Enrique Peña Nieto, quien lograría astutamente el regreso del PRI, doce años después de que le mostraran la puerta. Peña Nieto tenía raíces profundas en el estado —que rodea al Distrito Federal autónomo (la Ciudad de México como tal)— y en el PRI estatal, que se había mantenido impávido ante las victorias del PAN a nivel nacional. Conectado a la política del estado por medio de vínculos familiares desde que era adolescente, obtuvo una licenciatura en derecho y una maestría en administración de negocios. En un rompimiento con la práctica presidencial reciente, ningún título era de una universidad estadounidense. Trabajó en negocios y en derecho, y luego entró al Gobierno; ocupó una serie de puestos de importancia creciente y mientras escalaba forjó relaciones con políticos encumbrados y empresarios estatales acaudalados. (La vía ascendente de Peña Nieto fue despejada por su mentor y tío, el notablemente corrupto gobernador del Estado de México de 1999 a 2005.) Tras ganar un período de dos años en la legislatura estatal en 2003, fue elegido para la gubernatura (2005-2011). Generalmente aludido como un administrador competente, fue notorio por proyectos de infraestructura (las carreteras estatales se triplicaron durante su periodo). Sin embargo, su historial anticrimen fue ambiguo. Peña Nieto y su procurador general, Alfredo Castillo, lograron avances contra una banda que había tomado la costumbre de tirar cabezas decapitadas por la región, y lograron evitar el aumento masivo de homicidios sufrido en gran parte del país. Pero los ataques violentos contra las mujeres se dispararon, los robos reportados aumentaron casi cincuenta por ciento y los secuestros se cuadruplicaron durante sus primeros cuatro años. También aplastó violentamente una protesta campesina contra el plan de expropiar sus tierras para un nuevo aeropuerto internacional. Logró arrebatar la nominación en 2012 gracias a su matrimonio con una estrella de telenovelas, su dominio de la autopresentación televisiva y, los estudiantes clamaban en sus protestas, los reportes sesgados de Televisa, cuyos noticieros eran la fuente de información predominante del país. Los manifestantes cantaban: "Peña, la tele es tuya, las calles son nuestras".

EPN —como taquigrafiaban a Enrique Peña Nieto— diseñó una estrategia astuta en el frente de la guerra contra las drogas. Continuaría la lucha de Calderón, pero cambiaría su enfoque. En vez de capturar capos y hacer decomisos, disminuiría la violencia que la estrategia de su predecesor había impulsado. Se concentraría en los crímenes nacionales en vez de en los internacionales —secuestro y extorsión en vez de la troca de la coca—, dándole prioridad a la seguridad de los mexicanos en vez de esforzarse por complacer a la DEA y al Congreso de EUA. El subtexto nacionalista implícito sugería que los gringos deberían defender su propia frontera, en vez de pedirles a decenas de miles de mexicanos que murieran por ellos.

Nunca dijo realmente cómo planeaba lograrlo, aparte de establecer una fuerza policial nacional, similar a las que sus rivales proponían. Crearía una "gendarmería nacional", una fuerza especial autónoma, de cuarenta mil elementos, que reemplazaría gradualmente a las unidades del ejército, de vuelta a los cuarteles. Los gendarmes serían una fuerza híbrida: su tropa sería "de origen militar" —un término que nunca explicó, pero que se asumió que se refería a veteranos endurecidos por la guerra de Calderón— y la dirigencia sería civil, entrenada en tácticas policiales en vez de la fuerza militar abrumadora. En teoría era un híbrido inspirado, aunque los críticos sí se preguntaron en qué diferirían los nuevos cuarenta mil de los viejos cuarenta mil, y cómo la harían y mantendrían libre de corrupción.

Lo que EPN tenía a su favor, que López Obrador y Vázquez Mota no tenían, era, irónicamente, precisamente el legado de corrupción del PRI, lo que implicaba su capacidad comprobada para lograr tratos con el crimen organizado. Esta antigua desventaja ahora parecía una ventaja. Sicilia y otros habían pedido llegar a un acuerdo con los cárteles. Era políticamente imposible para el PRI seguir oficialmente esta línea; pero una porción del electorado estaba convencida de que, si lo elegían, el PRI volvería a sus viejas andanzas, y permitiría la libre operación de los cárteles siempre y cuando siguieran ciertas reglas y le dieran su parte al Gobierno. En esto, los oponentes de EPN le ayudaron involuntariamente. Calderón advirtió que el PRI podría negociar con los cárteles para mantener la paz. Los funcionarios estadounidenses temían lo mismo, en privado. Peña Nieto negó rotundamente que fuera a hacer tal cosa. Esto tranquilizó a los que querían que continuara la guerra, mientras que los que deseaban una estrategia de reducción de la violencia simplemente asumieron que por supuesto que mentía. En realidad, el viejo Humpty Dumpty, el sistema de plazas dominado por el PRI, estaba demasiado roto para armarlo de nuevo. Las bandas nuevas con las cuales hacer acuerdos eran excesivas, a menos que hubiera una nueva ola de recartelización. Y la presidencia había perdido la capacidad de comandar un Estado secreto, a causa de los partidos de oposición y la prensa entrometida. Sin embargo, muchos creían que el PRI podía y lograría concertar un trato con los cárteles: lo habían hecho antes, podían hacerlo otra vez.

Peña Nieto también fue creativamente ambiguo en su estrategia para las relaciones México-EUA. Mientras que el PAN aceleraría la colaboración en materia de drogas y el PRD la reduciría, el PRI hizo ambas: impuso nuevos límites y a la vez prometió "una intensa, estrecha relación de colaboración efectiva". No habría, insistió EPN, agentes estadounidenses armados en México, ni operativos antinarcóticos conjuntos como en Colombia y Centroamérica. Los drones de vigilancia que volaban sobre México para recaudar inteligencia sobre el narcotráfico estaban bien, si México los controlaba y EUA brindaba asistencia y tecnología. También favoreció que la policía y el ejército estadounidenses entrenaran a sus contrapartes mexicanas, una postura, según las encuestas, apoyada por el setenta y cinco por ciento de la población.

EPN pudo haber argumentado, pero prefirió no pronunciarlo, que las relaciones entre la Casa Blanca y la presidencia mexicana deberían mejorar, dado que Calderón se había convertido en un crítico estridente del fracaso de EUA para atacar el flujo de armas hacia el sur y disminuir la demanda estadounidense de drogas ilegales. De hecho, era la postura del PRI, en vez de la del PAN, la que se estaba ganando la gracia de Washington. Un informe de 2012 del Comité de Relaciones Exteriores del Senado, que su director, John Kerry, había ordenado, concluyó que "los despliegues militares para combatir el crimen organizado han logrado un éxito limitado y, en algunos casos, han llevado a violaciones de los derechos humanos". EUA, por lo tanto, debería "alentar la reducción del papel del Ejército mexicano en la seguridad interna", y brindarle a México instructores para academias policiales, en vez de más helicópteros Black Hawk. Señalando que la estrategia principal calderonista de eliminar a la dirigencia de los cárteles "ha sido muy criticada por quitar el énfasis de las necesidades cotidianas de seguridad del mexicano promedio", el comité se inclinó hacia la estrategia de Peña Nieto, por temor a que si los mexicanos no veían una reducción de la violencia, podrían apoyar un acuerdo con los cárteles.

***

Peña Nieto ganó con 38.15 por ciento del voto. López Obrador recibió el 31.64 por ciento y Vázquez Mota se quedó atrás con 25.4 por ciento. EPN había ganado por un pelo, pero un pelo suficientemente grueso para mantener las protestas postelectorales al mínimo.[42]

---

[42] Calderón huyó pronto a Harvard, donde dio clases en la Escuela de Gobierno John F. Kennedy y trabajó en sus memorias, publicadas en 2014.

Capítulo once
2012-

El PRI no logró la mayoría ni en la Cámara de Diputados ni en el Senado, y por lo tanto tendría que forjar alianzas para conseguir que se hiciera cualquier cosa. Y Peña lo hizo: engatusó a representantes de los otros partidos para que se unieran a un "Pacto por México". Este acuerdo tras bambalinas suavizó el debate público y liberó el paso para la aprobación de leyes que alcanzaron varias metas neoliberales. Ante todo, cambiaron la Constitución para permitir la inversión extranjera en el sector petrolero mexicano; también aprobaron leyes sobre monopolios de telecomunicaciones, lavado de dinero, política fiscal y el sistema educativo (un terreno en el que EPN también estableció sus credenciales antichanchullo: en febrero de 2013, su gobierno arrestó a la cabeza flagrantemente corrupta del sindicato de maestros de México).[43]

---

[43] Se ha sugerido que Peña Nieto estaba "ofreciendo la mano" de otra manera, al usar al sistema penal para extender ofertas de paz a intereses particulares. Así, en un posible saludo al Ejército, arregló la liberación y rehabilitación del general Tomás Ángeles Dauahare, a quien Calderón había despedido bajo cargos de corrupción endebles o fabricados, aunque probablemente sólo fuera culpable de su inclinación por el PRI. Peña Nieto le devolvió un favor al expresidente Salinas, quien había apoyado su candidatura dentro del PRI, al liberar a su hermano Raúl. Y es plausible que le haya mandado un mensaje al mundo de los cárteles al soltar al mismísimo Rafael Caro Quintero. Todavía

De cara a la guerra contra las drogas, la táctica inicial de EPN fue quitar al conflicto del escaparate simplemente hablando menos al respecto. No sólo no se vistió de uniforme militar para dirigir las tropas, minimizó las menciones de sangre derramada y narcos, bajó el volumen, cambió de tema y desvió la atención hacia su agenda económica. Le informaron a EUA que el nuevo presidente no estaría involucrado tan directamente en los esfuerzos antidrogas como el anterior, y de hecho le delegaría a su secretario de Gobernación el manejo de las relaciones entre las agencias anticrimen de México y EUA.

El cambio de estilo influyó rápidamente en la cobertura de los medios: en los primeros tres meses de su sexenio, un estudio descubrió que el uso de términos como "crimen organizado" y "tráfico de drogas" cayó un cincuenta por ciento. Se dejó de presumir a los arrestados. Desaparecieron los horribles videos de las confesiones de sicarios capturados. Una ganancia temprana fue el resurgimiento del turismo en los centros hoteleros principales del país, incluyendo Puerto Vallarta, los Cabos y Cancún, que un funcionario le atribuyó a la nueva estrategia: "Cuando el presidente habla menos de drogas y violencia, los periódicos nacionales escriben menos al respecto, y entonces los medios internacionales lo reportan menos. La percepción se convierte en realidad".

Peña Nieto también cambió el énfasis de su retórica: de combatir al crimen a prevenirlo. A dos semanas de haber entrado en funciones, anunció a gobernadores, militares y jefes de seguridad en una junta pública del Consejo de Seguridad Nacional que iban "a enfocar los esfuerzos institucionales

---

estaba cumpliendo condena por el homicidio de Camarena, y desapareció en cuanto lo liberaron. La historia oficial de que lo liberaron a causa de un tecnicismo descubierto abruptamente forzó la credulidad y enfureció a la DEA y al Departamento de Justicia de EUA. Pero la influencia que el padrino (ahora abuelo) del crimen mexicano pudiera tener en la nueva etapa era difícil de discernir. Aun así, el conjunto de liberaciones insinuaba un propósito común.

para atender causas [sociales] y no sólo consecuencias del fenómeno delictivo". Dos meses después, el 12 de febrero de 2013, anunció un programa de prevención del delito de 118,000 millones de pesos que invertiría en programas sociales (creación de empleos y mejora de asistencia social y de salud), y que iba dirigido a las ciudades y los barrios más violentos de la ciudad. "Debemos de poner un énfasis especial en la prevención", dijo el presidente, "porque no podemos seguir empleando armas más sofisticadas, mejor equipo, más policía o mayor presencia de las fuerzas armadas en el país como la única forma de combatir al crimen".

Los medios y negocios estadounidenses reprodujeron la nueva intención en la economía. Se habló mucho del despertar del Tigre Azteca, cuyo crecimiento explosivo del PIB sugería un gran salto adelante, como el alcanzado por los Tigres Asiáticos como Corea del Sur y Taiwán. Los reportajes extranjeros sobre México se animaron, con grandes como Thomas Friedman, del *New York Times*, resaltando el potencial de la nación en vez de sus problemas. En una carta de San Valentín del 23 de febrero de 2013, "How Mexico Got Back in the Game" ("Cómo México volvió al juego"), Friedman nos confió que: "En la India, la gente te pregunta de China, y en China, la gente te pregunta de India: ¿Qué país se volverá la potencia económica más dominante en el siglo XXI? Ahora tengo la respuesta: México". Era cierto que "los cárteles, los gremios criminales, la corrupción gubernamental y la débil legalidad" seguían "tambaleando a la nación", al igual que los asfixiantes monopolios en el sector energético, en telecomunicaciones y en los medios, y un débil sistema educativo básico. Pero "algo pasó aquí", observó, reportando desde Monterrey: "Es como si los mexicanos hubieran decidido subconscientemente que la violencia relacionada con las drogas es un mal con el que tienen que vivir y al que tienen que combatir, pero ya no es algo que los defina". Pidió mayor atención a las empresas tecnológicas emergentes del país, a sus múltiples tratados de libre comercio, sus hallazgos de gas natural barato, y especialmente el hecho de que México, dados los crecientes costos salariales en China, estaba "recuperando el mercado que había pasado a manos de Asia y atrayendo más inversión global que nunca en bienes automotores, aeroespaciales y domésticos".

Otros se unieron al coro. Un artículo de *Foreign Affairs* firmado por Shannon O'Neill, ("México lo logra"), anunció que "el México moderno es un país de clase media", y citaba un estimado del Banco Mundial de que el noventa y cinco por ciento de la población estaba en la clase media o alta. El *Financial Times* dijo que los logros del gobierno de Peña Nieto opacarían el atractivo de la "izquierda latina". Y los empresarios añadieron sus dos centavos: Larry Fink, cabeza de BlackRock, Inc., la compañía de gestión de activos más grande del mundo (4.5 billones de dólares), llamó a México una "increíble historia de crecimiento".

El Gobierno de EUA respaldó la plática optimista. En mayo de 2013, el presidente Obama hizo una visita de alto perfil a la Ciudad de México. En un discurso en el Museo Nacional de Antropología, reconoció que "hay mexicanos a lo largo y ancho de este país que están haciendo valientes sacrificios por la seguridad de su país". Pero enfatizó que el mundo también estaba viendo a "un México que está creando prosperidad nueva: comerciando con el mundo". Convirtiéndose en una potencia manufacturera —de Tijuana a Monterrey a Guadalajara y a lo largo del altiplano central—, un líder global en automóviles y electrodomésticos y electrónica.

"Yo veo un México", continuó Obama, "que ha sacado a millones de personas de la pobreza. Gracias a los sacrificios de generaciones, la mayoría de los mexicanos ahora se llaman clasemedieros, con una calidad de vida que sus padres y abuelos sólo podían soñar". E insistió en que "la relación entre nuestras naciones debe definirse no por las amenazas que enfrentamos, sino por la prosperidad y las oportunidades que podemos crear juntos".

El corresponsal veterano de *Time*, Tim Padgett, fue uno de los pocos a los que no arrastró la exuberancia irracional. En un artículo de marzo de 2013 titulado "Mexico's New Boom: Why the World Should Tone Down de Hype" ("El nuevo *boom* de México: Por qué el mundo debería disminuir la emoción"), expresó sus reservas sobre el "propagandismo arrogante" y que los "titulares ensangrentados dieran paso de improviso a banderas rosas", y les recordó a los lectores del "derramamiento de sangre de las mafias" vigente en México, la vasta "desigualdad social", el "sistema judicial corrupto e incompetente", los "monopolios desvergonzados" y los enormes niveles de pobreza.

Padgett fue un vidente. La economía mexicana se hundió bastante durante el resto del primer año de Peña Nieto, con un crecimiento de tan sólo 1.1 por ciento, muy por debajo del promedio regional; la arrastraron al fondo la recesión estadounidense todavía en marcha y la preocupación de los inversionistas acerca del crimen. La crema y nata que había flotaron a la superficie: la cantidad de billonarios mexicanos aumentó veintitrés por ciento entre 2013 y 2014, y el decil más alto cosechó el cuarenta y dos por ciento de todo el ingreso. Muchas familias de clase media vieron sus ingresos estancarse o incluso encogerse. Y un informe publicado por el Consejo Nacional de Evaluación de la Política de Desarrollo Social (Coneval) vació un balde de agua fría sobre la noción del "país de clase media" al mostrar que aproximadamente cincuenta y tres millones de mexicanos vivían en condiciones de pobreza —cerca del cuarenta y cinco por ciento de la población— y que el número se había mantenido bastante constante durante dos décadas, lo que arruinaba el argumento de que el TLCAN había elevado a todos los barcos.

Un poco de la enorme discrepancia en la pobreza observada se debía a los diferentes sistemas de medición. El Coneval usó un acercamiento multidimensional que no sólo consideraba el ingreso, sino también el acceso a la educación, a servicios de salubridad, seguridad social, servicios básicos y comida. La parte basada en el ingreso, si se la tomaba por separado, marcaba la línea de pobreza (en 2012) como 2,329 pesos (177 dólares) al mes en ciudades y 1,490 pesos (113 dólares) en zonas rurales, y la "pobreza extrema" como aproximadamente la mitad de esas cantidades.

El análisis de Wilson y Silva del informe de 2013 del Coneval señala que mientras que la clase media sí había estado creciendo, también lo había hecho la cantidad de mexicanos pobres. Les pareció "bastante inquietante" que dada la estabilidad y el continuo crecimiento de la macroeconomía de México, "la pobreza medida por ingreso aumentara en años recientes", y propusieron una variedad de explicaciones posibles, como el hecho de que 71.8 millones de mexicanos no tienen seguridad social, en gran parte porque trabajan en el "sector industrial" (que incluye a los trabajadores de la industria de las drogas). Eso, a su vez, se debía a que no había suficientes empleos en el "sector formal", lo que a su vez era provocado porque el crecimiento económico era insuficiente.

Pero México era el único país de Latinoamérica en el que la pobreza había crecido en años recientes. Bolivia, Brasil, Chile y Colombia habían usado su crecimiento económico para reducir el nivel de pobreza en más de treinta por ciento en años recientes; ¿por qué México no?

Tal vez el crecimiento simultáneo de *Progreso y Miseria* —como Henry George tituló su *Indagaci*ón acerca de la causa de las crisis económicas y del aumento de la pobreza con el aumento de la riqueza (1879)— podría rastrearse en parte a la elección de ciertas políticas neoliberales específicas que hizo México. Thomas Friedman señaló que el crecimiento manufacturero de México —es decir, el renacer de las maquiladoras— se debía en gran parte a que crecieron los sueldos en China. Pero no preguntó por qué los sueldos mexicanos no habían subido también. El estancamiento, sugiere Paul Imison, está en parte relacionado con la "reforma laboral" de

2012, que los legisladores del PAN y del PRI aprobaron al final del sexenio de Calderón. Destruyó eficazmente la ley laboral mexicana de 1970, y les dio a los empleadores más armas contra los trabajadores, sobre todo aumentó su libertad para despedir. Los sindicatos corruptos, partidarios del PRI desde antaño, tampoco ayudaron. Ni un salario mínimo de sesenta y siete pesos al día (menos de cinco dólares). Ni la ausencia de seguro de desempleo ni tener sólo al treinta por ciento de la fuerza de trabajo cubierta por la seguridad social. Como resultado, los salarios promedio en la manufactura eran, en 2012, sólo el dieciocho por ciento de los estadounidenses. Y la industria automotriz pagaba infamemente poco. Que es la razón por la que casi el sesenta por ciento de los trabajadores ha optado por la economía informal. Así que, tal vez, a pesar de Friedman, dar menores salarios que China no era algo que presumir.

***

En cuanto al crimen, los primeros dos años de Peña Nieto fueron extremadamente ambiguos.

Irónicamente, lo que mejor hizo su gobierno fue la única cosa en la que había jurado que no se iba a concentrar: atrapar capos. En julio de 2013, marinos mexicanos arrestaron a Miguel "Z-40" Treviño Morales —el zeta número uno— sin disparar una bala. Las autoridades estadounidenses habían transmitido información de que Treviño Morales, famoso por quemar vivas a sus víctimas, había estado haciendo visitas frecuentes al área fronteriza de Nuevo Laredo, para ver a su recién nacido. Puntualmente alertados, los marinos lo buscaron desde un helicóptero Black Hawk, encontraron a Z-40 conduciendo un camión, aterrizaron y lo aprehendieron. En febrero de 2014, el opuesto de Treviño, el Chapo Guzmán —el sinaloense número uno— fue rastreado usando datos de la DEA y arrestado mientras vacacionaba en un condominio playero de

Mazatlán; de nuevo, sin soltar un tiro.[44] En marzo de 2014 vino el violento fin del Más Loco, cabeza de los Caballeros Templarios, en Michoacán. En octubre de 2014, Héctor Beltrán Leyva, el hombre principal del cártel que portaba su apellido, fue capturado (de nuevo, sin disparos), mientras cenaba tacos de pescado en una marisquería en San Miguel de Allende, cerca de la ciudad de Querétaro, donde había estado viviendo en plena vista, haciéndose pasar por un empresario moderadamente acaudalado que se aventuraba en el mercado de bienes raíces y en el de arte. Y un poco más de una semana después, Vicente "el Viceroy" Carrillo Fuentes, cabeza del encogido Cártel de Juárez, fue pescado, de nuevo, en un operativo sin sangre. Estos triunfos de primera línea vinieron acompañados por una serie de arrestos de segunda.

El impacto de todos estos arrestos es poco claro. El temor a que el principio de la hidra vaya a intervenir no se ha confirmado, aunque el país sigue turbio de combates entre fragmentos de antiguos cárteles, notoriamente las batallas entre grupos criminales operando en Guerrero y Michoacán —como Guerreros Unidos y los Rojos—. El cártel bien construido de Guzmán, el más empresarial del montón, parecía estar administrando una transición en el poder, en la que el viejo socio del Chapo, Ismael "el Mayo" Zambada, lograba quedarse con miles de millones del movimiento de drogas, con la protección que le brindaban funcionarios políticos bien engrasados y empresarios corruptos, al parecer, intacta. En particular, su Cártel de Sinaloa todavía controla casi toda la plaza de Ciudad Juárez, aunque los resabios de la organización de tráfico de drogas de Carrillo Fuentes, sobre todo sus bandas ejecutoras, la Línea y Barrio Azteca, están amenazando ese dominio, con un poco de ayuda de sus nuevos amigos, los Zetas. (Si la Línea y Barrio

---

[44] El Chapo volvió a escapar con una estrategia a lo Sicilia Falcón, por un túnel y la protección de su corruptela, pero han vuelto a atraparlo.

Azteca se enemistaran, por supuesto, Ciudad Juárez se convertiría de nuevo en campo de batalla).

Los reportes más ominosos fueron de una narcocumbre en junio de 2014 en la ciudad fronteriza de Piedras Negras, entre cuatro de los cárteles principales —algo parecido a una junta de la *Liga de Super-villanos* de D.C. Comics—, en la que el Cártel de Jalisco Nueva Generación, el Cártel de Carrillo Fuentes (Juárez), el Cártel de los Beltrán Leyva y los Zetas exploraron la posibilidad de crear una alianza que reconfiguraría el mapa del narcotráfico en México. Una trifulca entre sinaloenses y supervillanos sería un cataclismo.

***

Sin importar el resultado a largo plazo del éxito de Peña Nieto al decapitar cárteles, en el corto plazo no le pusieron laureles, pues otros tipos de crimen habían explotado por todo México, y se levantaron dudas sobre su capacidad para lidiar con ellos. El presidente pudo haber señalado (y lo hizo) que el número de homicidios en 2013, su primer año en funciones, había disminuido modestamente desde el año anterior, el último de Calderón. Los estimados de los muertos durante su período van de 18,388 a 22,732 (entre ocho por ciento y trece por ciento menos que en el conteo de 2012), aunque el número no tomaba en cuenta a los miles de desaparecidos.[45] Pero en ese período de doce meses, México se había convertido en capital mundial del secuestro, con más de 1,698 abducciones reportadas en 2013, un aumento del veinte por ciento sobre 2012, y el peor año en la historia. La pesadilla aumentaba con los estimados de los expertos, que calculaban que más del ochenta por ciento o noventa por ciento de los secuestros se quedaban sin reportar,

---

[45] Mientras que habían desaparecido 12,930 durante el sexenio de Calderón, un promedio de 5.9 al día, el cómputo de Peña Nieto iba en 9,384 en octubre de 2014, un promedio de 13.4 cada veinticuatro horas.

pues los familiares temían poner en peligro a las víctimas —o a sí mismos— al acudir a la policía, que bien podía estar en contubernio con los perpetradores. Las víctimas no sólo eran plutócratas —de hecho, los ricos podían pagarse seguridad de alto calibre—, sino también tenderos, médicos, carpinteros y taxistas, gente trabajadora ordinaria. Los perpetradores, cada vez más jóvenes, quedaban satisfechos con los rescates más bajos por unidad, que compensaban con un mayor volumen. 2013 también había sido un año particularmente malo para los medios, el más violento desde 2007: por lo menos diez periodistas habían muerto, y según la organización Artículo 19, se habían hecho 330 ataques no letales contra la prensa, de los cuales el sesenta por ciento se atribuían a las autoridades.

El miedo también estaba a la alza. La Encuesta de Victimización del Instituto Nacional de Estadística y Geografía descubrió que la gente se había sentido más insegura en 2013 que en cualquier año anterior. El Departamento de Estado de Estados Unidos, para consternación de los funcionarios mexicanos, creía que el miedo era una respuesta racional a la realidad. Su Alerta de Viaje de 2014 les advirtió a los lectores que se habían reportado setenta y un ciudadanos estadounidenses asesinados en México en 2012 y ochenta y uno en 2013. Los viajeros también habían sido víctimas de robo de auto, asalto en carretera y secuestro; se habían reportado casi setenta de los últimos entre enero y junio de 2014. Se les prohibió a los empleados gubernamentales de EUA viajar en coche por asuntos extraoficiales desde la frontera México-EUA hacia o desde el interior de México o Centroamérica, como sucedía desde julio de 2010.

Las fuerzas del orden mexicanas, mientras tanto, habían sufrido algunos ojos morados. Una coalición de grupos de derechos humanos había levantado una queja ante la oficina del fiscal de la Corte Penal Internacional, pidiéndole que investigara las "violaciones masivas y sistemáticas de derechos humanos" de miles de civiles por parte del ejército y la policía en su lucha contra el crimen organizado. La policía federal había recibido un diluvio de acusaciones generalizadas por abuso y corrupción, sobre todo por extorsionar a migrantes en tránsito por México.

Entonces, el 30 de junio de 2014, en Tlatlaya, un pueblo en el Estado de México, un escuadrón de ocho soldados en su ronda nocturna encontró a un grupo de veintidós miembros de una banda en una bodega abandonada, junto con dos gánsters rivales atados y cuatro mujeres (una quinceañera fugitiva; su madre, maestra, que había venido por ella, y dos chicas amarradas que los miembros de la banda habían agarrado en la calle). Los militares les gritaron que salieran; contestaron con balas e hirieron levemente a un soldado; el ejército disparó de vuelta y mataron e hirieron a unos cuantos, y tras este corto intercambio los miembros de la banda se rindieron y fueron desarmados. Los soldados dijeron: "Estos perros no merecen vivir", y los ejecutaron, uno tras otro, mientras gritaban: "¿No que muchos huevos, hijos de su puta madre?". También terminaron con la fugitiva, que había salido herida en el fuego cruzado, aunque perdonaron a su madre y a las dos mujeres restantes. Luego movieron los cuerpos, les pusieron armas en las manos y reacomodaron la escena del crimen para aparentar que habían muerto mientras les disparaban a los soldados. El gobernador del Estado de México, su procurador general y el alto mando del ejército aceptaron rotundamente su historia. De hecho, la gente del procurador general torturó a las dos mujeres secuestradas para que apoyaran las mentiras. A la maestra, aunque liberada, también la aterrorizaron para que apoyara el encubrimiento.

La farsa se cayó cuando periodistas de Associated Press y *Esquire Latin America* visitaron el lugar y descubrieron muestras obvias de que la escena del crimen había sido modificada. Entonces rastrearon a la maestra, quien aceptó valientemente contar lo sucedido. Las dos chicas encarceladas también se desdijeron. Ahora las organizaciones internacionales de derechos humanos exigían una revisión, y Washington insistió en una investigación "creíble". Finalmente, Peña Nieto ordenó que se transfiriera el caso a las autoridades federales, quienes terminaron por acusar a tres de los soldados por homicidio extrajudicial, pero a ningún oficial; los funcionarios estatales tampoco han sido imputados por coerción de testigos. Human Rights Watch habló por muchos cuando dijo que la reacción de Peña Nieto había sido tan vacilante que "la imagen hoy del Gobierno federal... está por los suelos".[46]

~ La Gendarmería Nacional que tanto se había promovido llegó en agosto de 2014, y resultó ser una sombra de lo anticipado. La organización esperada de cuarenta mil hombres, independiente del ejército y de la policía federal, había sido reducida (por insistencia del ejército) a una subdivisión de cinco mil hombres de la policía federal. Su tropa no eran veteranos del ejército, como se pretendía originalmente, sino reclutas jóvenes, bien educados e intensamente inspeccionados que nunca habían servido en ninguna fuerza armada. Sin embargo, los había entrenado el ejército mexicano, y sus oficiales habían ido a la escuela con oficiales de policía de Colombia, Chile, España, Francia y Estados Unidos. Se creía que su falta de experiencia quedaría compensada por estar libres de corrupción, y, en vez de reemplazar a las unidades del ejército como las fuerzas del orden principales, las llevarían por aire a los puntos más difíciles (al estilo SWAT), donde el crimen organizado hubiera asfixiado los negocios locales o extranjeros.

---

[46] En enero de 2015 Human Rights Watch fue más allá y urgió al presidente Obama a dejarle claro a Peña Nieto "que si México no logra mostrar resultados significativos en el juzgamiento de delitos que constituyen violaciones de derechos humanos, su Gobierno ya no podrá certificar que se han cumplido los requisitos de derechos humanos de la Iniciativa Mérida". En octubre 2015, la administración accedió a su propuesta y retuvo cinco millones de dólares de la Iniciativa México, una cantidad insignificante, pero un bien delineado punto de partida, si nos atenemos a la práctica existente.

Pero la jugada más potente contra el crimen organizado vino de una fuente completamente inesperada —la misma ciudadanía— en un levantamiento que forzó al Gobierno federal a poner al frente lo que había esperado pasar de largo.

***

AUTODEFENSAS: LA SOCIEDAD CIVIL EN ARMAS

El 24 de febrero de 2013, la guerra contra las drogas comenzó a forzar su aparición en primera plana, con la erupción en la escena de un grupo de jugadores totalmente nuevo: ciudadanos hartos e indignados que, en vez de marchar y protestar y exigir protección estatal contra las depredaciones criminales, tomaron las armas y lanzaron su propia ofensiva contra uno de los cárteles más ruines.

Lo que llegó a conocerse como el movimiento de autodefensas, de hecho, había aparecido por primera vez dos años antes, muy alto en las montañas de Michoacán, en el pueblo de Cherán, donde los purépechas habían estado bajo el asedio de los Caballeros Templarios. Durante siglos habían mantenido su economía y cultura talando los bosques de roble colindantes, pero recientemente los taladores externos habían descendido como langostas, protegidos por gánsters armados de ametralladoras, y se habían llevado un setenta por ciento estimado de los árboles. Los Templarios también extendieron a Cherán el reinado del terror que impusieron en el resto del estado: violaciones, secuestros y asesinatos a voluntad. Las acusaciones ante funcionarios municipales y estatales resultaron inútiles, pues estaban (junto con la policía) al servicio del crimen organizado; de hecho, el cártel *era* el Gobierno en gran parte de la región. Cherán fue entonces como la aldea de las montañas en los *Los siete samuráis*, de Kurosawa —asediada por bandidos—, sólo que ningún samurái llegó al rescate, así que decidieron rescatarse solos.

El 15 de abril de 2011, los pueblerinos armados, mujeres y hombres de todas las edades, se levantaron y expulsaron a toda la fuerza policial del pueblo, junto con los representantes de los partidos políticos establecidos. Reviviendo una antigua tradición de patrullaje comunitario, que había sido duramente sancionada en la Constitución de 1917, convirtieron una institución pensada para mantener el orden interno en un arma para blandir contra una amenaza externa. Usaron rifles de asalto AR-15 para capturar a los taladores, pusieron barricadas en todas las entradas al pueblo, cerraron los caminos que llevaban a los aserraderos, mantuvieron vivos cientos de fogatas toda la noche mientras vigilaban que no hubiera Templarios invasores y establecieron exitosamente una zona libre de bandidos.

Unos dos años más tarde, el 24 de febrero de 2013, justo al inicio del sexenio de Peña Nieto, unas cuantas docenas de residentes de dos pueblos en el valle de Apatzingán, en la región baja de Tierra Caliente en Michoacán, decidieron resistirse a las exacciones de los Templarios formando una autodefensa. Pero al no estar compuestos de indígenas, carecían del beneficio de siquiera una excusa cuasi legal. El grupo de limoneros, rancheros y dueños de pequeños negocios comenzaron desde abajo: patrullaron las calles, bloquearon caminos y emboscaron a los Caballeros que recorrían la ciudad en camionetas negras; culminaron con una balacera atroz y victoriosa cerca de la plaza central. Durante los siguientes ocho meses otros pueblos siguieron el ejemplo —movilizaron a peones y obreros, doctores y taxistas— hasta que había varios miles de comunitarios, o milicianos, o justicieros, en el valle. Los financiaban las donaciones de los residentes y empresarios que preferían apoyar a justicieros que pagarle protección al cártel. Compraron armas en Estados Unidos y las contrabandearon al sur, otras las tomaron de los Templarios. Muchos de los campesinos habían aprendido a disparar en clubes de caza, otros ahora entrenaban con miembros que habían servido en el Ejército mexicano.

El movimiento de ciudadanos-combatientes se extendió por Michoacán y al vecino Guerrero, los justicieros les disparaban a los Caballeros para liberar rancherías, poblados y pueblos (aunque sólo donde ya se habían establecido autodefensas locales y pedido su ayuda).

La rápida expansión de milicias ciudadanas sorprendió a muchos, y no menos al Gobierno federal. La primera reacción del gobierno de Peña Nieto fue tildarlos de criminales. Sus filas, declararon, acogían a miembros del rival de los Caballeros en el siguiente estado al norte de Michoacán, el Cártel de Jalisco Nueva Generación (CJNG). Sus armas, temían, probablemente las habían obtenido de proveedores criminales. Los funcionarios en la capital recordaron que la Familia Michoacana había empezado por prometer ser prociudadanos, pero rápidamente evolucionó hasta convertirse en sanguijuela, y los activistas de Human Rights Watch recordaron que los paramilitares colombianos también se habían transformado en monstruos de Frankenstein. Desde una perspectiva más abstracta, algunos argumentaron que el movimiento de justicieros era una amenaza al monopolio del Estado sobre el uso de la fuerza. Como lo puso un líder del congreso: "Un Estado que permite que sus ciudadanos se armen para hacerse justicia por su propia mano es un Estado fallido".

Desde la perspectiva de la campiña michoacana plagada de Templarios, debió haber parecido risible que el Gobierno pensara que tenía el monopolio de la violencia. Una explicación más simple de la ansiedad del Estado, sugirió uno de los fundadores de las autodefensas, era que "el Gobierno jamás va a reconocer que nosotros sí pudimos hacer un trabajo que ellos nunca quisieron hacer". Y mientras que las milicias admitían que sin duda había algunas manzanas podridas en su costal —el movimiento se estaba expandiendo con tal velocidad que era difícil asegurar el control de calidad— negaron que hubiera presencia seria de cartelistas, aparte de peces flacos que habían cambiado de bando al ver de qué lado soplaba el viento.

Además, como observó otro líder: "Los grandes héroes que nos dieron patria precisamente no eran las mejores personas". De todos modos, en marzo de 2013, entraron las tropas federales. Arrestaron a montones de autodefensas e incautaron sus armas, sólo para descubrir rápidamente la profundidad del apoyo que tenían entre la población. En una instancia en la que se hicieron arrestos, cientos de milicianos aparecieron y detuvieron a los soldados hasta que soltaron a sus compañeros. Peña Nieto se mantuvo firme y declaró que "hacer justicia por propia mano es una actividad que está fuera de la legalidad y que el Gobierno habrá de combatir".

En mayo de 2013, abandonando su meta de desmilitarizar el conflicto, Peña Nieto envió seis mil tropas y policías federales más. Pero en el terreno, el ejército, que se había dado cuenta de que habría una resistencia vigorosa contra el desmantelamiento de los comunitarios, optó por una alianza *de facto* con ellos, y de hecho les cubría las espaldas mientras liberaban pueblos nuevos. Para octubre de 2013, la milicia había roto por completo el control del cártel sobre varios municipios. "Muchos de los delincuentes han huido de la ciudad desde que llegamos", explicó uno de los líderes. "Hemos logrado en las últimas semanas lo que la policía y los soldados no pudieron hacer en años. No tenemos miedo de los cárteles", dijo otro, blandiendo su arma. "Ellos tienen armas, pero nosotros también tenemos. Y somos muchos."

Para enero de 2014, los justicieros se estaban preparando para sitiar Apatzingán, la ciudad de 120,000 habitantes que era el bastión de los Caballeros, y donde estaban decididos a matar al dragón en su madriguera. Temiendo un baño de sangre, Peña Nieto desplegó miles de tropas y policías federales más. Pero también optó por una iniciativa más atrevida. Tras decidir tratar a Michoacán como un estado en bancarrota, si no es que fallido, el presidente envió a un síndico para tomar el control. Nombró a Alfredo Castillo, su exprocurador general en el Estado de México, "Comisionado para la Seguridad y el

Desarrollo Integral". Un puesto de legalidad dudosa, no existía en ningún otro estado mexicano y portaba reminiscencias del antiguo estatus imperial de virrey. Castillo, de 38 años, sacó a empujones al gobernador de Michoacán, Fausto Vallejo, quien parecía impotente para detener la violencia en aumento; trajo a varias docenas de funcionarios federales más para tomar el control de la policía estatal, la procuraduría y otras agencias estratégicas, y confeccionó un marco legal *ad hoc* para legitimar el proceso.[47]

Castillo también hizo un acuerdo con los líderes de la milicia. Les ofreció reconocimiento *de facto*, con la opción de unirse a alguna de las policías municipales resucitadas —con uniformes y salario— o servir temporalmente en un "cuerpo de defensa rural" bajo control del ejército.[48] De ahí el nuevo *dictum*

---

[47] Dos meses antes se había desplegado un antecesor de esta estrategia de toma de control, cuando el 4 de noviembre de 2013 el Gobierno anunció que la marina, el ejército y la policía federal iban a tomar el control de la seguridad en Lázaro Cárdenas, reemplazando a la policía local (a la que desarmaron y sacaron de combate) y a los funcionarios aduanales. La ciudad portuaria se había expandido enormemente desde que la habían abierto a los barcos de contenedores una década atrás, y su puerto era suficientemente profundo para competir con Los Ángeles, por administrar los bienes asiáticos con destino al mercado estadounidense. Pero eso requeriría romper a los Caballeros, que en ese punto estaban rascando un estimado de dos mil millones de dólares anuales a sus operaciones. Meses después, en mayo de 2014, el alcalde de la ciudad fue arrestado bajo sospecha de vínculos con traficantes, secuestradores y extorsionadores. Al día siguiente, las autoridades mexicanas incautaron un barco que cargaba sesenta y ocho toneladas de mineral de hierro ilegal, lo que sumaba un total de más de doscientas toneladas incautadas desde el inicio de 2014, la mayoría de ellas con destino a China.

[48] Los cuerpos de defensa rural originalmente eran milicias formadas para controlar el bandidaje en el siglo xix y habían cumplido la función de defender las comunidades campesinas cooperativas tras la Revolución, pero hacía mucho que habían desaparecido. La estructura resucitada de Castillo requeriría que los líderes de los justicieros le entregaran una lista de miembros

de Peña Nieto: "Aquellos que quieran participar, que tengan vocación para participar en materia de seguridad, como es lo que en principio las autodefensas han definido, se haga por el cauce institucional, que se haga a través de lo que la ley establece".

El Gobierno también anunció un presupuesto de 3.4 mil millones de dólares para Michoacán, dirigido a la construcción de obras y vivienda públicas, mejorar la educación y financiar el desarrollo social (aunque resultó que la mayoría de estos programas ya estaban en proceso).

Con esta *detente* floreció un nuevo nivel de cooperación entre las milicias y fuerzas federales. En enero de 2014 comenzaron a ocupar conjuntamente pueblos nuevos, y en febrero marcharon sobre Apatzingán. Cientos de soldados y policías patrullaban las calles de la ciudad, mientras que pistoleros de la milicia guarnecían puestos de control en las afueras. Un flujo de inteligencia proveniente de los lugareños liberados llevó al arresto de varios socios importantes de los Templarios. Uno de ellos era el alcalde de la ciudad —en realidad, el jefe de la plaza local—, que de pura casualidad también era sobrino del difunto Nazario Moreno, el "Más Loco".

Entonces, el 9 de marzo, resultó que Moreno siempre no estaba difunto. Los michoacanos habían estado diciendo que seguía entre los vivos desde el reporte de su muerte en 2010, a pesar de los santuarios que los Templarios le erigían a "San Nazario", que los autodefensas se complacieron en hacer pedazos al entrar en cada pueblo. "Siempre supimos que su muerte era una farsa, porque la gente lo veía por ahí", dijo un líder justiciero, y añadió que el capo aparecía frecuentemente en fiestas y peleas de gallos. Pero cuando los locales habían ofrecido llevar a las tropas a su puerta, trataban su insistencia, con condescendencia, como una instancia interesante del poder

---

al ejército y registraran sus armas. Una razón por la que el enlistamiento se demoró era que portar uniforme era una manera infalible de atraer la atención de los Templarios.

del mito. Cuando el ejército por fin los escuchó, rastrearon y mataron a Moreno: a su Segunda Venida le siguió rápidamente su Segunda Partida.[49]

Para fines de marzo, los marinos también habían matado a Enrique Plancarte, uno de los subordinados más importantes de Moreno, y tenían al otro, "la Tuta" Gómez Martínez, en fuga. Tan sólo unas semanas más tarde, el Gobierno federal dio otro paso valiente al arrestar a Jesús Reyna, el secretario de gobernación de Michoacán, el segundo en la línea tras el gobernador Fausto Vallejo, bajo el cargo de trabajar con los Caballeros Templarios. El gobernador renunció días después de que "la Tuta", fugitivo, publicara una fotografía de sí mismo platicando amablemente con su hijo, una imagen que llevó al arresto del hijo y al retiro del padre. "Estamos muy contentos de que el Gobierno por fin esté haciendo su trabajo", dijo un líder justiciero. "Nos estamos coordinando cada vez más con el Gobierno, para limpiar a Michoacán de delincuentes", dijo otro.

El optimismo resultó ser prematuro. Castillo y Peña Nieto, que nunca habían estado contentos con su boda de Kalashnikovs con justicieros, ahora querían el divorcio. Tal vez porque creían que tenían en fuga a los Caballeros, la fuerza de choque del Gobierno creía que estaban "llegando a un punto en el que ya no los necesitamos". Les preocupaba que los autodefensas, que no habían sido elegidos y portaban armas, se salieran de control (o incluso pasaran al lado oscuro); la conversión de las autodefensas colombianas en escuadrones paramilitares era un relato de advertencia. Les inquietaba que los comunitarios no compartieran sus metas más amplias en la guerra contra las drogas y que se negaran a perseguir a traficantes y productores. "No vamos a buscar laboratorios porque

---

[49] Esta vez, después de que soldados y marinos lo mataran a tiros, 150 guardias armados vigilaron la autopsia de Nazario Moreno en un hospital de Apatzingán, para asegurarse de que sus seguidores no se apropiaran del cuerpo.

ésa no es nuestra responsabilidad", dijo un vocero. Su ambición era más modesta: "Nosotros no queremos que haya secuestros, desapariciones, extorsiones". Su reticencia no debió haber sorprendido a nadie, dado que casi el treinta y cinco por ciento de los empleados de Michoacán estaban trabajando en la economía "informal".

Sin embargo, a principios de abril, Castillo les ordenó a las milicias que se desarmaran y desmovilizaran o se atuvieran a un arresto, y sus fuerzas empezaron a apuntar hacia la dirigencia. Sólo unos días tras la muerte del Más Loco, las autoridades arrestaron a uno de los primeros líderes de la milicia, Hipólito Mora; lo acusaban de estar involucrado en el homicidio de un justiciero rival (cualquiera que sea la historia real, las rivalidades añejas sí se trasladaban a veces hasta la dirigencia). El arresto de Mora y de otros que siguieron (muy pronto hubo más de cien comunitarios encerrados en prisiones estatales y federales) fue visto como traición y amargó profundamente a muchos autodefensas. Algunas milicias se rehusaron a disolverse y entregar sus armas. Sí, dijeron, habían liberado unos treinta pueblos, pero querían terminar el trabajo limpiando todos los municipios de Michoacán, capturar o matar a la Tuta y quizás incluso acudir al auxilio de Acapulco, plagado de violencia.[50] En junio de 2014, policías y soldados arrestaron a uno de los más testarudos de los líderes justicieros, el doctor José Mireles, y encerraron a más de setenta de sus seguidores por portar armas ilegales.

---

[50] En 2014, Acapulco ganó el baldón de ser la tercera ciudad más violenta del mundo, con 104 homicidios por cada cien mil habitantes. Retuvo su título en 2015, año en el que las cincuenta más violentas ciudades del mundo estaban en México. Las diez primeras, Acapulco (3ª), Culiacán (24), Ciudad Juárez (27), Ciudad Obregón (31), Nuevo Laredo (34), Victoria (41), Chihuahua (43), Tijuana (45), Torreón (48), Cuernavaca (51). Fuente: http://www.businessinsider.com/the-50-most-violent-cities-in-the-world-2015-1.

Puede que la abrupta finalización por parte del Estado de una alianza que había desmantelado en parte a una de las organizaciones criminales más poderosas del país y retirado a muchos de sus protectores políticos de sus funciones públicas haya sido comprensible —no había base legal para tal colaboración—, pero quizás fue tácticamente prematura.[51] Con el movimiento miliciano en desorden, la tasa de criminalidad se disparó de nuevo, según las cifras del propio Gobierno, con homicidio y extorsión a la cabeza. Cientos, quizás miles de pistoleros Templarios seguían libres en Michoacán, entre ellos "la Tuta", a pesar del anuncio de Castillo, en marzo de 2014, de que estaba "acorralado" y "acotado". En septiembre de 2014, la Tuta, todavía libre, ofreció su propia evaluación de la situación en una epístola a la ciudadanía. "Ahorita", admitía el Profe, "el cártel templario no esta en su mejor momento" —todas sus estratagemas ya inoperantes, porque la Tuta fue capturado en febrero del 15, los expertos analistas dudan que su caída tendrá algún impacto en la criminalidad en Michoacán.

Hemos tenido vajas muy dolorosas y sin embargo seguimos de pie y dandole la frente al enemigo, se nos metieron y lo aceptamos, con engaños lograron entrar y confundir a la gente sin embargo la gente michoacana no es pendeja como creian los de jalisco y ya habrieron los ojos! Ahora nos toca a nosotros volver a poner en orden todo michoacan, sabemos que sera dificil mas no imposible, da coraje ver el sufrimiento de los nuestros por eso nos partiremos el corazon y la frente por la gente michoacana

---

[51] Y también fue dura. A Mireles lo trataron peor que a algunos de los capos capturados: le vendaron los ojos, lo encapucharon, lo esposaron, le negaron las llamadas telefónicas, le negaron conferencias con su abogado, le negaron su insulina, le raparon por completo la cabeza y la cara, lo llevaron vendado en helicóptero en un vuelo de cinco horas y lo encarcelaron en una prisión sonorense, alejada cinco mil kilómetros de su equipo de apoyo y defensa. Esto desató extensas protestas de derechos humanos.

no olvidamos y menos perdonamos la traicion se paga con la muerte y muchos firmaron su condena y no trendan perdon. Ya volvimos con mas fuerza a michoacan y para muestra los putasos q les dimos en la A a los putos rurales!! Seguimos en muchos pueblos y les recordamos q no nos an sacado y no nos iremos de michoacan seguimos apoyando y recibiendo apoyo tenemos buenos pactos y apoyo de primera!

El profe por su lado es un viejo sabio, el nunca dejara al pueblo michoacano Damos la vida por cualquiera de ustedes Nos an dado la espalda por confuciones, mas lo entendemos Somos humanos y cometemos errores y ustedes son lo mas importante para nosotros. Nunca dejamos que nuestros jovenes consumieran el mugroso cristal, ahora con estos lacras se esta envenenado a nuestra juventud, poco a poco volvera todo a la paz y ya lo veran.[52]

---

[52] Uno se pregunta si este llamado en particular fue en parte resultado del consejo de relaciones públicas que recibió en 2013 de dos reporteros, uno de ellos el corresponsal de Televisa en Michoacán, a quien la Tuta había convocado para una consulta (la conversación fue filmada en secreto y entregada a los medios en septiembre de 2014). La Tuta —picado por toda la buena prensa que les llovía a las autodefensas por parte de la población local y la prensa nacional e internacional— les preguntó a los periodistas cómo podía mejorar su imagen pública. Le aconsejaron una mejor estrategia mediática y le hicieron varias sugerencia específicas, incluyendo una entrevista televisada que podían (y lo hicieron) arreglar con Fox News. La cámara también lo captó dándoles grandes fajos de efectivo. Al revelarse la cinta, despidieron inmediatamente a los periodistas. Tal vez la epístola de la Tuta era parte de esta nueva estrategia de medios, aunque la estrategia real fue su habilidad para conseguir que pesos pesados de la política y los medios le ofrecieran reflexiones autoincriminatorias, lo que le dio a la Tuta una palanca —amenazar con revelar las cintas— para usar contra aquéllos cuyas carreras no había arruinado todavía. A pesar de estas estratagemas, la Tuta fue capturado en febrero del 2015. Su caída fue elogiada por los expertos, pero dudaron de que fuera a tener ningún impacto en el índice de criminalidad de Michoacán.

Pero para entonces la atención del gobierno central había virado hacia Tamaulipas. En abril de 2014, las luchas entre facciones estallaron en el Cártel del Golfo y los Zetas aprovecharon la ocasión para amenazar el dominio de su rival sobre plazas específicas. Con la tregua en trizas, los tiroteos dejaron más de cien muertos en semanas. Miles marcharon en Ciudad Victoria y Tampico, vestidos de blanco, exigiendo la protección del Gobierno.

Al mismo tiempo creció un movimiento de autodefensas —esperanzadora o alarmantemente, dependiendo de la perspectiva de cada quien—, lo que puso más presión para que el Estado federal actuara. Su semillero fue el pueblo rural de Hidalgo, al que había barrido, como a gran parte de Tamaulipas y de hecho gran parte del país, una ola de extorsión y secuestro durante el primer año de Peña Nieto. Una milicia local, la Columna Pedro Méndez, nombrada así por un general local que había combatido a los franceses en la década de 1860, atrajo a cientos de hombres armados, estableció un toque de queda, instaló un perímetro de costales de arena, desarrolló una red de comunicación por redes sociales y ejecutó a varios zetas. "A los criminales se les somete a sangre y fuego", declararon, y lanzaron un llamado a una "lucha permanente y en sostenido combate contra secuestradores". Los Zetas no podían penetrar en el pueblo, pero en mayo de 2014 mataron y quemaron a nueve personas en un caserío exterior. También dejaron una nota que decía: "Al pueblo de Hidalgo que no tenga que ver con la Columna (Pedro J. Méndez), le informamos que se retire porque el monstruo ya se despertó. Ésta es la primera prueba. Atentamente Los Zetas".

Conscientes de que no eran rivales para los sicarios del cártel, la Columna Pedro Méndez, al igual que los manifestantes de blanco, esperaban ayuda externa, pero de la variedad colaborativa. "La inseguridad, la violencia, la criminalidad en la Nación", declararon, "se resuelve con militares honestos y un pueblo armado". Había otros que estaban en desacuerdo;

un manifestante en Ciudad Victoria dijo: "Creo que los grupos de autodefensa son peligrosos. Un zapatero hace zapatos. Un empresario hace empresas. Necesitas policías entrenados para combatir la delincuencia, no a cualquier tipo con una pistola". En mayo de 2014, Peña Nieto entró a Tamaulipas con las botas por delante. El secretario de Gobernación, Miguel Ángel Osorio Chong, llegó a Reynosa, la ciudad más grande del estado, para anunciar que, como en Michoacán, el Gobierno federal enviaría al ejército, la marina y la policía federal para restaurar el orden. En un esfuerzo por diferenciar esta iniciativa de la estrategia de Calderón, Chong enfatizó su intención de hacer transformaciones estructurales. Dividirían al estado sin ley de más de tres millones de residentes en cuatro regiones, cada una con un militar a cargo de brindar patrullas de seguridad las veinticuatro horas del día a centros urbanos y carreteras (que los cárteles habían controlado por años), junto con los puertos y aeropuertos. Desmantelarían cuarenta fuerzas policiales; establecerían un nuevo centro de entrenamiento para policías; purgarían la Procuraduría General. Tomaría por lo menos seis meses para que la estrategia diera resultados, dijo Chong, y de tres a cuatro años para que se reconstituyeran las fuerzas policiales municipales y estatales de Tamaulipas. No había señales de interés en trabajar con autodefensas; de hecho, puede que en parte hayan promulgado ese plan para evitar otro escenario michoacano.

***

EL FUTURO

Fue en esta coyuntura cuando Guerrero se convirtió en el centro incendiario de la atención nacional y global. En la espantosa noche del 26 de septiembre de 2014, desaparecieron 43 estudiantes de la Normal Rural de Ayotzinapa, secuestrados o asesinados —involucradas las autoridades y fuerzas policiacas municipales, estatales y federales, el ejército y el narco—. Esto disparó un tsunami de protestas —la desaparición en masa de los estudiantes de una normal rural provocó un volcán de furia internacional— y la emergencia de exigencias generalizadas de cambios fundamentales. Pero los clamores anteriores han llegado y se han ido, y el orden establecido ha resistido la tormenta; siempre es posible que las últimas marchas declinen hasta morir, que los medios pasen a algún horror nuevo, que la energía colectiva se disipe y que los prospectos de la llegada de una Primavera Azteca se esfumen. Cómo canalizar esta energía a transformaciones estructurales a largo plazo es la pregunta del día, y tendremos que ver qué destila el fermento que ahora bulle por todo el país. Desde nuestra perspectiva, una que fluye de los análisis históricos que hemos presentado, varias estrategias de brocha gorda podrían merecer la atención del público.

Creemos que no basta con exigir que se reestructure el sistema judicial del país, o que se elimine la corrupción del sistema político, o que se erijan barreras insuperables al lavado de dinero. Por valiosas e indispensables que sean estas metas, se las ha enarbolado sin fin y no se ha logrado alcanzarlas. ¿Por qué? En parte, por supuesto, porque la situación vigente tiene el apoyo de los poderosos —los políticos y la policía, los narcos y los empresarios— que se han beneficiado enormemente con el *status quo*. Lo que ha faltado es una movilización eficiente de los oponentes de este narcoorden, en particular de los millones de miembros de lo que entra bajo el, hay que admitirlo, amorfo término de "sociedad civil". Nos parece que un gran obstáculo a tal reunión —aparte de la naturaleza dispar y dividida de tan enorme grupo de personas— es la desconexión entre el Estado (la parte de él que todavía no se ha pasado al lado oscuro) y aquellos movimientos de masas que han emergido para desafiar la situación vigente (los autodefensas, los manifestantes de Sicilia, los estudiantes en protesta, los activistas de derechos humanos, las familias de los desaparecidos, los vastos números impulsados a la acción por la desaparición de los 43).

¿Y si el Estado federal ayudara a organizar estas fuerzas, en vez de reprimirlas o ignorarlas? Qué tal si se intentara encontrar la manera de empoderar a las organizaciones de base, tal vez siguiendo el ejemplo de la corta alianza entre fuerzas federales y autodefensas en Michoacán que, en un período de tiempo increíblemente corto, sacó del tablero a un cártel inmensamente poderoso, aunque es cierto que en un área delimitada. Tal vez se podría encontrar un *modus operandi,* uno que evitara los posibles peligros del milicianismo, que parecían tan grandes en la mente federal que abortaron todo el proyecto. ¿Tal vez podría desarrollarse alguna estrategia que combinara la toma federal de las operaciones estatales y locales corruptas (como en Michoacán, Tamaulipas y ahora en Iguala y otros municipios de Guerrero), con una movilización de acción ciudadana apoyada por el Estado? ¿Tal vez podrían encontrarse maneras de involucrar al público directamente para mitigar o erradicar la corrupción?

Qué tal si se resucitara la noción, sugerida con frecuencia, de establecer una Comisión de la Verdad. Su proyecto multifacético consistiría en coordinar y amplificar el trabajo de los grupos de derechos humanos existentes, y otras organizaciones de ciudadanos interesados (sobre todo los familiares de los desaparecidos), para realizar un conteo minucioso de los costos de la guerra contra las drogas, y de la Guerra sucia con la que estuvo entrelazada. La meta sería un develamiento total de las bajas. Para conseguirlo, entre otros habría que peinar el campo con tecnología apropiada y abrir fosas comunes, recolectar relatos de abducciones, refinar los datos gubernamentales existentes, establecer un registro nacional de desaparecidos, con información de ADN incluida, para poder cotejar a los muertos con los desaparecidos.[53]

---

[53] Para una muestra de cómo se podría acumular y presentar tal información, véase el refinamiento (hecho por el grupo DATA 4) de las cifras gubernamentales existentes de los desaparecidos durante los sexenios de Calderón y Peña Nieto hasta la fecha, en Merino *et al.* Y para una perspectiva de sociedad civil

El presidente Peña Nieto propuso algo así en el paquete de reformas que presentó el 27 de noviembre de 2014, cuando —sintiendo el calor de la indignación pública— propuso la creación de un Sistema Nacional de Búsqueda de Personas No Localizadas y de un Sistema Nacional de Información Genética. El problema es que tras tantas promesas rotas de este tipo por parte del Estado, la sociedad civil ya no tiene confianza en una más. Y lo que es más importante, una Comisión de la Verdad no debería ser una organización gubernamental, trabajando a puerta cerrada, sino una estructura totalmente transparente y basada en las masas, cuya forma de organización fuera un modelo para un nuevo orden político.

Lo mismo aplica a la propuesta de EPN de un Sistema Nacional Anticorrupción, y la sugerencia de nombrar a un procurador especial como zar anticorrupción. El problema, otra vez, es que al estar sujeta al procurador general y al presidente, tal figura sería muy fácil de capturar por el Ejecutivo, y por lo tanto carecería de credibilidad. Una agencia anticorrupción debería ser lo más autónoma posible, situada en el espacio entre el Estado y la sociedad civil, capaz de utilizar los recursos de ambos.[54] Pero, mientras que el Estado podría brindar financiamiento y comenzar procesos penales contra los maleantes acusados, ¿qué traería a la mesa la mayoría de la población?

***

sobre los estudios forenses, véase el trabajo de Gobernanza Forense Ciudadana (http://gobernanzaforense.org/).

[54] Un grupo de ochenta intelectuales y representantes de organizaciones que meditaron sobre el problema de corrupción en México objetaron la propuesta del procurador especial por ésta y otras razones. Véase, entre otros, el trabajo de Mauricio Merino y sus colegas en la Red por la Rendición de Cuentas: http://rendiciondecuentas.org.mx/somos-2/.

Para empezar, ojos y oídos; además, las memorias del abuso sufrido. Creemos que las redes sociales podrían tener un papel más importante, al hacer pesar el poder inherente a la sociedad civil. Consideremos el fenómeno de testigos de abusos de la policía o del ejército que sacaran sus celulares y publicaran imágenes y videos en varios sitios web. Consideremos la práctica de capturar con la cámara la conducta arrogante, y hacer que el video se vuelva "viral", que ya es una especie de deporte de espectáculo en México.[55] Consideremos el impacto del video filmado por un transeúnte, que mostraba a Eric Garner cayendo al suelo con el brazo de un oficial del Departamento de Policía de Nueva York al cuello, tras lo cual otros cuatro policías se apilaron encima y estrellaron su cabeza contra el suelo mientras jadeaba repetidamente: "No puedo respirar"; murió poco después. Ese video no sólo se volvió viral, también ayudó a galvanizar cientos de manifestaciones físicas de "No puedo respirar" por parte cientos de miles en ciudades a lo largo de Estados Unidos y el extranjero. Es precisamente esta capacidad de los nuevos medios para alertar a los vastos números de ciudadanos lo que brinda nuevas oportunidades para la intervención ciudadana, pero sólo si está organizada para trascender su calidad de tiros dispersos.[56]

Tal vez sería posible desarrollar un sistema para recibir testimonios de abusos en proceso. Peña Nieto ha propuesto

---

[55] Al respecto, véase los tuits reunidos en este artículo de *Gatopardo*, algunos indignantes, otros hilarantes: http://www.gatopardo.com/detalleBlog.php?id=359.

[56] Entre las *apps* de activistas que capturan y difunden los abusos policiacos, está Cop Watch, de iPhone, que empieza por grabar y en el momento que uno toca la pantalla sube el video automáticamente a YouTube en cuanto se termina la grabación, haciendo casi imposible la confiscación del "pietaje". La New York Civil Liberties Union ha desarrollado Stop and Frisk Watch, una *app* que permite grabar y enviar el material a quien esté presente y enviarlo directo a un grupo de expertos (http://www.nyclu.org/app).

establecer un sistema de llamadas 911 a nivel nacional, pero el problema es: ¿quién contestará el teléfono? Los ciudadanos han demostrado (y con razón) estar renuentes a acudir a la policía local por ayuda, y la idea de que replegar las 1,800 fuerzas municipales a treinta y dos organizaciones estatales, para hacer, en teoría, más fácil su recorrido a los patrulleros, pasa por alto los peligros de la centralización, e ignora el historial realmente deprimente de las agencias estatales y federales.[57]

Las redes sociales, junto con cuerpos autónomos anticorrupción y antiabuso, podrían ayudar a evitar estos problemas. (Spoiler alert! Spoiler alert! Lo que sigue son algunas propuestas utópicas cándidamente expuestas, que habrá quien piense que son castillos en el aire, puro soñar despiertos o "¡yaquisieras!". Pero ya que las propuestas "responsables" y sesudas no han dado resultados, tal vez valga la pena sentarse un rato a pensar más allá.) La gente podría entregar anónimamente relatos de abuso o exigencias de extorsión, en vez de a la policía municipal o estatal, a un Centro de Quejas de Corrupción autónomo, o a un Centro de Abuso Policial, o quizás incluso a un Centro de Acción Ciudadana más amplio (su lema: *Quis custodiet ipsos custodes* [¿Quién vigilará a los vigilantes?]). Esta institución sería un cuerpo autónomo, encabezado por civiles dignos y elegidos de carácter irreprochable, con un personal de abogados *pro bono*, contadores y otros profesionistas, complementados por un ejército de estudiantes voluntarios (quizás movilizados por medio de un equivalente al Cuerpo de Paz: un Cuerpo Anticorrupción).

La organización podría tener tres divisiones. La primera ingresaría en una base de datos las acusaciones entrantes y cualquier evidencia que las apoyara. Cuando un número

---

[57] Tal vez los miembros de la reluciente gendarmería nacional y los graduados de las escuelas de policía financiadas por la Iniciativa Mérida podrían abrir un nuevo capítulo en las relaciones policía-civiles, pero México ha visto podrirse demasiados comienzos de cero como ése para garantizar que haya esperanza.

predeterminado de acusaciones similares se entregaran contra algún individuo u organización específicos —para salvaguardarse del chismorreo malicioso—, se iniciaría una investigación sobre la verdad o falsedad de los cargos acumulados. Eso sería jurisdicción de la segunda división, investigadores entrenados con derecho a *subpoena*, que actuarían como jurado de instrucción. Si se hallaran razones suficientes para un proceso penal, se entregaría una imputación ciudadana —de hecho, un caso prepreparado, con evidencia completa y listas de testigos dispuestos— al sistema penal. Ahora la tercera división se encargaría del seguimiento, rastrearía en las cortes el progreso (o la falta de él) del caso contra un perpetrador acusado, y de ser necesario movilizaría una respuesta popular por medio de las redes sociales. Si se hiciera con estilo, tal cobertura superaría a "crímenes reales" y a los "*realities*". Idealmente, a este cuerpo lo financiarían ciudadanos cívicos, que usarían las redes sociales para recaudar los recursos (*crowdfunding*). Éstos son sólo gestos hacia una solución. La mecánica y practicidad de tal estrategia tendrían que afinarlas los profesionales en el campo.[58] Podría diseñarse un procedimiento similar para lidiar con la corrupción de los

---

[58] Profesionales como la Red por la Rendición de Cuentas; el Laboratorio de Documentación y Análisis de la Corrupción y la Transparencia, parte del Instituto de Investigaciones Sociales de la Universidad Nacional Autónoma de México; la Alianza para el Gobierno Abierto en México y Transparencia Mexicana, una rama de Transparency International, que documenta los grados de corrupción en varios países alrededor del mundo; en México, calcula y registra doscientos millones de actos de corrupción al año. Los aficionados tampoco lo han hecho mal. Periodistas ciudadanos han estado organizando *feeds* de Twitter que rastrean la corrupción —@anticorrupción— y un grupo de Monterrey, la VíaCiudadana, ha comenzado a organizar un "Corruptour", que visita siete "sitios de corrupción" en la ciudad. Los jóvenes activistas quieren "que el tema central el próximo año [en las elecciones] sea la corrupción". Ver http://internacional.elpais.com/internacional/2014/09/14/actualidad/1410666732_832995.html.

altos funcionarios del Estado, aunque, para que fuera efectivo, tendría que retirarse el fuero legal del que ahora disfrutan. Los alcaldes, gobernadores y presidentes podrían volverse objetos de referendos de revocación en cualquier momento de su período, no sólo durante los primeros dos años, como es el caso actualmente en México. En EUA, aproximadamente la mitad de los estados tienen provisiones de revocación en sus constituciones, y en 2011, de las 150 elecciones de revocación en Estados Unidos, setenta y cinco concluyeron en un termino de funciones.

~ Todavía más ampliamente, recogiendo la propuesta de Peña Nieto de que el Gobierno federal tomara el control de las ciudades en las que se hubiera demostrado la infiltración del crimen organizado, ¿por qué no hacerlo una práctica periódica sistemática? Cuando el público había perdido confianza en el sistema bancario, Franklin Roosevelt ordenó unas vacaciones bancarias: cerró todos los bancos y sólo reabrió aquellos que fueran confiables. ¿Por qué no establecer un programa de inspecciones regulares anticorrupción con, otra vez, cuerpos regulatorios autónomos que enviaran enjambres de abogados y contadores y estudiantes a hacer un escrutinio de los libros? Sí, siempre está el peligro de que las entidades reguladas capturen a sus reguladores, pero, de nuevo, todas estas investigaciones podrían hacerse con transparencia, y sus datos y hallazgos subidos a internet para que todos los vieran.

Se usó una estrategia similar en Nueva York en la década de 1990, durante una purga de la infiltración de la mafia en las industrias legítimas. Los mafiosos habían establecido su control asfixiante sobre, entre otros, los mercados de pescado y de comida, la manufactura de ropa, la repostería, los camioneros, la recolección de basura y la construcción; y algunas llevaban así más de medio siglo. La ciudad estableció nuevos procedimientos de regulación que requerían que las licencias pasaran por revisiones de antecedentes, y que se negaran o retiraran las licencias a quienes estuvieran relacionados con la mafia. En una instancia, para librarse de empleados corruptos en el Centro de Convenciones Javits, despidieron a todos los empleados y les hicieron una revisión de antecedentes para recontratarlos. Estas medidas no son milagrosas, pero como argumentan James Jacobs, Coleen Friel y Robert Radick en *Gotham Unbound*: han tenido un impacto considerable y loable. En una escala aún mayor, el llamado de Cuauhtémoc Cárdenas a que los mexicanos escriban una nueva Constitución suena como otro proyecto empoderador, uno en el que la población podría y debería estar profundamente involucrada. La vieja Constitución, con su mandato de provisiones de justicia social, ha sido esquivada o anulada a diario por métodos antidemocráticos. Ése sería el lugar para reconocer los costos y las bajas del régimen neoliberal, y para reconsiderar qué aspectos del Viejo México y del Nuevo quiere mantener la población. Hacer una Constitución sería un proceso polémico, dada la profunda división de opiniones existente, pero parece mejor poner todo sobre la mesa y tener una conversación vigorosa sobre el futuro colectivo que seguir el camino por el que ha marchado el país.

Si la idea de diseñar un nuevo nexo de Estado y sociedad civil que iniciaría una serie de proyectos que involucraran y empoderaran a la ciudadanía, va a ser algo más que la última fantasía utópica en aparecer, tendrá que enfrentarse al poder existente de los narcos. Mientras los capos tengan fondos prácticamente ilimitados para sobornar gobiernos y comprar armas, la probabilidad de erradicarlos, o incluso moderarlos exitosamente, parece poco prometedora. Así que nuestra última sugerencia, una que se desprende de nuestro análisis de la estrategia apoyada por EUA contra el uso de drogas de sus ciudadanos —un régimen de prohibición/interdicción/ encarcelamiento—, propone un esfuerzo por disminuir los recursos disponibles al complejo narcoestado, uno que les brinde a los estadounidenses y a los mexicanos la oportunidad de tomar cartas para alterar el *status quo* insatisfactorio.

Capítulo doce
Nuevas direcciones

Hemos intentado demostrar que el término guerra mexicana contra las drogas es engañoso, pues el fenómeno al que se refiere fue una construcción conjunta de México y Estados Unidos, erigida durante los últimos cien años. Si eso es cierto, entonces sugiere que es probable que terminar la "guerra" requiera un esfuerzo conjunto de ambos lados de la frontera. ¿Hay señales de que suceda esto?

De hecho, sí las hay. Durante los últimos veinte años ha crecido la convicción de que la política prohibicionista que practican oficialmente ambas naciones está profundamente errada y debería ser modificada o revocada. Al principio, muy pocos expresaban su disenso. Era difícil, incluso peligroso, cuestionar al consenso generalizado (y fuertemente protegido). Se creía que la interdicción del abasto y el encarcelamiento de los usuarios eran las mejores vías para lidiar con el creciente uso de narcóticos en Estados Unidos. Pero lentamente, paso modesto a paso modesto, y luego con velocidad y apoyo crecientes, al volverse cada vez más claras las consecuencias costosas y a menudo horribles de la política reinante, inició una campaña para franquear los muros del régimen de guerra contra las drogas.

ALGUNOS MOMENTOS CLAVE EN ESTA CAMPAÑA

1996: Los californianos adoptaron la Proposición 215, la Ley de Uso Compasivo, que legalizó el uso medicinal de la marihuana. Los activistas locales que promovieron esta iniciativa atacaron a las fuerzas prohibicionistas en su postura menos defendible —la caracterización de Anslinger del cannabis como una amenaza letal— y promovieron la descriminalización de la mota, no para uso recreativo, sino con el propósito relativamente irreprochable de tratar pacientes con cáncer y sida. Sin embargo, la nueva ley estatal no podía reemplazar a la federal, y las autoridades federales bajo Clinton, Bush y (a pesar de las promesas de campaña) Obama se esforzaron al máximo por detener la expansión de proveedores estatales legalizados por medio de demandas, órdenes civiles de prohibición, redadas de la DEA y de equipos SWAT y enormes cantidades de arrestos. A pesar de esto, la victoria en California disparó una reacción en cadena a lo largo del país; al escribir este párrafo, veintitrés estados, más el Distrito de Columbia, han legalizado el cannabis para su uso terapéutico.

2006: Con el reloj marcando el fin de su sexenio, el presidente Vicente Fox, hasta entonces un promotor incondicional de la guerra estatal contra los narcotraficantes, mostró un cambio de opinión al firmar legislación que legalizó la posesión de pequeñas cantidades de narcóticos o psicoactivos. La nueva ley impedía que la policía penalizara a la gente por cargar hasta cinco gramos de marihuana, cinco gramos de opio, veinticinco miligramos de heroína o quinientos miligramos de cocaína —suficiente para unas cuantas líneas—, o cantidades limitadas de LSD, hongos alucinógenos, anfetaminas, éxtasis y peyote. Dado que el consumo de cualquiera de éstas todavía era muy bajo en México —el alcohol seguía siendo la droga preferida por la abrumadora mayoría—, esta medida no habría tenido mucho impacto más allá del simbólico. Después de todo, los grandes compradores eran los gringos, y no parecía probable que EUA siguiera el ejemplo de Fox. Por el contrario: Washington atacó fuertemente a Fox, en una campaña que recordó a la de Anslinger en la década de 1930. La DEA telefoneó a sus contrapartes mexicanas; señaló, entre otras cosas, que probablemente su mayor efecto sería mandar a hordas de *spring-breakers* universitarios a derramarse por la frontera para quemar, lo que destruiría los esfuerzos estadounidenses por suprimir el uso de drogas. En una semana forzaron a Fox a retractarse.

2009: En febrero, el predecesor de Fox, Ernesto Zedillo, junto con expresidentes de Colombia y Brasil, convocaron e integraron una comisión de intelectuales y líderes políticos latinoamericanos, que produjo un documento de posicionamiento —Drogas y democracia: Hacia un cambio de paradigma— que disentía cautelosamente del *status quo*. "Las políticas prohibicionistas basadas en la represión de la producción y de interdicción al tráfico y a la distribución, así como la criminalización del consumo, no han producido los resultados esperados", dijeron. En cambio, "la estrategia de 'guerra a las drogas' aplicada en los últimos treinta años en la región" había llevado a "la corrupción de los funcionarios públicos, del sistema judicial, de los gobiernos, del sistema político y, en particular, de las fuerzas policiales". Era imperativo romper el "tabú" contra la crítica, porque reconocer el fracaso de "las políticas prohibicionistas de Estados Unidos" era el prerrequisito para adoptar "un nuevo paradigma de políticas más seguras, eficientes y humanas", como las adoptadas por algunos países europeos, que habían cambiado el estatus de los adictos "de ser compradores en el mercado ilegal para convertirse en pacientes del sistema de salud".

Uno de los países modelo para esta estrategia era Portugal. Remontándose al programa de Salazar Viniegra en el México de los años treinta, para 2001 habían "discriminalizado" todas las drogas ilícitas. Su posesión y uso siguieron siendo ilegales, pero las violaciones se trataron como infracciones administrativas, y a los usuarios no los canalizaban a la cárcel, sino a sesiones de "disuasión", y si estaban luchando contra la narco-dependencia se les ofrecían servicios terapéuticos. Los oponentes pronosticaron consecuencias de pesadilla, como un aumento drástico en el uso de drogas, que no sucedió. En vez de eso, las patologías relacionadas con las drogas (por ejemplo, la infección de VIH por agujas) disminuyeron, en parte por medio de campañas educativas y en parte porque el miedo al arresto en la era de la criminalización había disuadido a los adictos de buscar ayuda. Los analistas lo llamaron un "éxito rotundo", cuyo menor logro no era haber reducido drásticamente el peso sobre el sistema penal.

También en 2009, el mismísimo presidente Calderón propuso y ganó la aprobación de una ley de discriminalización similar. Permitía el uso personal de pequeñas cantidades de droga, aunque todavía prohibía el cultivo y la venta. También desató a la policía local para perseguir a vendedores de barrio (blancos antes reservados a las autoridades federales), lo que les brindó un jugoso campo de explotación a los policías corruptos. Calderón la justificó como una medida de guerra que les permitiría a las fuerzas federales redirigir sus recursos, de los pequeños consumidores a los grandes vendedores y sus jefes en los cárteles. Aquí tampoco hubo un gran efecto en el uso de drogas, con lo que se desmintieron las historias de terror de que los jóvenes correrían a la jeringa más cercana.

2010: Los californianos debatieron de nuevo una iniciativa de referéndum relacionada con las drogas: la Proposición 19, también conocida como la Ley para la Regulación, Control y Fiscalización del Cannabis. Habría legalizado la posesión y el uso de pequeñas cantidades de marihuana, el cultivo casero de una modesta reserva privada y la licencia para cultivadores comerciales y distribuidores al menudeo. Quienes apoyaban la Proposición 19 sostenían que los impuestos le permitirían a California cosechar 1.4 mil millones de dólares al año que se necesitaban con urgencia (la Gran Recesión estaba en su auge), ahorrar decenas de millones gastados en encarcelar a usuarios no violentos y liberar a la policía para que atraparan a los criminales serios.

También, sostenían algunos, cortaría un flujo significativo de fondos hacia los violentos cárteles mexicanos y le permitiría al vecino del sur redirigir los recursos policiales hacia crímenes más peligrosos, como el secuestro y la extorsión. Hubo estimados con variaciones enormes de qué tanto bajaría el precio de la marihuana con la legalización y regulación. Si el estimado (hasta 2009) de la Oficina de la Política Nacional para el Control de Drogas de la Casa Blanca era correcto, y más de la mitad de los ingresos de los cárteles venían de la venta de marihuana a los consumidores estadounidenses, un trozo significativo de su negocio se evaporaría, y con él las tremendos ingresos con los que financiaban el reclutamiento, la compra de armas y los sobornos.

Sin embargo, Calderón se opuso vigorosamente a la Proposición 19, y sugirió que cualquier suavización de la postura de EUA hacia el consumo de drogas socavaría sus esfuerzos por controlar al crimen organizado en México. Vicente Fox no estaba de acuerdo (no se perdió el amor entre los dos panistas) y dijo que la aprobación de la Proposición 19 sería "grandiosa" y podría "abrirnos la puerta a estas ideas". México debería legalizar toda la cadena de producción, sostenía Fox, y permitirles a los campesinos producir marihuana, a los fabricantes procesarla, a los distribuidores distribuirla y a las tiendas venderla. Librarse de las cadenas prohibicionistas debería verse como "una estrategia para golpear y romper la estructura económica que permite que las mafias generen grandes ganancias de su negocio", que alimentan a la corrupción y aumentan sus áreas de poder.

Jorge Castañeda, un exsecretario de relaciones exteriores mexicano y proponente de la legalización, fue coautor de un artículo de opinión del *Washington Post*, que decía que la aprobación haría insostenible la guerra-como-siempre: "¿Si California legaliza la marihuana, será viable para nuestro país seguir cazando capos en Tijuana? ¿Tendrán algún sentido los tiroteos al estilo del Salvaje Oeste para evitar que el cannabis mexicano cruce la frontera cuando, justo al otro lado, el 7eleven venda mota?". El punto se silenció momentáneamente, cuando la proposición fue derrotada por el 53.5 por ciento de los californianos que votaron "No", pero el 46.5 por ciento había votado "Sí".

2011: En junio entró en escena la Comisión Global de Políticas de Drogas, una versión expandida de la organización de 2009 exclusiva a Latinoamérica. Ella también incluía una camada de expresidentes latinoamericanos, incluyendo a Ernesto Zedillo, y a distinguidas figuras culturales de Latinoamérica, como Carlos Fuentes. Pero también incluía a "exes" de Estados Unidos —incluyendo al exsecretario de Estado George Shultz y al exdirector del Banco de la Reserva Federal, Paul Volcker— así como al exsecretario general de las Naciones Unidas, Kofi Annan. El informe que entregaron fue considerablemente más franco que su predecesor, su urgencia palpable era en gran parte un reflejo de la inflada tasa de mortandad en México. "La guerra global a las drogas ha fracasado", declararon rotundamente los comisionados, "con consecuencias devastadoras para individuos y sociedades alrededor del mundo". Había exacerbado "el nivel de violencia, intimidación y corrupción asociadas con los mercados de drogas". "Los inmensos recursos destinados a la criminalización y a medidas represivas orientadas a los productores, traficantes y consumidores de drogas ilegales, han fracasado en reducir eficazmente la oferta o el consumo". La represión de los consumidores había impedido que las medidas de salubridad pública redujeran las muertes por VIH/sida y sobredosis. Se habían desecado los presupuestos del Estado y de los gobiernos locales para pagar sistemas carcelarios y decenas de miles de agentes policiales.

Recomendaban una vuelta en U y proponían: "Terminar con la criminalización, la marginalización y la estigmatización de las personas que usan drogas pero que no hacen ningún daño a otros"; modificar las leyes de sentencia mandatoria y quitar la penalización por posesión de pequeñas cantidades de drogas, y experimentar con "modelos de regulación legal de las drogas a fin de socavar el poder del crimen organizado", comenzando por, pero sin limitarse a, el cannabis. Deberían expandirse las campañas de reducción de daños, pero había que desechar los mensajes simplistas como "solamente di no" y las políticas de "tolerancia cero" y alentar los esfuerzos educativos asentados en información creíble. Debía revisarse la clasificación errónea del cannabis, la hoja de coca y el éxtasis como drogas peligrosas. Los comisionados también urgieron terminar con el encarcelamiento de millones: no sólo de los usuarios finales, sino también de campesinos, correos y pequeños vendedores, muchos de ellos víctimas de violencia e intimidación, o narcodependientes, o en busca de escapar de la pobreza. La prohibición era una política que había "llenado las prisiones y destruido vidas y familias, sin por ello reducir la disponibilidad de drogas ilegales o el poder de las organizaciones criminales".

Washington y la Ciudad de México rechazaron el informe inmediatamente. Ambos se oponían a la "regulación legal" y declararon que no recularían de la guerra contra las drogas, que para entonces había sembrado unos cuarenta mil muertos. "Los esfuerzos de la administración de Obama por reducir el uso de drogas", dijo la Casa Blanca, "no nacieron de una cultura de guerra ni de una mentalidad de guerra contra las drogas, pero del reconocimiento de que el uso de drogas deteriora nuestra economía, salud y seguridad pública". Calderón dijo que su gobierno "rechaza categóricamente" la noción de que "un mayor esfuerzo en la aplicación de la ley" haya llevado a un aumento en la narcoviolencia.

2012: Emergió más disenso entre las élites latinoamericanas. En marzo, cuando el presidente de Guatemala propuso legalizar las drogas, la embajada de EUA respondió rápidamente con una advertencia severa sobre la "amenaza de salud y seguridad pública" que tal política representaba. En abril, en la Sexta

Cumbre de las Américas, se reportó que casi todos los presidentes en la región habían dicho (aunque a puerta cerrada) que la guerra contra las drogas "patrocinada y dictada por EUA" no estaba funcionando, y que necesitaban intentar algo más. En junio, en el encuentro de la Organización de los Estados Americanos, el secretario de Estado, John Kerry, estaba a la mano para defender la política existente, y los delegados —conscientes de que se arriesgaban a sanciones comerciales estadounidenses y a la pérdida de ayuda militar y económica— evitaron prudentemente hacer público su descontento.

Pero entonces, en noviembre de 2012, vino lo que cambió el juego. Los residentes de Colorado y Washington votaron a favor de legalizar la marihuana para su uso recreativo. Los adultos ahora tenían permiso de cultivar y consumir su propia provisión, poseer hasta una onza al viajar y regalarles la misma cantidad a otros ciudadanos adultos. El consumo en público siguió siendo ilegal, y conducir bajo la influencia de la marihuana se trataría como conducir borracho. Lo más destacable fue que ambos estados legalizaron el cultivo, el procesamiento y la venta de cannabis, sujetos a licencia gubernamental, a regulación y gravamen. Mucho del ingreso resultante —que se estimaba que sería de decenas de millones de dólares— se destinaría a prevención de abuso de sustancias, investigación, educación y servicios de salud.

Colorado y Washington no tenían el tamaño ni la fuerza política de California, pero las reverberaciones de sus decisiones serían sorprendentes, inmediatas y generalizadas. Como Fox y Castañeda habían predicho, la legalización en Estados Unidos —en cualquiera de sus estados— causó un cambió en la retórica oficial mexicana.

En julio, poco tiempo después de su victoria electoral, pero antes de los referendos estadounidenses, Peña Nieto anunció que aunque él no estaba a favor de legalizar las drogas, "estoy a favor de abrir un nuevo debate sobre la estrategia a seguir y la forma de luchar contra el tráfico de drogas. Está bien claro que tras varios años de lucha contra el tráfico de drogas, cada vez hay más consumo, uso y tráfico de droga, lo que significa que no estamos yendo en la buena dirección. Las cosas no están funcionando". Deberíamos tener "un debate donde los países del hemisferio, y especialmente [añadió enfático] EUA, deberían participar en este amplio debate".

Luego, en noviembre llegaron Washington y Colorado. Peña Nieto, aunque se atuvo a su oposición a la legalización, dijo que en vista de la decisión de los dos estados, la revisión internacional de la política antidrogas era más urgente que nunca. Los asesores y aliados fueron más vociferantes. El poderoso líder de la bancada del PRI en el Congreso mexicano dijo: "Esto nos obliga a pensar muy bien la estrategia que debemos tener en México de combate a la delincuencia, sobre todo cuando el principal consumidor está liberando su uso". El consejero principal de Peña Nieto, Luis Videgaray, dijo: "Evidentemente no podemos darle un trato a un producto que es ilegal en México tratando de evitar el trasiego hacia los Estados Unidos, cuando en los Estados Unidos, por lo menos en alguna parte de Estados Unidos, ahora tiene un estatus legal". Más proactivo aún fue César Duarte, gobernador de Chihuahua y aliado del nuevo presidente: "Pienso que debemos empezar a autorizar las exportaciones de la marihuana y controlar un negocio que hoy es manejado por criminales". A pesar de estas reacciones, no se dio ningún paso en esta dirección.

2013: Durante su visita al sur de la frontera en mayo, Obama dio un discurso en el que declaró: "Entendemos que gran parte de la razón de fondo de la violencia que ha sucedido aquí en México, por la que tantos mexicanos han sufrido, es la demanda de drogas ilegales en Estados Unidos. Así que tenemos que seguir progresando en ese frente". Lo recibieron con aplausos entusiastas. Entonces añadió: "Honestamente, no creo que legalizar las drogas sea la respuesta. Pero sí creo que una estrategia comprensiva —no sólo regulación policial, sino educación y prevención y tratamiento— es lo que tenemos que hacer. Y vamos a seguir haciéndolo porque las vidas de nuestros hijos y el futuro de nuestras naciones dependen de ello". No hubo aplausos.

En agosto, Obama parpadeó. El Departamento de Justicia votó por no demandar a Washington ni a Colorado por su legalización de la marihuana, ni perseguir su venta y consumo en esos estados, si el comercio de cannabis estaba estrictamente regulado, no cruzaba líneas estatales y quedaba prohibido para los menores. La ley federal se mantuvo sin cambios; y el cannabis siguió considerado como una sustancia peligrosa Clasificación I.

En diciembre, parpadeó de nuevo. Uruguay —decidido a impedir la llegada de violencia a la mexicana— legalizó y reguló la producción, distribución y venta de marihuana, permitiendo el cultivo casero, el registro de clubes de cultivadores, ventas bajo licencia a adultos en las farmacias y el suministro de marihuana medicinal por medio del Ministerio de Salud Pública. En abrupto contraste con la increpación a Guatemala el año anterior, no salió ni un chillido de la embajada estadounidense sobre la nueva ley.

2014: Obama promulgó una Estrategia Nacional de Control de Drogas que mantuvo la estructura prohibicionista, pero rechazó la retórica tradicional de la guerra contra las drogas. La Casa Blanca estaba adoptando "una estrategia del siglo XXI en política antidrogas". Estaría "basada en la ciencia", al contrario de la del siglo XX, que había sido prisionera de "mitos poderosos e ideas equivocadas". En ese entonces se creía que los adictos eran "moralmente reprobables y carecían de fuerza de voluntad", que sus transgresiones requerían una respuesta punitiva. (¡Toma eso, Harry Anslinger!) Pero la neurociencia moderna había descubierto que la adicción en realidad es una enfermedad del cerebro, una que, como la diabetes, el asma y la hipertensión, podía y debía ser tratada (este punto fue subrayado con imágenes a color de cicatrices cerebrales). Por eso el Gobierno trataría a la adicción como problema de salud pública. "Una estrategia de política antidrogas de 'guerra contra las drogas' centrada en la aplicación policial es contraproducente, ineficiente y costosa", dijo la Casa Blanca, e insistió en que "no podemos simplemente encarcelar nuestro problema de drogas". Por otro lado —"en el otro extremo"—, la estrategia de la legalización era igual de defectuosa, pues llevaría a mayor consumo de drogas y, por lo tanto, a costos de salud y criminalidad más altos (declaraciones que, además de ser demostrablemente falsas, ignoraban por completo el enfoque de reducción de daños y salud pública de las nuevas leyes estatales). Criticar la guerra contra las drogas mientras seguía librándola se había convertido en una especie de tradición para el gobierno de Obama; la Oficina de la Política Nacional para el Control de Drogas de la Casa Blanca había propuesto un cambio hacia una política de salud pública desde por lo menos 2009. Pero el presidente de todos modos había hecho una contribución genuina a una estrategia no punitiva al expandir el acceso a programas de tratamiento para adictos. Veintidós millones de estadounidenses, estimaba la Casa Blanca, necesitaban tal atención, que sólo recibían dos millones. La Ley de Cuidado Asequible (Obamacare) les exigió a las compañías aseguradoras que cubrieran tales servicios.

En el frente internacional, 2014 trajo una escalada en los asaltos a otro bastión de los guerreros de la guerra contra las drogas: las Naciones Unidas. En 1961, presionada por Estados Unidos (con el jefe de la Oficina Federal de Narcóticos, Anslinger, encabezando la carga),[59] la ONU había adoptado una

---

[59] Anslinger había pujado porque los cuerpos internacionales adoptaran el prohibicionismo norteamericano desde que lidereaba la delegación EUA de la Liga de las Naciones en los treinta, y fue instrumental en diseñar las políticas sobre drogas de las Naciones Unidas en los años cuarenta y cincuenta. Incluso ya retirado, en 1962, cuanto tenía setenta, sirvió como Representante de EUA en la Comisión de Narcóticos de Naciones Unidas por más de dos años. Tras el retiro de Anslinger en 1962, a los setenta años, fungió como

Convención Única sobre Estupefacientes (suplementada por tratados en 1971 y 1988). Todos los firmantes acordaron diseñar su legislación nacional antidrogas según las especificaciones de la ONU, que dictaba políticas de criminalización. Se estableció una Junta Internacional de Fiscalización de Estupefacientes (por sus siglas en inglés, UNGASS) para asegurar la conformidad. Durante los siguientes cincuenta y pico de años, cada vez que un Estado considerara experimentar con una estrategia más tolerante contra el uso de drogas, se aplicaba presión diplomática internacional, para "proteger la integridad de las Convenciones".

En septiembre de 2014, un nuevo informe de la Comisión Global de Política de Drogas (*Asumiendo el control: Caminos hacia políticas de drogas eficaces*) cuestionó el *status quo* y exigió interpretaciones más flexibles o la reforma total de las convenciones internacionales para permitir la experimentación con dirigidos a la "reducción de daños, al cese de la penalización de los usuarios de drogas" y a políticas regulatorias.[60] Pusieron en la mira la inminente Asamblea General de las Naciones Unidas sobre drogas (2016), pues la consideraban "una oportunidad histórica para discutir las limitaciones del régimen de control de las drogas, identificar alternativas viables".[61]

---

representante de Estados Unidos ante la Comisión de Estupefacientes de Naciones Unidas por dos años, donde exportó el prohibicionismo estadounidense a nivel global.

[60] Es notable que Juan Manuel Santos, presidente de Colombia, aún siendo uno de los aliados más fieles de Washington, ordenara un alto a la fumigación aérea de los campos ilegales de coca, por los cancerígenos herbicidas. También cuestionó si los campesinos menos pudientes deben ser encarcelados por cultivar marihuana cuando se la está legalizando en EUA.

[61] México y otros países han desafiando algunos ángulos de la cero-tolerancia prohibicionista de las Naciones Unidas, por lo menos desde principios de los noventa. Los críticos han rechazado descargar toda responsabilidad del control de drogas en los hombros de los países productores, y llaman a los

En otro cambio importante en la política estadounidense, un funcionario de alto rango contestó a esto en octubre coincidiendo en que el apretado corsé del tratado necesitaba relajarse. El asistente del secretario de Estado para las Drogas y la Fuerza Policial, William Brownfield, dijo al dirigirse a un comité de la ONU: "¿Cómo podría yo, un representante del gobierno de Estados Unidos de América, ser intolerante ante un Gobierno que permita cualquier experimentación con la legalización de la marihuana si dos de los cincuenta estados de Estados Unidos de América han elegido seguir ese camino?".[62]

---

países consumidores (especialmente a EUA) a reducir la demanda. También objetaron el protocolo de clasificación de drogas que se enfoca en drogas basadas en vegetales, mientras que ignoran las sintéticas; observaron que el alcohol y el tabaco son con mucho más dañinos que la marihuana; y que la prohibición no ha funcionado. Los de línea dura los acusaron de "derrotismo", han denunciado sus "voces discordantes" y redoblado sus esfuerzos. En 1997, Pino Arlacchi, el nuevo director ejecutivo del Programa de Control Internacional de Drogas de la ONU, llamó a procurar un "Mundo libre de Drogas" para el 2008, "eliminando" las siembras ilícitas en Colombia, Bolivia, Perú, Burma, Laos, Vietnam, Afganistán y Pakistán. En el cónclave de UNGASS de 1998, un vigoroso contraataque, liderado por México, consiguió sólo la adición de "reducir significantemente" estos cultivos como una meta aceptable, y ganó un nudo en la dirección de "reducir la demanda". Pero después de la reunión, los "elementos derrotistas" fueron purgados del *staff* de la ONU (véase Jelsma y Lajous).

[62] Por otro lado, Brownfield quería que el corsé se mantuviera en su sitio. La comunidad internacional, dijo, debería "respetar la integridad de las Convenciones de Control de Drogas de la ONU existentes", pues incluso permitían cierto grado más amplio de flexibilidad. Que es por lo que la agencia de derechos humanos WOLA (Oficina en Washington para Asuntos Latinoamericanos) advirtió que era probable que la declaración de Brownfield estuviera dirigida a controlar el daño: si las convenciones de la ONU podían interpretarse para permitir la legalización de la marihuana, ahora que EUA la quería, tal vez podrían desviarse las exigencias de una revisión más minuciosa.

En noviembre de 2014, dos estados más (Oregon y Alaska) y Washington D.C. decidieron seguir el mismo camino: sus electorados votaron para legalizar el cannabis para su uso recreativo.

***

¿QUÉ SIGUE PARA ESTADOS UNIDOS?

Claramente ha habido un gran cambio en lo que el pueblo piensa de la mota, y parece que se está acelerando. En una encuesta Gallup en 1969, sólo doce por ciento había apoyado la legalización. Luego las cifras se elevaron lentamente, a veinticinco por ciento en 1995 y treinta y seis por ciento en 2005, y luego saltaron a cuarenta y ocho por ciento en 2012 y brincaron a cincuenta y ocho por ciento tan sólo un año después, con lo que lograron el estatus de mayoría. Esto le da credibilidad a la creencia generalizada de que las iniciativas de referéndum o las propuestas legislativas a favor de la legalización —programadas para 2016 en Massachusetts, Maine, Nevada, Arizona y, de nuevo, la decisiva California— tienen probabilidades de triunfar.

¿Acaso la reforma de la marihuana barrerá la nación, para convertirse en política nacional? Eso dependerá del resultado de una lucha política que se acerca.

Fuerzas importantes se están alineando para perpetuar el *status quo*. Éstas incluyen a instituciones que son por sí mismas productos de la estrategia de guerra contra las drogas y no sobrevivirían su fallecimiento. La Administración para el Control de Drogas tendría problemas para justificar su presupuesto anual de unos 2.5 mil millones de dólares si cambiara el suelo legal sobre el que descansa. Muchos departamentos de policía y fiscales públicos han estado en la primera línea de las campañas de cabildeo contra las iniciativas de encuesta sobre la marihuana y las reformas legislativas sobre las drogas, aunque otros han acogido la discriminalización, pues consideran que cazar drogos los distrae de perseguir a los criminales serios. El sistema carcelario mastodóntico que ha crecido para acomodar una población expandida con desenfreno probablemente se resista a cualquier disminución de la producción de delincuentes, su líquido vital, como las muchas comunidades a quienes la desindustrialización a forzado a aceptar que administrar prisiones se convierta en la industria de la que dependen. Puede que el cabildeo armamentista no se sienta directamente amenazado por la legalización de las drogas, pero los fabricantes de armas han ganado mucho dinero de las ventas legales e ilegales a México, y la nra está hiperalerta a cualquier cosa que pudiera poner en peligro las ganancias de Smith & Wesson.[63] Hay muchas instituciones basadas en la fe que censurarían concederles absolución legal a aquéllos que se permiten conductas inmorales (algunos dirían perversas). Y hay muchos en instituciones de salud pública que se opondrían a la mayor difusión de sustancias tóxicas.

Formadas contra este formidable montón de prohibicionistas están las fuerzas cada vez más organizadas que promueven la derogación. Estos grupos incluyen a la Asociación por una Política de Drogas (Drug Policy Association), la Organización Nacional por la Reforma de las Leyes sobre la Mariguana National (Organization for the Reform of Marijuana Laws, norml, por sus siglas en inglés), el Proyecto por una Política de Mariguana (Marijuana Policy Project), la Mayoría de la Mariguana (Marijuana Majority), Fuerzas Policiales Contra la Prohibición (Law Enforcement Against Prohibition, leap), e innumerables grupos locales como Alianza Ciudadana por la Legalización de la

---

[63] En teoría, podría insertarse una cuña entre los fabricantes de armas y los usuarios, los cazadores y los defensores de hogares que no siempre están de acuerdo con las posturas que la nra expresa en su nombre. Podría ser posible conseguir apoyo para las limitaciones estrictamente dirigidas a disminuir las exportaciones, y ganar así la ratificación de la cifta. Pero no es probable.

~ Mariguana (Citizen's Alliance for the Legalization of Marijuana, CALM) de Arkansas, cuyo vicepresidente, pastor en la Iglesia de Dios del Día de Sabbath (Sabbath Day Church of God) en Hot Springs, está promoviendo una Enmienda de Cáñamo y Marihuana de Arkansas (Arkansas Hemp & Marijuana Amendment) a la constitución del estado. Sus miembros impugnan estos argumentos e intereses, y adelantan otras preocupaciones.

Hay proponentes de salud pública que sugieren que la prohibición ha desviado recursos de salubridad al castigo; libertarios que objetan la intrusión gubernamental en la vida privada de los ciudadanos; estados maniatados que buscan conseguir ingresos en impuestos y reducir el costo (de miles de millones) de las leyes contra la posesión; por no hablar de los treinta millones de estadounidenses que fuman yerba cada año porque la disfrutan.

Estimulados por protestas masivas contra la regulación militarizada y dirigidos por afroamericanos, también ha habido una aumento del repudio público contra la inmensa expansión de la población carcelaria, y contra el uso de la posesión de marihuana como justificación para el encarcelamiento masivo que ha atrapado abrumadoramente (y no por coincidencia) a gente de color. A nivel nacional, de 2001 a 2010, la policía hizo más de 8.2 millones de arrestos por marihuana; casi nueve de cada diez fueron por posesión, no por venta. Entre 1997 y 2012, sólo en Nueva York fueron arrestados y encarcelados más de seiscientos mil por mera posesión; ochenta y siete por ciento de los arrestados eran negros y latinos. Los afroamericanos, que forman el catorce por ciento de los usuarios regulares de drogas, son el cincuenta y seis por ciento de los prisioneros por ofensas relacionadas con las drogas.

Incluso si sus sentencias son cortas, los que pasan por ese gulag quedan marcados de por vida. Como delincuentes condenados no pueden votar, fungir en jurados ni recibir beneficios públicos como vales de despensa, vivienda ni educación; casi siempre los despiden, y sus prospectos laborales a futuro de derrumban. Irónicamente, las víctimas inempleables se convierten en candidatos perfectos para el reclutamiento de la misma narcoindustria que los prohibicionistas quieren desmantelar. Los proponentes del patrullaje de "Ventanas Rotas" sostienen que la mano dura contra los crímenes menores previene los crímenes mayores futuros —una teoría que se parece al argumento de que debería prohibirse la marihuana para que los usuarios no pasen a cosas más fuertes—, pero no son conscientes del devastador impacto a largo plazo para los arrestados, para quienes las ventanas rotas significan vidas rotas.

Los legalizadores señalan, también, que los moralistas que defienden la prohibición casi nunca extienden sus preocupaciones éticas más abajo del Río Bravo, y por lo tanto no logran incluir la masacre de mexicanos en su cálculo moral. También critican a aquellos que justifican la criminalización de las drogas por razones de salud pública al señalar que los países que han adoptado estrategias de reducción del daño han logrado disminuir mucho mejor el daño médico relacionado con las drogas que los Estados punitivos. También citan el éxito de EUA con los programas de reducción de nicotina dirigidos hacia esa droga letal pero legal, que han reducido drásticamente el tabaquismo, hasta su nivel más bajo desde la década de 1930. En el caso de las alarmas activadas por los supuestos peligros de la marihuana, los antiprohibicionistas apuntan a las estadísticas de mortandad; cuando uno hojea la lista anual del Centro para el Control de Enfermedades sobre las muertes por consumo de drogas, las cifras (en 2012) se derrumban de las 480,000 imputadas al tabaco, a las 88,000 muertes relacionadas con el alcohol, pasan por las 3,635 sobredosis de heroína, y llegan al gran total de muertes por marihuana: cero.[64]

---

[64] Las 3,635 muertes de heroína pudieron haber sido evitadas. El medicamento Neloxone revierte los efectos de la sobredosis de opio casi instantáneamente. La gente no pide auxilio porque el consumo de la droga es ilegal. Si el consumo de esta droga fuese contemplado como un asunto de salud pública, se habrían salvado esas vidas.

***

Al sopesar a los contendientes pro y antilegalización, y tomar en cuenta la inercia —como bien sabían los Padres Fundadores, "la experiencia ha mostrado que la humanidad está más dispuesta a sufrir, mientras los males sean sufribles, que a enderezarse aboliendo las formas a las que está acostumbrada"—, es difícil no ser pesimista sobre las posibilidades de un cambio total. Por otro lado, una rica veta pragmática corre por el pasado estadounidense, junto a un utopismo a veces fanático.

El 15 de enero de 1920, la Liga Anticantinas publicó una declaración en la prensa que alababa el fin inminente del licor legal. Mañana a medianoche, los prohibicionistas victoriosos se regocijaron, nacería una nueva nación: "¡Viene una era de pensar limpios y vivir limpios!"

Doce años después, en 1932, John D. Rockefeller, Jr., quien junto con su padre había sido el mayor apoyo financiero de la Prohibición, escribió afligido: "Cuando comenzó la Prohibición, yo tenía la esperanza de que la opinión pública la apoyaría de manera generalizada y que pronto vendría el día en el que se reconocerían los efectos malignos del alcohol. He llegado a creer, lenta y reticentemente, que éste no ha sido el resultado. En vez de ello, beber en general ha aumentado; el tugurio ha reemplazado a la cantina; ha aparecido un vasto ejército de infractores; muchos de nuestros mejores ciudadanos han ignorado abiertamente la Prohibición; ha disminuido enormemente el respeto a la ley, y el crimen ha aumentado a niveles nuca antes vistos".

Rockefeller fue un arribista del empuje por la Derogación, pues para entonces ya se había reunido una coalición formidable que estaba horrorizada por la cantidad de vicio generado por el esfuerzo por imponer la virtud, por el nivel de violencia generado por la guerra entre bandas y por la cantidad de corrupción generada por la guerra del Estado contra las bandas. El alcalde de Nueva York, Fiorello La Guardia, que había luchado vigorosamente pero sin éxito contra los cruzados secos, había comentado escuetamente que "se necesitarían setenta y cinco mil guardias costeros sólo para proteger la costa de Florida, y luego necesitaríamos setenta y cinco mil más para vigilarlos a *ellos*".

Sin embargo, la corrupción nunca llegó cerca del nivel de podredumbre que ha corroído las instituciones mexicanas. El nivel de violencia alcanzado en EUA en la década de 1920 —todas esas Matanzas de San Valentín— era irrisorio comparado con la montañosa mortandad de Ciudad Juárez. Sin embargo, aunque los prohibicionistas hubieran (eso pensaban) asegurado la permanencia de la interdicción al inscribirla en la Constitución, Estados Unidos logró revertirse. A pesar del bochorno de tener que atravesar por el complejísimo proceso de insertarle una enmienda a la Constitución, y una dedicada únicamente a derogar otra enmienda, los estadounidenses relegalizaron una sustancia que era (y sigue siendo) mucho más peligrosa que la heroína o la cocaína o el cristal, y ni hablar de la marihuana.

Sí, son otros tiempos, otras circunstancias, otros actores. Sí, las probabilidades son bajas para una repetición del siglo XXI de la derogación del siglo XX; pero EUA lo ha hecho antes, y podría hacerlo otra vez. La legalización de la marihuana (y tal vez de otras drogas) no sería una bala mágica. Creer que terminaría con la guerra contra las drogas de la noche a la mañana sería tan iluso como la fantasía de los prohibicionistas de que prohibir el alcohol traería "una era de pensar limpios y vivir limpios". Hay demasiadas variables involucradas para decir con seguridad qué resultaría. Tendría que considerarse la posibilidad de consecuencias inesperadas negativas y positivas. Pero dado que el daño que han hecho los prohibicionistas de las drogas supera por mucho al daño hecho por sus ancestros antialcohol, es tiempo de considerar un cambio.

***

¿Y QUÉ SIGUE PARA MÉXICO?

Aquí la probabilidad de una reconsideración estilo Uruguay o Colorado es considerablemente menor, dado que México sigue constreñido por la política estadounidense y por la presencia de cárteles salvajes en su suelo. Pero es posible hipotetizar una ruta hacia la revisión.

El gobierno de Peña Nieto ha sido reticente a hacer más que especular sobre cambiar las reglas. Después de todo, la estrategia del PRI había sido evitar lidiar con los problemas de la guerra contra las drogas tanto como fuera posible, y en vez de eso concentrarse en las iniciativas económicas. La legalización requeriría un cambio drástico de prioridades (aunque no de ideología, pues la discriminalización podría presentarse como un impulso al libre mercado). Pero el movimiento de autodefensas, y ahora la indignación nacional por la desaparición de los 43, junto con la preocupación de los inversionistas internacionales por la criminalidad rampante vigente, ha forzado a EPN a afrontar la cuestión del crimen. ¿Pero cómo? Dado que una repetición del asalto militar sin cuartel de Calderón está casi fuera de discusión —vine, hice, no funcionó— una de las maneras más probables de tumbar al crimen sería ir por el camino de la discriminalización: secar el mar en el que los cárteles nadan. Pero ahí se estrellaría contra Estados Unidos, cuya capacidad de desquitarse con la descertificación y otras medidas no tiene par, como no lo ha tenido durante un siglo. ¿Cómo salir de esta trampa?

Una posibilidad: políticos del PRD en la Ciudad de México han dicho que van a entregar un paquete de legalización a la legislatura de la ciudad, donde la aprobación sería muy probable. La capital es más liberal que la provincia en cuestiones culturales: ya legalizó el aborto y el matrimonio homosexual.[65] Si la ciudad lo hiciera, el Gobierno federal se vería confrontado con el mismo dilema al que Obama se enfrentó tras la jugada disidente de Colorado y Washington; podrían demandar u ordenar arrestos, o podrían aquiescer.[66] Supongamos además que en 2016 California legalice la producción y distribución de marihuana (las encuestas actuales muestran un sesenta y cinco por ciento a favor). Podría ser posible que la legalización de exportaciones por parte de México no invocaría la ira del gobierno de Obama, aún en el poder; de hecho, todo el régimen de la guerra contra las drogas se volvería inestable; quizás insostenible.[67]

Hay muchos empresarios estadounidenses que se están preparando para un suceso así; un exejecutivo de Microsoft está solicitando inversionistas que aporten diez millones de dólares para crear la primera marca estadounidense nacional de marihuana, que suministraría cannabis importado legalmente de México a tiendas recreativas y médicas. (Ha comenzado

---

[65] Un análogo mexicano de grupos estadounidenses como la Asociación por una Política de Drogas es CUPIHD (Colectivo por una Política Integral hacia las Drogas). La organización reúne psicólogos, periodistas, abogados, académicos, artistas, doctores y activistas de la sociedad civil, incluyendo al distinguido historiador y sociólogo de la narcoindustria Luis Astorga.

[66] Un obstáculo para la legalización fue removido en noviembre del 2015, cuando la Suprema Corte de México declaró el derecho de las personas a cultivar y portar marihuana para su uso personal. No noqueó las leyes vigentes, pero marcó un derrotero hacia la legalización de la marihuana.

[67] Claro que es posible que California se *resista* a las importaciones mexicanas y prefiera proteger a su industria en pañales de la competencia internacional. O que emerja un movimiento que tome como modelo a los que exigen independencia energética, dedicado a librar a EUA de la dependencia de productores de marihuana extranjeros. O que los republicanos aprovechen la cuestión y gritaran "¡débil ante el crimen!", y Hillary Clinton o quienquiera que los demócratas nominen cedería inmediatamente.

a comprar dispensarios y a hacer giras con Vicente Fox para promover su visión.) Cuando Nueva York aprobó su ley de marihuana médica en julio de 2014, y le dio al Departamento de Salud dieciocho meses para elegir cinco compañías que produjeran yerba "de la semilla a la venta", disparó una carrera de posibles cultivadores, inversionistas, cabilderos, consultores y empresas de *branding*. En octubre, novecientas personas corrieron a una Expo de Negocio del Cannabis, Conferencia Educativa y Cumbre Regulatoria de la Costa Este (East Coast Cannabis Business Expo, Educational Conference and Regulatory Summit), a reventar de vendedores y capitalistas atrevidos preparados para soltar veinte millones de dólares para cubrir gastos iniciales. La venerable revista contracultural *High Times* anunció que planeaba crear un Fondo de Crecimiento High Times (High Times Growth Fund), un fondo privado de acciones para invertir en negocios canábicos.[68]

¿Pero qué hay de los cárteles? ¿Cómo podrían reaccionar ante esta marea? ¿Cómo están lidiando con las ganancias en declive de la marihuana? Algunos se están retirando. Un reporte de abril de 2014 sobre la región del Triángulo Dorado de Sinaloa descubrió que los campesinos ya no estaban plantando marihuana, pues su precio a granel había colapsado de cien dólares el kilo a menos de veinticinco. "Ya no vale la pena", dijo al *Washington Post* Rodrigo Silla (quien ha cultivado cannabis toda su vida), y añadió: "Ojalá que los gringos le pararan a esta legalización".

¿Estarán realmente listos los cárteles para abandonar del todo la producción de marihuana? No por el momento, pero están reajustando sus planes de producción. Los narcocampesinos en Sinaloa están llenando sus sembradíos de adormideras

---

[68] Toda esta escena se parece un poco a las fuerzas del capital que zopilotean sobre Cuba, esperando y deseando el colapso de las restricciones cubanas y estadounidenses a su capacidad de inversión, ahora que se ha logrado una pequeña *detente*.

para opio, en parte en respuesta a una mayor demanda en Estados Unidos. Las autoridades estadounidenses, tratando de contener una epidemia de abuso de recetas de anestésicos, han estrechado el control sobre los opiáceos semisintéticos como la hidrocodona y la oxicodona. Al volverse más costosas y difíciles de conseguir las pastillas, los cárteles han ajustado su línea de producción, y ahora envían un río de heroína al norte. De manera similar, los cárteles están experimentando con el cultivo de hoja de coca; en septiembre de 2014, se descubrieron 639,000 plantas en Chiapas. Sin embargo, probablemente no podría mantenerse una situación mitad-criminal y mitad-legal a largo plazo, y probablemente se requeriría el desmantelamiento total del régimen antidrogas, incluyendo el espectro completo de las drogas actualmente criminalizadas (como lo hizo la ley mexicana de 2009, aunque sólo para la posesión de cantidades mínimas, y como lo hace la estrategia total adoptada por Portugal). La producción apacible de cultivos de drogas se convertiría en tan sólo una industria más —como cultivar aguacates o hacer tequila— y al brindar empleos agrícolas con un pago decente a los campesinos. Al final, una recuperación total requeriría atacar la pobreza, el desempleo y la desigualdad económica omnipresentes en México al brindar a la ciudadanía empleos decentes, buena educación y servicios de salud accesibles. Esto, sin embargo, es un proyecto social incompatible con el compromiso vigente con las mociones neoliberales y las fantasía recurrentes de salvación por medio de la inversión petrolera, especialmente ahora que el precio del crudo ha colapsado.

¿Sería políticamente concebible terminar con la guerra mexicana contra las drogas al discriminalizarla hasta la inexistencia? Tal vez, dada la alternativa sangrienta. La esperanza sería, dado el tremendo golpe que recibirían los cárteles gracias a la redituabilidad disminuida, que ellos y su progenie de banditas se volvieran vulnerables a un ataque concentrado por parte de unas fuerzas del orden reestructuradas y menos sobornables. Si se canalizara un poco de la actual insistencia furiosa de la sociedad civil por que la justicia, la ley y el orden prevalezcan para conseguir una solución estructural, en vez de otro arreglo a corto plazo, habría oportunidad de que México saliera del lodazal en el que se ha metido, en gran parte por cortesía de EUA. Tal vez sea tiempo de decir:

¡Ya basta! Con cien años tenemos.

Agradecimientos

Gracias a John Oakes por persistir con su convicción de que un libro con esta perspectiva sería una contribución útil a una conversación, ahora global, sobre "guerrear" contra las drogas. Gracias también a Samantha Schnee por traducir el primer acercamiento de Carmen al tema. Joel Feingold ofreció lecturas agudas de cada borrador sucesivo, con lo que ayudo significativamente a su evolución, y al mismo tiempo le dio forma a nuestra bibliografía bilingüe. Elisa Ríos Simbeck se encargó de complejas tareas de edición de último minuto. Y gracias por su ayuda a lo largo del camino a nuestros amigos Alberto Barranco, Ana Luisa Liguori, Lucía Melgar y Naief Yehya. Gracias a Pablo Piccato por la aguda lectura que hizo (en el último minuto) de nuestro manuscrito.

Este libro depende mucho de los valientes periodistas (como Ian Grillo) que han pasado años en el horripilante frente de la guerra mexicana contra las drogas y literalmente han arriesgado (o perdido) sus vidas para traer de vuelta sus historias. También nos hemos beneficiado del trabajo de muchos académicos (como Luis Astorga) que han examinado el fenómeno desde innumerables ángulos. El libro fue escrito originalmente en inglés, Hugo López Araiza Bravo ha lidiado con la batalla del idioma y ha colaborado con precisiones invaluables.

No somos expertos en el tema, será obvio para los verdaderos profesionales. Somos una pareja binacional —Carmen es una novelista y poeta mexicana, Mike es un historiador de Nueva York—, creemos que un libro acerca de las trayectorias entrelazadas de EUA y México que llevaron al terrible estado actual de cosas podría ser interesante para los lectores no mexicanos, y confiamos lo sea también de interés para los mexicanos.

Los títulos en la siguiente bibliografía son obras que nos resultaron particularmente útiles para construir nuestro análisis y narración; rendimos homenaje a los autores y los absolvemos de toda responsabilidad por nuestros errores.

Bibliografía

ABC de Sevilla, "Eisenhower recibió a Johnson y a López Mateos", en *Hemeroteca Periódico ABC de Sevilla*, 23 de febrero de 1964.

Adnpolitico.com, "5 Claves de cooperación Federal por violencia en Michoacán", en *Adnpolitico.com*, 13 de enero de 2014.

Aguilar Camín, Héctor, "La captura criminal del Estado", en *Nexos.com.mx*, 1 de enero de 2015.

——, Eduardo Guerrero, Alejandro Madrazo *et al.*, *El informe Jalisco: Más allá de la Guerra de las Drogas*. México, Nexos Sociedad Ciencia y Literatura, 2012.

—— y Jorge Castañeda, "California Prop 19, on legalizing marijuana, could end Mexico's drug war, Washington Post, 5 de septiembre, 2010.

Aguilar, Rubén y Jorge G. Castañeda, *El narco: La guerra fallida*. México, Punto de Lectura, 2009.

Aguirre Botello, Manuel, "Evaluación de la pobreza de acuerdo a los ingresos, México, 1992 a 2012", en *Mexicomaxico.org*, junio de 2014.

Ahrens, J. M., "The Couple That Danced among the Dead", en *El País in English*, 13 de octubre de 2014.

——, "Mexicans Say 'Enough Is Enough' at Massive Protest Rally: Tens of Thousands from All Walks of Life Call for Changes to Prevent Another Iguala Case", en *El País in English*, 21 de noviembre de 2014.

—— y L. P. Beauregard, "Peña Nieto Sends Troops to Tamaulipas", en *El País in English*, 14 de mayo de 2014.

Alexander, Michelle, *The New Jim Crow: Mass Incarceration in the Age of Colorblindness*. Nueva York, New Press, 2010.

Althaus, Dudley, "How Colorado and Washington Could End Mexico's Drug War", en *Globalpost.com*, 10 de noviembre de 2012.

——, "Even the 99 Percent Get Kidnapped in Mexico", en *Globalpost. com*, 14 de abril de 2014.

——, "How Mexico's West Was Won: It Took a Village, and Plenty of Ak-47s", en *Globalpost.com*, 20 de febrero de 2014.

—— y Steven Dudley, "Mexico's Security Dilemma: Michoacán's Militias-the Rise of Vigilantism in Mexico and Its Implications Going Forward", en *Insightcrime.org & Wilson Center: Mexico Institute*, julio de 2014.

Alvarez, Lizette, "In Puerto Rico, Cocaine Gains Access to US", en *New York Times*, 29 de mayo de 2014.

"Ambassador's Private Dinner with President-Elect Calderon", en *Wikileaks.org*, 29 de septiembre de 2013.

Andreas, Peter, *Smuggler Nation: How Illicit Trade Made America*. Nueva York, Oxford University Press, 2013.

Archibold, Randal C., "Elite Mexican Police Corps Targets Persistent Violence, but Many Are Skeptical", en *New York Times*, 22 de agosto de 2014.

——, "Killings Jolt a Family in Mexico", en *New York Times*, 25 de febrero de 2011.

——, "Mexican Soldiers Wage Bloody Battle with Gang", en *New York Times*, 30 de junio de 2013.

——, "Drug Gang Killed Students, Mexican Law Official Says", en *New York Times*, 7 de noviembre de 2014.

——, "Mexican Leader, Facing Protests, Promises to Overhaul Policing", en *New York Times*, 27 de noviembre de 2014.

Arias de Leon, Delia M., "Ayotzinapa: For Better or Worse, Mexico's Turning Point", en *Huffingtonpost.com*, 19 de noviembre de 2014.

Ashby, Paul, *NAFTA-Land Security: The Mérida Initiative and U.S. Security Projection in Mexico*. Kent, Reino Unido, University of Kent, 2013.

Associated Press. "Mexican President Backs Off Drug Decriminalization Bill," *Foxnews.com*, 4 de mayo, 2006.

———."Obama, Calderon Pledge Cooperation on Drug Wars: Amid Heightened Tensions, U.S. And Mexico Look to Repair Relations", 2011.

———."Lazcano's Autopsy: 2 Shots in Head the Killed Mexican Drug Lord", 2012.

———. "New Mexican President Could Target Small Gangs", 2012.

———. "Drug Empire Will Survive without 'El Chapo'", 2014.

———, "'I've Had Enough,' Says Mexican Attorney General in Missing Students Gaffe", 2014

———. "Mexico Creates Special Federal Force of 5,000 Gendarmes to Combat Widespread Economic Crime", 2014.

———, "Mexican President Backs Off Drug Decriminalization Bill", 2006.

Astorga Almanza, Luis Alejandro, "Drug Trafficking in Mexico: A First General Assessment: Discussion Paper No. 36", en UNESCO *Management of Social Transformations*, 1999.

———, *El siglo de las drogas: El narcotráfico, del Porfiriato al nuevo milenio.* México, Plaza y Janés, 2005.

———, "Mexico: Drugs and Politics", en *The Political Economy of the Drug Industry: Latin America and the International System*, Menno Vellinga (ed.). Gainesville, Florida, University Press of Florida, 2004.

Audley, John, Demetrious Papadimitrou, Sandra Polaski y Vaughan Scott, *La promesa y la realidad del TLCAN. Lecciones de México para el hemisferio.* Washington, DC, 2004.

http://carnegieendowment.org/pdf/files/NAFTA_Spanish_fulltext.pdf

Avalos, Stephanie, "Final Presentation, Group 7: Cell Phone Use in Mexico", en *Prezi.com*, 6 de mayo de 2013.

Bagley, Bruce y el Centro Internacional para Académicos Woodrow Wilson: Programa de Latinoamérica, *Drug Trafficking and Organized Crime in the Americas: Major Trends in the Twenty-First Century.* San

Diego, California, Woodrow Wilson International Center for Scholars, 2012.

Bailey, John J. y Roy Goodson, *Organized Crime & Democratic Governability: Mexico and the U.S.-Mexican Borderlands*. Pittsburgh, Pennsylvania, University of Pittsburgh Press, 2000.

——, "Organized Crime and the Organization of Crime", en *Organized Crime and Democratic Governability: Mexico and the U.S.-Mexican Borderlands*, Bailey, John y Roy Goodson (eds.). Pittsburgh, Pennsylvania, University of Pittsburgh Press, 2000.

Balderrama, Francisco E. y Raymond Rodriguez, *Decade of Betrayal: Mexican Repatriation in the 1930s*. Albuquerque, Nuevo Mexico, University of New Mexico Press, 2006.

Baltazar, Elia, Lydiette Carrión, Thelma Gómez Durán *et al.*, *Entre las cenizas: Historias de vida en tiempos de muerte*. Oaxaca de Juárez, sur+ ediciones, 2012.

"Bases de datos sobre personas desaparecidas en México 2006-2012", en *Desaparecidosenmexico.wordpress.com*, 20 de diciembre de 2012.

BBC News, "Mayor of Mexico Port City Arrested over 'Cartel Links'", en *Bbc.com*, 29 de abril de 2014.

Beith, Malcolm, *El último narco*. México, Ediciones B, 2011.

Beittel, June S., "Mexico's Drug Trafficking Organizations: Source and Scope of the Violence", en *Congressional Research Service*, 15 de abril de 2013.

Bender, Steven, *Run for the Border: Vice and Virtue in U.S.-Mexico Border Crossings*. Nueva York, New York University Press, 2012.

Bertram, Eva, *Drug War Politics: The Price of Denial*. Berkeley, California, University of California Press, 1996.

Bewley-Taylor, David R., *United States and International Drug Control, 1909-1997*. Nueva York, Bloomsbury Academic, 2001.

Blancornelas, Jesús, *El Cártel: Los Arellano Felix, la mafia más poderosa en la historia de América Latina*. México, Random House, 2011.

Booth, William, "Senate Report Says Mexico Must Focus on Cops and Courts, Not Army", *Washington Post*, 11 de julio de 2012.

——, "Mexico's Crime Wave Has Left About 25,000 Missing, Government Documents Show", en *Washington Post*, 29 de noviembre de 2012.

—— y Nick Miroff, "Mexico's President-Elect Wants Close Security Ties with U.S., with Limits", en *Washington Post*, 5 de julio de 2012.

Bosch, Lolita y Alejandro Vélez, *Tú y yo coincidimos en esta noche terrible*. México, Nuestra Aparente Rendición, 2012.

Buggs (reportero de *Borderland Beat*), "Knights Templar-Caballeros Templarios", en *Borderlandbeat.com*, 13 de junio de 2009.

——, "La Familia Michoacana", en *Borderlandbeat.com*, 11 de mayo de 2009.

Buscaglia, Eduardo, "México pierde la guerra", en *Esquire Latinoamérica*, marzo de 2010, pp. 95-101.

Bowden, Charles y Julián Cardona, *Murder City: Ciudad Juárez and the Global Economy's New Killing Fields*. Nueva York, Nation Books, 2010.

Bright, Kimberly J., "Narcocorridos: The Outlawed Commercial Jingles of Violent Mexican Drug Lords", en *Dangerousminds.net*, 27 de agosto de 2013.

Brooks, Emily, *Marijuana in La Guardia's New York City: The Mayor's Committee on Marijuana and Federal Policy, 1938-1945*. Nueva York, Graduate Center of the City University of New York, 2013.

Brownfield, William R., "Trends in Global Drug Policy", en Fpc.state.gov, 9 de octubre de 2014.

Caballero, José Luis, "Deterioro social: la herencia que recibe Peña Nieto", en *El Economista*, 30 de noviembre de 2012.

Calderón Hinojosa, Felipe, *Los retos que enfrentamos: Los problemas de México y las políticas públicas para resolverlos*. México, Random House Mondadori, 2014.

——, "Todos Somos Juárez: An Innovative Strategy to Tackle Violence and Crime", en *Harvard Kennedy School: Latin America Policy Journal*, 2013.

Campbell, Howard, "No End in Sight: Violence in Ciudad Juarez", en *NACLA Report on the Americas*, 2011, núm. 44, pp. 19-38.

———, "Narco-Propaganda in the Mexican 'Drug War': An Anthropological Perspective", en *Latin American Perspectives*, 2012, núm. 41, pp. 60-77.

Campo-Flores, Arian y Zusha Elinson, "Heroin Use, and Deaths, Rise: The Death of Philip Seymour Hoffman from an Apparent Heroin Overdose Underscores the Drug's Resurgence", en *Wall Street Journal*, 3 de febrero de 2014.

Campos, Isaac, *Home Grown: Marijuana and the Origins of Mexico's War on Drugs*. Chapel Hill, Carolina del Norte, University of North Carolina Press, 2012.

Capó Valdivia, Zinnia V., "Diferentes discursos oficiales: El opio en Mexicali en el primer cuarto del siglo XX", en *Cuadernos CUPIHD*. México, Colectivo por una política integral hacia las Drogas, 2014.

Comisión Mexicana de Defensa y Promoción de los Derechos Humanos, "147° Período de sesiones de la Comisión Interamericana de Derechos Humanos (CIDH): Situación general de Derechos Humanos en México", en *Comisión Mexicana de Defensa y Promoción de los Derechos Humanos*, marzo de 2013.

Comisión Nacional Contra las Adicciones y Secretaría de Salud, *Encuesta Nacional de Adicciones, 2002*. México, 2011.

———, *Encuesta Nacional de Adicciones, 2008*. México, 2011.

———, *Encuesta Nacional de Adicciones, 2011: Drogas ilícitas*. México, 2011.

Comisión Nacional de los Derechos Humanos, *Informe especial sobre secuestro de migrantes en México*. México, Comisión Nacional de los Derechos Humanos, 2011.

Contreras, Sergio Octavio, "La semántica del Blog del Narco", en *Etcetera.com.mx*, 11 de noviembre de 2010.

Corchado, Alfredo, *Medianoche en México: El descenso de un periodista a las tinieblas de un país en guerra*. Traducción de Juan Elías Tovar Cross, México, Debate, 2013.

Cordero, Laura, "El regreso de Calderón para dar recetas es 'cinismo', dicen líderes sociales y víctimas de la violencia en su sexenio", en *Sinembargo.mx*, 13 de agosto de 2014.

Carless, Will, "5 Key Takeaways from Uruguay's Push to Legalize Marijuana", en *Globalpost.com*, 1 de agosto de 2013.

Carlsen, Laura, "Congress Sends Drug War South, Taxpayer Money to Defense Firms", en *Huffingtonpost.com*, 20 de junio de 2009.

——, "Mexico's Oil Privatization: Risky Business", en *Fpif.org*, 27 de mayo de 2014.

Carroll, Rebecca, "Under the Influence: Harry Anslinger's Role in Shaping America's Drug Policy", en *Federal Drug Control: The Evolution of Policy and Practice*, Jonathon Erlen y Joseph F. Spillane (eds.). Nueva York, Pharmaceutical Products Press, 2004.

Cave, Damien, "How a Kingpin above the Law Fell, Incredibly, without a Shot", en *New York Times*, 23 de febrero de 2014.

Cawley, Marguerite, "Groups Ask International Criminal Court to Investigate Mexico Military Atrocities", en *Insightcrime.org*, 15 de septiembre de 2014.

Centers for Disease Control and Prevention, "Adult Cigarette Smoking in the United States: Current Estimates", en Cdc.gov, 14 de febrero de 2014.

——, "Smoking & Tobacco Use: Fast Facts", en Cdc.gov, 24 de abril de 2014.

——, "Fact Sheets: Alcohol Use and Your Health", en Cdc.gov, 19 de agosto de 2014.

——, "Increases in Heroin Overdose Deaths-28 States, 2010 to 2012", en *Morbidity and Mortality Weekly Report*, 2014, núm. 63, pp. 849-854.

Chapa, Sergio, "Border Battleground Series-Day Two: Living on the Edge: Deaths Mounting on Mexico's Border Security Watch", en *The Brownsville Herald*, 14 de agosto de 2005.

——, "San Fernando Body Count Climbs to 193", en *Valleycentral.com*, 7 de junio de 2011.

Chesnut, R. Andrew, *Devoted to Death: Santa Muerte, the Skeleton Saint*. Nueva York, Oxford University Press, 2012.

Chicago Alliance Against Racist and Political Repression, "Summary of the Draft Legislation for an Elected Civilian Police Accountability

Council Enabling Prosecution of Criminal Police Abuse of Human Rights", en *Naarpr.org*, 2 de octubre de 2013.

Chivis (reportero de *Borderland Beat*), "Mexico's Presidential Election: Drugwar Security Plan of Each Candidate", en *Borderlandbeat.com*, 8 de febrero de 2012.

——, "Narco Homicides: 'The Real' Number 100-200+ Thousand", en *Borderlandbeat .com*, 19 de agosto de 2012.

——, "The Juarez Cartel Sinks into Oblivion since the Death of Rodolfo Carrillo Fuente", en *Borderlandbeat.com*, 18 de septiembre de 2013.

——, "Analysis: Sinaloa Cartel Losing Power in Juárez", en *Borderlandbeat.com*, 18 de abril de 2014.

——, "Coahuila: A Drug Summit of Z's, BLO, CJNG Juarez Cartels Seeking an Alliance", en *Borderlandbeat.com*, 29 de agosto de 2014.

——, "Dr. Mireles May Be Released on September 17th", en *Borderlandbeat.com*, 12 de septiembre de 2014.

——, "Michoacán Hit with Record Breaking Crime, Circuit Court Allows Appeal, Mireles Sends Second Message", en *Borderlandbeat. com*, 9 de agosto de 2014.

——, "Tuta Message to Michoacán: 'We Have Suffered Painful Casualties, but We Are Still Standing'", en *Borderlandbeat.com*, 10 de septiembre de 2014.

——, "Video: Televisa and Esquema Journalists Give La Tuta 'PR Advice' against AD, Tuta Gives Them Money", en *Borderlandbeat.com*, 22 de septiembre de 2014.

Collins, Michael, "U.S. State Dept. Calls for Reforming International Treaties That Support the Global Drug War", en *Drugpolicy.org*, 16 de octubre de 2014.

Committee to Protect Journalists, "Valentín Valdés Espinosa: Zócalo de Saltillo, January 8, 2010, in Saltillo, Mexico", en *Cpj.org*, enero de 2010.

Corcoran, Katherine, "How a Ruthless Cartel Was Beaten", en *Associated Press*, 9 de noviembre de 2013.

——, "Top Mexico Cartel to Keep on Despite Capo Capture ", en *Bigstory.ap.org*, 25 de febrero de 2014.

Corcoran, Patrick, "What Mexico's Elections Mean for Crime Policy: Part I", en *Insightcrime.org*, 19 de julio de 2012.

——, "What Mexico's Elections Mean for Crime Policy: Part II", en *Insightcrime.org*, 19 de julio de 2012.

Corkery, Michael y Elisabeth Malkin, "Citigroup Says Mexican Subsidiary Was Defrauded of as Much as $400 Million", en *Dealbook.nytimes.com*, 28 de febrero de 2014.

Council on Hemispheric Affairs, "A Perspective on President Calderón's Militarized 'Drug Conflict'", en *Truth-out.org*, 22 de febrero de 2011.

Courtwright, David T., *Dark Paradise: A History of Opiate Addiction in America*. Cambridge, Massachusetts, Harvard University Press, 2001.

Craig, Richard B., "La Campana Permanente: Mexico's Antidrug Campaign", en *Journal of Interamerican Studies and World Affairs*, 1978, núm. 20, pp. 107-131.

——, "Operation Condor: Mexico's Antidrug Campaign Enters a New Era", en *Journal of Interamerican Studies and World Affairs*, 1980, núm. 22, pp. 345-363.

Crandall, Russell, Guadalupe Paz y Riordan Roett (eds.), *Mexico's Democracy at Work: Political and Economic Dynamics*. Londres, Lynne Rienner Publishers, 2005.

Daly, Michael, "Mexico's First Lady of Murder Is on the Lam", en *Thedailybeast.com*, 29 de octubre de 2014.

Davidson, Thomas S. II, "Operation Secure Mexico", en *Foreign Military Studies Office*, junio de 2005.

Dávila, Darío, "Las vacantes del 'Señorío'", en *Periodismoindeleble.com*, 16 de noviembre de 2012.

Deibert, Michael, *In the Shadow of Saint Death: The Gulf Cartel and the Price of America's Drug War in Mexico*. Guilford, Connecticut, Lyons Press, 2014.

Dellios, Hugh, "Draft Faults Presidents in 'Dirty War': Conclusions of Mexico's Probe into 1960s and '70s Atrocities Are Leaked before

Being Sent to President Fox Because of Concerns the Final Report Might Be Toned Down", en *Chicago Tribune*, 28 de febrero de 2006.

Departamento de Estado de EUA, "Mexico Travel Warning", en *Travel. state.gov*, 15 de agosto de 2014.

Díaz, Gloria Leticia, "Primer año de Peña, el más violento para la prensa desde 2007: Artículo 19", en *Proceso.com.mx*, 18 de marzo de 2014.

Dorocki, Sławomir y Paweł Brzegowy, "The Maquiladora Industry Impact on the Social and Economic Situation in Mexico in the Era of Globalization", en *Environmental and Socio-Economic Transformations in Developing Areas as the Effect of Globalization*, Wójtowicz, Mirosław y Anna Winiarczyk-Raźniak (eds.). Cracovia, Polonia, Wydawnictwo Naukowe UP, 2014.

Doyle, Kate, "Impunity's Triumph: The Failure of Mexico's Special Prosecutor", en *National Security Archive Electronic Briefing Book*, 8 de junio de 2006.

——, "Draft Report Documents 18 Years of 'Dirty War' in Mexico: Special Prosecutor: State Responsible for Hundreds of Killings, Disappearances", en *National Security Archive Electronic Briefing Book*, 26 de febrero de 2006.

Drukier, Wendy, "Understanding Mobilization: Urban Popular Movements and Mexico's Lost Decade", tesis doctoral, Carleton University, 1996.

Dudley, Steven, "Zeta Testimony Solves Mystery of Mexico Bus Massacres", en *Insightcrime.org*, 27 de junio de 2011.

——, "Why Mexico Police Reform Could Defeat Even Colombia's Ex-Top Cop", en *Insightcrime.org*, 19 de julio de 2012.

——, "'Chapo' Guzman Capture Provides Glimpse of Mexico's Past, Future", en *Insightcrime.org*, 22 de febrero de 2014.

—— y Sandra Rodríguez, "Civil Society, the Government and the Development of Citizen Security", en *Wilson Center: Mexico Institute*, agosto de 2013.

Edmonds-Poli, Emily, "The Effects of Drug-War Related Violence on Mexico's Press and Democracy", en *Wilson Center: Mexico Institute*, abril de 2013.

Eisenstadt, Todd A. y Alejandro Poiré, *Explaining the Credibility Gap in Mexico's 2006 Presidential Election, Despite Strong (Albeit Perfectable) Electoral Institutions*. Washington, DC, Center for North American Studies, American University, 2006.

Ellingwood, Ken, "Mexico's President Calderon Has Few Choices in Drug War", en *Los Angeles Times*, 1º de octubre de 2008.

Enciso, Froylán, "Los fracasos del chantaje: Régimen de prohibición de drogas y narcotráfico", en *Seguridad Nacional y seguridad interior: Los grandes problemas de México*, vol. 15, Arturo Alvarado y Mónica Serra (eds.). México, El Colegio de México, 2010.

Epatko, Larisa, "Legalizing Drugs: Why Some Latin American Leaders Are Ok with It", en *Pbs.org*, 16 de abril de 2012.

Epstein, Edward Jay, *Agency of Fear: Opiates and Political Power in America*. Londres, Verso, 1990.

Erlen, Jonathon y Joseph F. Spillane, *Federal Drug Control: The Evolution of Policy and Practice*. Nueva York, Pharmaceutical Products Press, 2004.

Escalante Gonzalbo, Fernando, "Homicidios 2008-2009: La muerte tiene permiso", en *Nexos.com.mx*, 1 de enero de 2011.

——, "Crimen organizado: La dimensión imaginaria", en *Nexos.com. mx*, 1 de octubre de 2012.

Estévez, Ariadna, *Human Rights and Free Trade in Mexico: A Discursive and Sociopolitical Perspective*. Nueva York, Palgrave Macmillan, 2008.

Estévez, Dolia, "Protecting Press Freedom in an Environment of Violence and Impunity", en *Shared Responsibility: U.S.-Mexico Policy Options for Confronting Organized Crime*, Olson, Eric L., David A. Shirk y Andrew Selee (eds.). San Diego, California, Wilson Center: Mexico Institute, 2010.

Estrella, Alfredo, "Mexico Dissolves Equivalent of FBI", en *Za.news. yahoo.com*, 27 de julio de 2012.

Farooq, Umar y Connor Guy, "The Movement for Peace and Justice in Mexico", en *The Nation*, 5 de junio de 2012.

Fernández, Leticia, "ONC: En enero, un secuestro cada seis horas", en *Milenio.com*, 19 de marzo de 2014.

Fernández Menéndez, Jorge, *El otro poder: Las redes del narcotráfico, la política y la violencia en México*. México, Aguilar, 2001.

——, *La batalla por México: de Enrique Camarena al Chapo Guzmán*. México, Taurus, 2012.

Ferragut, Sergio, *A Silent Nightmare: The Bottom Line and the Challenge of Illicit Drugs*. Reston, Virginia, Lulu.com, 2007.

Ferri Tórtola, Pablo, "Testigo revela ejecuciones en el estado de México", en *Esquirelat.com*, 19 de septiembre de 2014.

Finnegan, William, "Silver or Lead: The Drug Cartel La Familia", en *The New Yorker*, 31 de mayo de 2010.

Flannery, Nathaniel Parish, "Mexico: Is the Aztec Tiger Starting to Whimper?", en *Forbes.com*, 27 de agosto de 2013.

Flores Pérez, Carlos Antonio, "El tráfico de drogas en México: Condiciones generales de evolución y estrategias de respuesta del Estado", en *Norlarnet.uio.no*, 6 de mayo de 2009.

——, "The Drug War and Mexico's Election", en *The New Yorker*, 2 de julio de 2012.

Fox, Edward, "Mexico Military Sees over 56,000 Desertions under Calderon", en *Insightcrime.org*, 19 de abril de 2012.

Friedman, Thomas L., "How Mexico Got Back in the Game", en *New York Times*, 23 de febrero de 2013.

Frontera Norte Sur News, "Rage and Fury Sweep Mexico, the World: Justice for Ayotzinapa", en *Fnsnews.nmsu.edu*, 10 de octubre de 2014.

Frontline, "Interview: Guillermo González Calderoni", en *Pbs.org*, enero de 2001.

Gagne, David, "Amnesty Tracks Rise of Torture in Mexico", en *Insightcrime.org*, 5 de septiembre de 2014.

Garay Salamanca, Luis Jorge, Eduardo Salcedo Albarán, *et al.*, *Narcotráfico, corrupción y estados: cómo las redes ilícitas han reconfigurado las instituciones en Colombia, Guatemala y México*. México, Debate, 2012.

Gardner, David, "Captured with $2 million in Cash, the Drugs Baron Who Stewed Enemies in Boiling Oil and Beheaded Hundreds", en *Daily Mail UK*, 16 de julio de 2013.

Gaspar de Alba, Alicia y Georgina Guzmán, *Making a Killing: Femicide, Free Trade, and La Frontera*. Austin, Texas, University of Texas Press, 2010.

Gibler, John, *To Die in Mexico: Dispatches from inside the Drug War*. San Francisco, California, City Lights Books, 2011.

——, "The Disappeared: The Story of September 26, 2014, the Day 43 Mexican Students Went Missing-and How It Might Be a Turning Point for the Country", en *The California Sunday Magazine*, 4 de enero de 2015.

Global Commission on Drug Policy, *Report of the Global Commission on Drug Policy*, Río de Janeiro, Brasil, Global Commission on Drug Policy, 2009. [En español: *Drogas y democracia: Hacia un cambio paradigmático.*]

——, *Taking Control: Pathways to Drug Policies That Work*. Río de Janeiro, Brasil, Global Commission on Drug Policy, 2014. [En español: *Asumiendo el control: Caminos hacia políticas de drogas eficaces.*]

Global Direct Investment Solutions, "Ciudad Juarez, Chihuahua, Mexico: fDi City of the Future 2007 / 2008", en *Gdi-solutions.com*, 23 de abril de 2007.

Garay, Luis Jorge, Eduardo Salcedo-Albarrán, Luis Astorga *et al.*, *Narcotráfico, corrupción y estados: Cómo las redes ilícitas han reconfigurado las instituciones en Colombia, Guatemala y México*. México, Debate, 2012.

García Cruz, Fernanda, "Los multimillonarios en México crecen, dice estudio; y también los pobres: Coneval", en *Sinembargo.mx*, 2 de octubre de 2014.

García-Robles, Jorge, *Milenio*, 16 de agosto de 2015 (anuncia un libro de próxima aparición, citado también en *Chilango*, 15 de noviembre, 2015, entre otros medios: *Antología del vicio. Aventuras y desventuras de la mariguana en México*, por aparecer en Laberinto Ediciones).

Gobierno del Estado de Coahuila de Zaragoza, *Programa especial de prevención social de la violencia y la delincuencia 2011-2017*, Saltillo, Coahuila, 2012.

Gobernanza Forense Ciudadana, "Gobernanza Forense Ciudadana: Video", en *Gobernanzaforense.org*, 5 de junio de 2014.

Gómez, María Idalia y Dario Fritz, *Con la muerte en el bolsillo: seis desaforadas historias del narcotráfico en Mexico*. México, Planeta, 2006.

Gomez, Robert, *A New Visual Regime: Narco Warfare through Social Media*. San Francisco, California, California College of the Arts, 2012.

González de Bustamante, Celeste, *"Muy Buenas Noches": Mexico, Television, and the Cold War*. Lincoln, Nebraska, University of Nebraska Press, 2012.

González Rodríguez, Sergio, *Campo de guerra*. Barcelona, Editorial Anagrama, 2014.

——, *El hombre sin cabeza*. Barcelona, Editorial Anagrama, 2013.

Goodman, Adam, "Mexico Economic Reality Doesn't Fit 'Aztec Tiger' Narrative", en *America.aljazeera.com*, 14 de noviembre de 2013.

——, "A Long Series of Uncertainties", en *The Nation*, 22 de septiembre de 2014.

Goodman, J. David, "In Mexico, Social Media Become a Battleground in the Drug War", en *Thelede.blogs.nytimes.com*, 15 de septiembre de 2011.

Gould, Jens Erik, "Mexico Oil: Awakening the 'Aztec Tiger'", en *Thefinancialist.com*, 23 de junio de 2014.

Graham, David, "Chinese Iron Trade Fuels Port Clash with Mexican Drug Cartel", en Reuters.com, 1 de enero de 2014.

Grant, Will, "Heriberto Lazcano: The Fall of a Mexican Drug Lord ", en *Bbc.com*, 13 de octubre de 2012.

Grayson, George W., "Los Zetas: The Ruthless Army Spawned by a Mexican Drug Cartel", en *Foreign Policy Research Institute*, mayo de 2008.

——, *La Familia Drug Cartel: Implications for U.S.-Mexican Security*. Carlisle, Pennsylvania, Strategic Studies Institute, U.S. Army War College, 2010.

——, *Threat Posed by Mounting Vigilantism in Mexico*. Carlisle, Pennsylvania, Strategic Studies Institute, U.S. Army War College, 2011.

——, *The Impact of President Felipe Calderón's War on Drugs on the Armed Forces: The Prospects for Mexico's "Militarization" and Bilateral Relations.* Carlisle, Pennsylvania, Strategic Studies Institute, U.S. Army War College, 2013.

——, *The Cartels: The Story of Mexico's Most Dangerous Criminal Organizations and Their Impact on U.S. Security.* Santa Barbara, California, Praeger, 2013.

—— y Samuel Logan, *The Executioner's Men: Los Zetas, Rogue Soldiers, Criminal Entrepreneurs, and the Shadow State They Created.* New Brunswick, Nueva Jersey, Transaction Publishers, 2012.

Greenwald, Glenn, *Drug Decriminalization in Portugal: Lessons for Creating Fair and Successful Drug Policies.* Washington, DC, CATO Institute, 2009.

Grillo, Ioan, "Drug Cartels to Mexican Businesses: Pay Up", en *Globalpost.com*, 14 de diciembre de 2009.

——, *El Narco: Inside Mexico's Criminal Insurgency.* Nueva York, Bloomsbury Press, 2011.

——, "Mexico's Ex-President Vicente Fox: Legalize Drugs", en *TIME*, 19 de enero de 2011.

——, "Mexico's Zetas Rewrite Drug War in Blood", en *Reuters.com*, 23 de mayo de 2012.

——, "Calderon's Legacy of Blood and Busts", en *Globalpost.com*, 30 de noviembre de 2012.

——, "Mexico's Drug War Leads to Kidnappings, Vigilante Violence", en *TIME*, 17 de enero de 2014.

——, "Michoacán: Deportados en las filas de las autodefensas", en *Letraslibres.com*, 28 de enero de 2014.

——, "Mexican Vigilantes Beat Back Ruthless Knights Templar Cartel", en *TIME*, 29 de enero de 2014.

——, "Mexico's Craziest Drug Lord 'Died' Twice and Used to Dress as God", en *TIME*, 11 de marzo de 2014.

——, "Mexico's Cartel-Fighting Vigilantes Get Closer to Texas Border", en *Nbcnews. com*, 9 de julio de 2014.

——, "Tourists Are Pouring Back to Mexican Beaches after a Security Image Facelift", en *Globalpost.com*, 31 de agosto de 2014.

——, "Mexico's Deadly Narco-Politics", en *New York Times*, 9 de octubre de 2014.

—— y Dolly Mascareñas, "Mexico Goes after the Narcos-before They Join the Gangs: The Country's Latest Addition to Its Anticrime Strategy Is Stopping Kids from Joining Cartels", en *TIME*, 25 de febrero de 2013.

Guerrero, Héctor y Rolando Herrera, "Matan a 21 cada día", en *Reforma*, 30 de noviembre de 2012.

Guillermoprieto, Alma, "A Hundred Women", en *The New Yorker*, 29 de septiembre de 2003.

——, "Mexico: 'We Are Not Sheep to Be Killed'", en *New York Review of Books*, 5 de noviembre de 2014.

Gutiérrez, Raúl, "Leaking Secrets, Leaking Blood: *Blog Del Narco*, the Anonymous Tracker of Mexico's Ultraviolent Drug War", en *Boingboing.net*, 14 de septiembre de 2010.

Heinle, Kimberly, Octavio Rodríguez Ferreira y David A. Shirk, *Drug Violence in Mexico: Data and Analysis through 2013*. San Diego, California, Justice in Mexico Project, Department of Political Science and International Relations, University of San Diego, 2014.

Hennessey, Kathleen y Tracy Wilkinson, "Obama, Visiting Mexico, Shifts Focus from Drug War", en *Los Angeles Times*, 2 de mayo de 2013.

Henriques, Gisele y Raj Patel, "Agricultural Trade Liberalization and Mexico", Institute for Food and Development Policy, Food First, Policy Brief #7, Oakland, California, agosto, 2003.

Henry, James S., "The Theft of Mexico: How the 1988 Mexican Presidential Election Was Rigged", en *Bloodbankers.typepad.com*, 10 de marzo de 2004.

Henry, George, *Progress and Poverty*, Evergreen Books, 2011.

Hernández, Anabel, *Los señores del Narco*. México, Editorial Grijalbo, 2010.

——, *Narcoland: The Mexican Drug Lords and Their Godfathers*. Londres, Verso, 2013.

——— y Steve Fisher, "Iguala: La historia no oficial", en *Proceso*, núm. 1989, pp. 6-11, 13 de diciembre de 2014.

Hickey, Walter, "How the Gun Industry Funnels Tens of Million of Dollars to the NRA", en *Business Insider*, 16 de enero de 2013.

Hodges, Donald Clark y Ross Gandy, *Mexico under Siege: Popular Resistance to Presidential Despotism*. Nueva York, Palgrave, 2002.

Holden, Stephen, "Singing of the Cartels, and Investigating Them: 'Narco Cultura', a Documentary About Music and Drug Cartels", en *New York Times*, 21 de noviembre de 2013.

Hollersen, Wiebke, "'This Is Working': Portugal, 12 Years after Decriminalizing Drugs", en *Der Spiegel Online International*, 27 de marzo de 2013.

Hootsen, Jan-Albert, "'Blood Avocados': The Dark Side of Your Guacamole", en *Vocativ.com*, 18 de noviembre de 2013.

Hope, Alejandro, "Iguala o la impunidad", en *Eluniversalmas.com.mx*, 9 de octubre de 2014.

———, "Después de 'La Tuta'. Algunas reflexiones", en *El Universal*, 28 de febrero de 2015, http://www.eluniversalmas.com.mx/editoriales/2015/02/75090.php.

Horwitz, Sari y Joshua Partlow, "U.S. And Mexican Authorities Detail Coordinated Effort to Capture Drug Lord", en *Washington Post*, 23 de febrero de 2014.

Hufbauer, Gary Clyde y Jeffrey J. Schott, "NAFTA Revisited: Achievements and Challenges", Peterson Institute, Washington, DC 2005, http://www.piie.com/publications/chapters_preview/332/01iie3349.pdf.

Hufbauer, Gary Clyde, Cimino, Cathleen y Mora, Tyler, "NAFTA at 20: Misleading Charges and Positive Achievements", en Washington DC: Peterson Institute for International Economics. 2014.

Illades, Esteban, "Iguala: El polvorín que nadie olió", en *Nexos.com.mx*, 20 de octubre de 2014.

———, "La noche más triste", en *Nexos.com.mx*, 1 de enero de 2015.

Imison, Paul, "The Ultimate Mexican Hype Machine: The Myth of the Aztec Tiger", en *Counterpunch.org*, 29-31 de marzo de 2013.

Índigo (edis.), "Hallan cultivo de coca en Chiapas", en *Reporteindigo. com*, 11 de septiembre de 2014.

Instituto Nacional de Estadística y Geografía, "Encuesta nacional de victimización y percepción sobre seguridad pública 2013 (ENVIPE)", en *Inegi.org.mx*, 30 de septiembre de 2013.

Instituto Nacional de Salud Pública, Carlos Oropeza Abúndez, Gabriel Nagore Cázares *et al.*, *Encuesta nacional de adicciones 2008*. Cuernavaca, Morelos, 2008.

Insurgente Press, "Rompen códigos cárteles en Michoacán", en *Insurgentepress.com.mx*, 20 de noviembre de 2013.

Inside Story Americas, "Is Mexico's War on Drugs Close to a Real End?", en *Aljazeera. com*, 15 de febrero de 2013.

International Center for Analysis of Transnational Criminal Networks, "Conferenza Roma: Video", en *Scivortex.org*, 26 de marzo de 2013.

Itzli (reportero de *Borderland Beat*), "The Pineda Villa Clan", en *Borderlandbeat.com*, 24 de octubre de 2014.

Jacobs, James, Coleen Friel y Robert Radick, *Gotham Unbound: How New York City Was Liberated from the Grip of Organized Crime*. Nueva York, New York University Press, 2001.

Jacobs, Ron, "A War on People: Drug Wars and Neoliberalism", en *Counterpunch.org*, 19-21 de diciembre de 2014.

Jacobson, Roberta S., "Merida Initiative: Remarks", en *State.gov*, 22 de abril de 2010.

Jamasmie, Cecilia, "Mexican Police Seized 68,000 Tonnes of Iron Ore Mined by Drug Lords", en *Mining.com*, 5 de mayo de 2014.

Jelsma, Martin. *The Unwritten History of the 1998 United Nations General Assembly Special Session on Drugs*. 1 de abril de 2003. Transnational Institute, https://www.tni.org/en/article/unwritten-history-1998-united-nations-general-assembly-special-session-drugs.

Jiménez, Carlos, "Osiel supo de la extradición desde noviembre; reacomodó su cártel en el norte del país", en *Cronica.com.mx*, 23 de enero de 2007.

Jimenez, Guillermo, "Mass Graves, Murderous State-Cartel Alliance Revealed in Guerrero: Hundreds of Bodies Found near Iguala,

Mexico, but Not the 43 Students", en *Panampost.com*, 30 de octubre de 2014.

La Jornada, "A la luz, video de La Tuta con dos periodistas michoacanos", en *La Jornada*, 23 de septiembre de 2014.

Kane, Michael, "Peña Nieto Discusses Proposed Security Force", en *Insightcrime.org*, 19 de julio de 2012.

Karlin, Mark, "Fueled by War on Drugs, Mexican Death Toll Could Exceed 120,000 as Calderon Ends Six-Year Reign", en *Truth-out.org*, 28 noviembre 2012.

Keefe, Patrick Radden, "Cocaine Incorporated", en *New York Times Magazine*, 15 de junio de 2012.

Kenny, Paul, Mónica Serrano y Arturo Sotomayor, *Mexico's Security Failure: Collapse into Criminal Violence.* Nueva York, Routledge, 2012.

King, Nicole B., "An Economic History of Modern Ciudad Juarez, 1960-2006", tesis, University of Texas en El Paso, 2007.

Knowlton, Brian, "At White House, Fox Urges Accord on Workers", en *New York Times*, 6 de septiembre de 2001.

Krauze, Enrique, *Mexico: Biography of Power: A History of Modern Mexico, 1810-1996.* Nueva York, Harper Collins Publishers, 2001.

——, "Mexico's Barbarous Tragedy", en *New York Times*, 10 de noviembre de 2014.

—— y Hank Heifetz, *New York Review of Books*, 27 de septiembre de 2012.

Kuzmarov, Jeremy, *The Myth of the Addicted Army: Vietnam and the Modern War on Drugs.* Amherst, Massachusetts, University of Massachusetts Press, 2009.

Kyvig, David E., *Repealing National Prohibition.* Kent, Ohio, Kent State University Press, 2000.

La Botz, Dan, "Financial Crisis Hits Mexico: Social Crisis on the Horizon?", en *Monthly Review*, 8 de octubre de 2008.

Lajous Vargas, Roberta, "La ONU y el narcotráfico", en *Nexos*, 1 de junio, 1998, htttp://www.nexos.com.mx/?p=8898.

Latin American Commission on Drugs and Democracy, *Drugs and Democracy: Toward a Paradigm Shift*, Río de Janeiro, Brasil, 2009. [En español: Comisión Latinoamericana sobre Drogas y Democracia, *Drogas y democracia: Hacia un cambio paradigmático*, Río de Janeiro, Brasil, 2009.]

Lee, Martin A., "Let a Thousand Flowers Bloom: The Populist Politics of Cannabis Reform", en *The Nation*, 18 de noviembre de 2013.

Leland, John y Mosi Secret, "For Pot Inc., the Rush to Cash in Is Underway: A Competition to Get a Medical Marijuana License in New York", en *New York Times*, 31 de octubre de 2014.

Lerner, Michael A., *Dry Manhattan: Prohibition in New York City*. Cambridge, Massachusetts, Harvard University Press, 2007.

Levine, Harry, "The Scandal of Racist Marijuana Arrests", en *The Nation*, 18 de noviembre de 2013.

Livingston, Jessica, "Murder in Juarez: Gender, Sexual Violence, and the Global Assembly Line", en *Frontiers: A Journal of Women Studies*, 2004, núm. 25, pp. 59-76.

Logan, Samuel, "The Future of Los Zetas after the Death of Heriberto Lazcano", en *CTC Sentinel*, 2012, núm. 5, pp. 6-9.

Lohmuller, Michael, "Is Tamaulipas Becoming Peña Nieto's Ciudad Juárez?", en *Coha. org*, 27 de mayo de 2014.

Longmire, Sylvia, "Mexico's Drug War-TCO 101: The Juarez Cartel", en *Borderviolenceanalysis.typepad.com*, junio de 2009.

——, *Cartel: The Coming Invasion of Mexico's Drug Wars*. Nueva York, Palgrave Macmillan, 2013.

——, *Border Insecurity: Why Big Money, Fences, and Drones Aren't Making Us Safer*. Nueva York, Palgrave Macmillan, 2014.

López, Enrique, "The Pineda Clan: A Criminal Dynasty in Mexico", en *Dw.de*, 24 de octubre de 2014.

López, Oscar, "Mexican Drug War News: DEA Reveals Cartels Use Drones to Transport Drugs from Mexico into US", en *Latintimes.com*, 10 de julio de 2014.

Luna, Camila, "Alfredo Castillo condiciona justicia a Cherán a cambio del mando unificado", en *Michoacantrespuntocero.com*, 3 de junio de 2014.

Lupsha, Peter A. y Kip Schlegel, *The Political Economy of Drug Trafficking: The Herrera Organization (Mexico & the United States)*. Albuquerque, Nuevo Mexico, Latin American Institute, University of New Mexico, 1980.

Mabry, Donald J., "Father of a Mexican President: Luis Calderón Vega", en *Historicaltextarchive.com*, 18 de julio de 2006.

Malkin, Elisabeth y Azam Ahmed, "Ruling in Mexico Sets Into Motion Legal Marijuana", en *New York Times*, 4 de noviembre de 2015.

Manjoo, Farhad e Isaac Mike, "Phone Cameras and Apps Help Speed Calls for Police Reform", en *New York Times*, 8 de abril de 2015.

Marentes, Luis A., "Returning Migrants and the Michoacán Autodefensas: An Entangled Past, Present, and Future", en *Huffingtonpost.com*, 3 de febrero de 2014.

Marks, Josh, "NRA's Top 5 Gun Industry Donors", en Nationalmemo.com, 11 de enero de 2013.

Marquis, Christopher, "A Spicy Welcome to the White House", en *New York Times*, 6 de septiembre de 2001.

Martínez, Chivis, "'You F***** with me, so I will have the pleasure of killing you'... said mayor of Iguala before shooting activist", en *Borderlandbeat.com*, 5 de octubre de 2014.

Martínez, Oscar, "The Border: Funneling Migrants to Their Doom", en *NACLA Report on the Americas*, 2011, núm. 44, pp. 5-8.

——, *The Beast: Riding the Rails and Dodging Narcos on the Migrant Trail*. Londres, Verso, 2013.

Martínez, Paris, "4 Presidenciables y sus números contra la delincuencia", en *Animalpolitico.com*, 25 de agosto de 2011.

——, "Esclavos del narco: profesionistas forzados", en *Animalpolitico.com*, 30 de octubre de 2012.

Mauleón, Héctor de, *Marca de sangre: Los años de la delincuencia organizada*. México, Planeta, 2010.

Merino, José, Jessica Zarkin y Eduardo Fierro, "Desaparecidos", en *Nexos.com.mx*, 1 de enero de 2015.

Murillo Karam, Jesús, "Conferencia de prensa del Procurador General de la República, Jesús Murillo Karam", en *Pgr.gob.mx*, 7 de noviembre de 2014.

Mazzetti, Mark y Ginger Thompson, "U.S. Widens Role in Mexican Fight", en *New York Times*, 25 de agosto de 2011.

McCleskey, Claire O'Neill, "Fighting for the Plaza and the Pueblo: Assessing the Role of 'Hearts and Minds' in the Mexican Drug Conflict", tesis doctoral, Georgetown University, 2012.

McCoy, Alfred W., *The Politics of Heroin: CIA Complicity in the Global Drug Trade: Afghanistan, Southeast Asia, Central America. Colombia*, Chicago, Illinois, Lawrence Hill Books, 2003.

McDougal, Topher, David A. Shirk, Robert Muggah *et al.*, *The Way of the Gun: Estimating Firearms Traffic Across the U.S.-Mexico Border*. San Diego, California, Igarapé Institute and Trans-Border Institute, University of San Diego, 2013.

McKinley, James C. Jr., "With Beheadings and Attacks, Drug Gangs Terrorize Mexico", en *New York Times*, 26 de octubre de 2006.

McWilliams, John C. *The Protectors: Harry J. Anslinger and the Federal Bureau of Narcotics, 1930-1962*. Newark, Delaware, University of Delaware Press, 1990.

Meré, Francisco, *Rural Migration in Mexico: An Overview*, en Agricultural Outlook Forum, 1 de marzo, 2007, http://ageconsearch.umn.edu/bitstream/8082/1/fo07me01.pdf.

"Mexico Murders at over 101,000 in Past 6 Years, Report Says", en *Latino.foxnews.com*, 27 de noviembre de 2012.

"Mexico's National Human Rights Comission. A Critical Assesment", en Watch. Human Rights Org., vol. 20, núm. 1 (B), febrero de 2008. https://www.hrw.org/sites/default/files/reports/mexico0208_1.pdf.

"Mexico's Presidential Election: Back to the Future", en *The Economist*, 23 de junio de 2012.

"México Seguro para Michoacán", en *Esmas.com*, 18 de septiembre de 2005.

Meyer, Maureen, Coletta Youngers y Dave Bewley-Taylor, "At a Crossroads: Drug Trafficking, Violence and the Mexican State", en Fundación Beckley y la Oficina en Washington para Asuntos Latinoamericanos, noviembre de 2007.

Mills, James, *The Underground Empire, Where Crime and Governments Embrace*. Nueva York, Doubleday, 1986.

Miroff, Nick, "Tracing the U.S. Heroin Surge Back South of the Border as Mexican Cannabis Output Falls", en *Washington Post*, 6 de abril de 2014.

—— y William Booth, "Mexico's Drug War Is at a Stalemate as Calderon's Presidency Ends", en *Washington Post*, 27 de noviembre de 2012.

Miron, Jeffrey A., "The Budgetary Implications of Marijuana Prohibition", en *Prohibitioncosts.org*, junio de 2005.

Molzahn, Cory, Octavio Rodríguez Ferreira y David A. Shirk, *Drug Violence in Mexico: Data and Analysis through 2012*. San Diego, California, Justice in Mexico Project, Department of Political Science and International Relations, University of San Diego, 2013.

Moore, Gary, "Unravelling Mysteries of Mexico's San Fernando Massacre", en *Borderlandbeat .com*, 19 de septiembre de 2011.

——, "Ending the Zetas Killing Spree: An Invisible Success Story", en *Insightcrime.org*, 22 de septiembre de 2011.

——, "Gaze Not on the Face of Evil: Massacre by Assembly Line", en *Garymoore22 .wordpress.com*, 26 de mayo de 2012.

Moreno, Alejandro, "The 2006 Mexican Presidential Election: The Economy, Oil Revenues, and Ideology", en *PS: Political Science and Politics*, 2007, núm. 40, pp. 15-19.

Moreno-Fontes Chammartin, Gloria. "The Impact of the 1985-2000 Trade and Investment Liberalisation on Labour Conditions, Employment and Wages in Mexico", Ph. D Thesis, University of Geneva, 2004.

MSNBC, "Blogger on Mexico Cartel Beheading: 'Cannot Kill Us All'", en *Nbcnews.com*, 10 de noviembre de 2011.

MSNBC News Services, "Fox Balks at Signing Drug Decriminalization Law: Mexican President Wants Changes in Measure He Previously Said He'd Sign", en *Nbcnews.com*, 3 de mayo de 2006.

Musto, David F. y Pamela Korsmeyer, *The Quest for Drug Control: Politics and Federal Policy in a Period of Increasing Substance Abuse, 1963-1981*. New Haven, Connecticut, Yale University Press, 2002.

National Institute on Alcohol Abuse and Alcoholism, "Alcohol Facts and Statistics", en Niaaa.nih.gov, julio de 2014.

Nazario, Sonia, "The Children of the Drug Wars: A Refugee Crisis, Not an Immigration Crisis", en *New York Times*, 11 de julio de 2014.

Niblo, Stephen R., *Mexico in the 1940s: Modernity, Politics, and Corruption*. Wilmington, Delaware, Rowman & Littlefield Publishers, 1999.

Noriega, F. Roger y Felipe Trigos, "Why Isn't Mexico's Security Strategy Working?", en *Aei.org*, 12 de junio de 2014.

North American Congress on Latin America, "Introduction Mexico's Drug Crisis: Alternative Perspectives", en NACLA *Report on the Americas*, 2011, núm. 44, pp. 12-13.

Obama, Barack, "Remarks by the President to the People of Mexico: Anthropology Museum, Mexico City, Mexico", en *Whitehouse.gov*, 3 de mayo de 2013.

Ochoa, Enrique C. y Gilda L. Ochoa, "The Ties That Bind: Ferguson and Ayotzinapa", en *Counterpunch.org*, 12-14 de diciembre de 2014.

Olson, Eric L., David A. Shirk y Andrew Selee, *Shared Responsibility: U.S.-Mexico Policy Options for Confronting Organized Crime*. San Diego, California, Wilson Center: Mexico Institute, 2010.

O'Neil, Shannon K., "Mexico Makes It: A Transformed Society, Economy, and Government", en *Foreign Affairs*, núm. 92, pp. 52-63. 2013.

OpenNet Initiative, "Mexico (2013): Opennet Initiative Country Profile", en *Opennet.net*, 15 de julio de 2013.

O'Reilly, Andrew, "Mexico's Drug Death Toll Double What Reported, Expert Argues", en *Latino.foxnews.com*, 10 de agosto de 2012.

Ortiz León, Ramón Eduardo, "Muerte de un activista", en *Noticias de Caborca*, 2 de septiembre de 2013.

Ortiz Pinchetti, Francisco, "Sinaloa: un trasplante de Sudamérica. La Operación Cóndor, letanía de horrores", en *Proceso*, 7 de octubre de 1978.

Osorno, Diego Enrique, "How a Mexican Cartel Demolished a Town, Incinerated Hundreds of Victims, and Got Away with It", en *News. vice.com*, 31 de diciembre de 2014.

——, *El Cártel de Sinaloa*. México, Grijalbo, 2010.

Pachico, Elyssa, "How the Beltran Leyva, Sinaloa Cartel Feud Bloodied Mexico", en *Insightcrime.org*, 1 de febrero de 2011.

Padgett, Tim, "Mexico's New Boom: Why the World Should Tone Down the Hype", en *TIME*, 8 de marzo de 2013.

—— y Ioan Grillo, "Mexico's Meth Warriors", en *TIME*, 28 de junio de 2010.

Paley, Dawn, *Drug War Capitalism*. Oakland, California, AK Press, 2014.

Pansters, W. G., *Violence, Coercion, and State-Making in Twentieth-boom* de *México Century Mexico: The Other Half of the Centaur*. Stanford, California, Stanford University Press, 2012.

Pantaleo, Katherine, "Gendered Violence: An Analysis of the Maquiladora Murders", en *International Criminal Justice Review*, núm. 20, pp. 349-365, 2010.

Payan, Tony, Kathleen A. Staudt y Z. Anthony Kruszewski, *A War That Can't Be Won: Binational Perspectives on the War on Drugs*. Tucson, Arizona, University of Arizona Press, 2013.

Personal observador propio, "Navistar Says Mexico Violence Could Cause Pullout", en *Edmunds.com*, 9 de septiembre de 2011.

Philip, George y Susana Berruecos, *Mexico's Struggle for Public Security: Organized Crime and State Responses*. Nueva York, Palgrave Macmillan, 2012.

Pineda, Leticia, "Mexico Arrests Beltran Leyva Cartel Chief", en *News. yahoo.com*, 2 de octubre de 2014.

Planning Division of the Development Services Department of the City of El Paso, "El Paso-Juarez Regional Historic Population Summary", en *Elpasotexas.gov*, agosto de 2007.

Polaski, Sandra, *Mexican Employment, Productivity and Income A Decade after Nafta*. Washington, DC, Carnegie Endowment for International Peace, 2004.

Poppa, Terrence E., *Drug Lord: The Life and Death of a Mexican Kingpin: A True Story*. Nueva York, Pharos Books, 1990.

Preston, Julia y Randal C. Archibold, "U.S. Moves to Stop Surge in Illegal Immigration", en *New York Times*, 20 de junio de 2014.

Preston, Julia y Sam Dillon, *Opening Mexico: The Making of a Democracy*. Nueva York, Farrar, Straus and Giroux, 2004.

Priest, Dana, "U.S. Role at a Crossroads in Mexico's Intelligence War on the Cartels", en *Washington Post*, 27 de abril de 2013.

Proal, Juan Pablo, "Los jóvenes mexicanos abrazan el suicidio", en *Proceso.com.mx*, 11 de enero de 2013.

Proceso, "Medio país bajo el poder narco", en *Proceso*, edición especial, 24 de octubre de 2010.

——, "Herencia ineludible de Peña Nieto: Los desaparecidos, los muertos", en *Proceso*, edición especial, 30 de diciembre de 2012.

——, "Los amos de Michoacán", en *Proceso*, edición especial, 3 de noviembre de 2013.

Proceso.com.mx, "Historia: se acercaba el final de sexenio", en *Proceso.com.mx*, 27 de septiembre de 2014.

Pueblita, Jose Carlos R., *Screening Seguro Popular: The Political Economy of Universal Health Coverage in Mexico*. Cambridge, Massachusetts, Center for International Development, Harvard University, 2013.

Quintana S. y Víctor M., "Juárez: Lo que Calderón no enseña en Harvard", en *La Jornada*, 1 de marzo de 2013.

Ramsey, Geoffrey, "U.S. Legalization Takes a Toll on Mexico Drug Profits", en *Thepanamericanpost.com*, 3 de diciembre de 2014.

Ravelo, Ricardo, *Narcomex: Historia e historias de una guerra*. Nueva York, Vintage Español, 2012.

Rea Gómez, Daniela, Marcela Turati, Elia Baltazar *et al.*, *Entre las cenizas: Historias de vida en tiempos de muerte*. Oaxaca de Juárez, sur+ ediciones, 2012.

Red Nacional de Organismos Civiles de Derechos Humanos, "El derecho a defender los Derechos Humanos en México: Informe sobre la situación de las personas defensoras 2011-2013", en *Red Nacional de Organismos Civiles de Derechos Humanos*, 9 de enero de 2014.

Resa Nestares, Carlos, *Sistema político y delincuencia organizada en México: Caso de los traficantes de drogas*. Madrid, I. U. Gutiérrez Mellado, 2011.

Reveles, José, *El cártel incómodo. El fin de los Beltrán Leyva y la hegemonía del Chapo Guzmán*. México, Grijalbo, 2010.

——, *Narcoméxico*. Madrid, CATARATA, 2011.

——, *El Chapo: Entrega y traición*. México, Penguin Random House Grupo Editorial, 2014.

Rincón Gallardo, Gilberto, Adolfo Aguilar Zinser *et al.*, *¡Ya Basta! El despertar de un país: a diez años de la marcha contra la inseguridad*. México, Grupo Reforma, 2014.

Rivera Rivera, Leopoldo, "Antes de los acuerdos internacionales. Las leyes del Cannabis en México: 1545-1925", en *Cuadernos CUPIHD* (Colectivo por una política integral hacia las drogas), México, 7, 2007.

Recio, Gabriela, "Drugs and Alcohol: US Prohibition and the Origins of the Drug Trade in Mexico, 1910-1930", en *Journal of Latin American Studies*, núm. 34, 2002, pp. 21-42.

Reding, Andrew, "Favorite Son", en *Mother Jones*, noviembre de 1988.

——, "How to Steal an Election: Mexico, 1988", en *Mother Jones*, noviembre de 1988.

Redmond, Helen, "The Political Economy of Mexico's Drug War", en *International Socialist Review*, julio de 2013.

Reporteros sin Fronteras, *2013 World Press Freedom Index: Dashed Hopes after Spring*. París, Reporters Sans Frontières, 2013.

Reuters, "2 Mexican Policemen Beheaded in Acapulco: Drug Gangs Eyed as Likely Suspects", en *Boston Globe*, 21 de abril de 2006.

——, "Severed Head Found in Acapulco Marks Grisly Trend", en *The New Zealand Herald*, 30 de junio de 2006.

————, "Mexico: Emotions Run High as Embattled President Felipe Calderon Meets Crusading Poet and Activist Javier Sicilia to Discuss the Nation's Descent into Violence and an Increasingly Unpopular Drugs War", en *Itnsource.com*, 15 de octubre de 2011.

Riggs, Mike, "Obama's War on Pot", en *The Nation*, 30 de octubre de 2013.

Rincón Parra, Juliana, "Mexico: Citizen Video and Drug Trafficking", en *Globalvoicesonline.org*, 10 de agosto de 2010.

"The Rise and Decline of Cannabis Prohibition", en Global Drug Policy Observatory. Amsterdam/Swansea, 2014.

https://www.tni.org/files/download/rise_and_decline_intro.pdf

Robles, Frances, "Fleeing Gangs, Children Head to U.S. Border", en *New York Times*, 9 de julio de 2014.

Rodriguez, Olga R., "Hugo Hernandez: Mexico Cartel Stitches Rival's Face on Soccer Ball", en *Huffingtonpost.com*, 18 de marzo de 2010.

Roig-Franzia, Manuel, "U.S. Officials Laud Transfer of Mexican Drug Suspects", en *Washington Post*, 21 de enero de 2007.

Rolles, Steve, George Murkin, Martin Powell, *et al.*, *The Alternative World Drug Report: Counting the Costs of the War on Drugs*. Bristol, Transform Drug Policy Foundation, 2012.

Romero, Simon, "Brazil Releases Report on Past Rights Abuses", en *New York Times*, 10 de diciembre de 2014.

Ross, John, *El Monstruo: Dread and Redemption in Mexico City*. Nueva York, Nation Books, 2009.

Rowe, Nicholas, *Mexico's Oportunidades: Conditional Cash Transfers as the Solution to Global Poverty?* Claremont, California, Keck Center for International & Strategic Studies, 2011.

Rowe, Thomas C., *Federal Narcotics Laws and the War on Drugs: Money Down a Rat Hole*. Binghamton, Nueva York, The Haworth Press, 2006.

Rufus King y James T. McDonough, "Anslinger, Harry Jacob, and U.S. Drug Policy", en *Encyclopedia of Drugs, Alcohol, and Addictive Behavior*, 2001, www.encyclopedia.com/doc/1g2-3403100057.html

Sadler, Louis R., *The Historical Dynamics of Smuggling in the U.S.-Mexican Border Region, 1550-1998*. Pittsburgh, Pennsylvania, University of Pittsburgh Press, 2000.

Salazar Viniegra, Leopoldo, "El mito de la marihuana", en *Criminalia*, Revista de Sociología Criminal, año v, núm. 4 (diciembre de 1938).

Saliba, Frédéric, "Les troubadours du narcotrafic", en *Lemonde.fr*, 30 de noviembre de 2012.

Sánchez Treviño, Martín, "Confirma Egidio Torre Cantú que ya opera otro cuartel militar en el Estado", en *La Jornada*, 28 de febrero de 2012.

Sarmiento, Sergio, "El Tata y las drogas", en *El Reforma*, 19 de febrero de 2014.

Scenario Team of the Organization of American States, *Scenarios for the Drug Problem in the Americas, 2013-2025*. Washington, DC, Organization of American States, 2013.

Schaffer Library of Drug Policy, "How Many People Are Actually Killed by Drugs?", en *Druglibrary.org*, septiembre de 2006.

Schiller, Dane, "Mexican Crook: Gangsters Arrange Fights to Death for Entertainment", en *Houston Chronicle*, 11 de junio de 2011.

Schneider, Eric C., *Smack: Heroin and the American City*. Philadelphia, Pennsylvania, University of Pennsylvania Press, 2008.

Scott, Peter Dale y Jonathan Marshall, *Cocaine Politics: Drugs, Armies, and the CIA in Central America*. Berkeley, California, University of California Press, 1998.

Sinembargo.mx, "Lo que empezó como hechos aislados, se extiende como epidemia por el país: Los grupos de autodefensa se disparan", en *Sinembargo.mx*, 2 de febrero de 2013.

——, "La cifra de homicidios rebasa los 30 mil en el sexenio, con Edomex como el más violento", en *Sinembargo.mx*, 24 de septiembre de 2014.

——, "La violencia hace de México el país más peligroso para los clérigos: Estudio del Vaticano", en *Sinembargo.mx*, 2 de enero de 2015.

Shannon, Elaine, *Desperados: Latin Drug Lords, U.S. Lawmen, and the War America Can't Win*. Nueva York, Penguin Books, 1989.

Shipley, Joe C., *What Have We Learned from the War on Drugs? An Assessment of Mexico's Counternarcotics Strategy*, tesis, Naval Postgraduate School, 2011.

Shirk, David A. y Center for Preventive Action, *The Drug War in Mexico: Confronting a Shared Threat.* Nueva York, Council on Foreign Relations, 2011.

——, Duncan Wood, Eric L. Olson *et al.*, "Building Resilient Communities in Mexico: Civic Responses to Crime and Violence", en *Wilson Center: Mexico Institute*, marzo de 2014.

Sicilia, Javier, "Carta abierta a políticos y criminales", Proceso 1976, 3 de abril, 2011.

——, "Javier Sicilia's Open Letter to Mexico's Politicians and Criminals", en *Narconews.com*, 4 de abril de 2011.

Sidaoui, José, Manuel Ramos-Francia y Gabriel Cuadra, "The Global Financial Crisis and Policy Response in Mexico", en *Bank for International Settlements*, diciembre de 2010.

Simmons, William Paul, "Remedies for Women of Ciudad Juárez through the Inter-American Court of Human Rights", en *Northwestern Journal of International Human Rights*, 2006, núm. 4, pp. 492-517.

Simons, Marlise, "Mexican Rights Groups File Suit for 'Systematic and Widespread' Abuse by Army and Police", en *New York Times*, 12 de septiembre de 2014.

Sklair, Leslie, *Assembling for Development: The Maquila Industry in Mexico and the United States.* Boston, Massachusetts, Unwin Hyman, 1989.

Smith, Benjamin T., "The End of the Drug War-or a New Cartel of Cartels?", en *Dissent*, 3 de noviembre de 2014.

Soto Espinosa, Angélica Jocelyn, "Anuncian madres de Ayotzinapa despliegue de movilizaciones", en *Cimacnoticias.com.mx*, 2 de enero de 2015.

Southwick, Natalie, "Can Mexico Break Knights Templar's Hold on Michoacan Port?", en *Insightcrime.org*, 5 de noviembre de 2013.

Staudt, Kathleen A., Tony Payan y Z. Anthony Kruszewski, Human Rights, *Along the U.S.-Mexico Border: Gendered Violence and Insecurity.* Tucson, Arizona, University of Arizona Press, 2009.

Steinberg, Nik, "Vanished: The Disappeared of Mexico's Drug War", en *Human Rights Watch*, 8 de enero de 2014.

Stevenson, Mark, "Mexican Candidates Tough on Drug Issue", en *Washington Post*, 18 de junio de 2006.

——, "At 20 Years, NAFTA Didn't Close Mexico Wage Gap", en *Bigstory. ap.org*, 31 de diciembre de 2013.

——, "Mexico to Draw Line on Vigilantes", en *Bigstory.ap.org*, 14 de marzo de 2014.

——, "Mexico Opens Debate over Low Minimum Wage", en *Bigstory. ap.org*, 8 de agosto de 2014.

Storrs, K. Larry, "Mexican Drug Certification Issues: U.S. Congressional Action, 1986-1998", *Congressional Research Service*, 9 de abril de 1998.

Sugarmann, Josh, Ilana Goldman, Violence Policy Center *et al.*, *Blood Money II: How Gun Industry Dollars Fund the NRA*, Washington, DC, Violence Policy Center, 2011.

Sugarmann, Josh, Marty Langley y Violence Policy Center, *Blood Money: How the Gun Industry Bankrolls the NRA*. Washington, DC, Violence Policy Center, 2011.

Sweig, Julia E., *A Strategy to Reduce Gun Trafficking and Violence in the Americas: Council on Foreign Relations Policy Innovation Memorandum No. 36*. Nueva York, Council on Foreign Relations, 2013.

Syal, Rajeev, "Drug Money Saved Banks in Global Crisis, Claims UN Advisor: Drugs and Crime Chief Says $352bn in Criminal Proceeds Was Effectively Laundered by Financial Institutions", en *The Observer/The Guardian*, 12 de diciembre de 2009.

Székely, Miguel, "Poverty in Mexico During Adjustment", en *Review of Income and Wealth*, 1995, núm. 41, pp. 331-348.

——, "20 años de pobreza", en *Mexicosocial.org*, 1 de octubre de 2013.

"Tamaulipas, propiedad criminal", en *El Diario de Coahuila*, 26 de enero de 2014.

Tate, Katherine, James Lance Taylor y Mark Q. Sawyer, *Something's in the Air: Race, Crime, and the Legalization of Marijuana*. Nueva York, Routledge, 2013.

Tegel, Simeon, "Can Bolivia Teach the us How to Fight Drugs?", en *Globalpost.com*, 24 de marzo de 2013.

Thomasson, James, William Foster y Laurence Press, *The Diffusion of the Internet in Mexico*. Austin, Texas, Latin American Network Information Center, University of Texas, 2002.

Thompson, Ginger, "Mexico President Urges U.S. To Act Soon on Migrants", en *New York Times*, 6 de septiembre de 2001.

——, "Rival Drug Gangs Turn the Streets of Nuevo Laredo into a War Zone", en *New York Times*, 4 de diciembre de 2005.

——, "Mexican Vote Hinges on Conflicted Middle Class", en *New York Times*, 2 de julio de 2006.

——, Randal C. Archibold y Eric Schmitt, "Hand of U.S. Is Seen in Halting General's Rise in Mexico", en *New York Times*, 4 de febrero de 2013.

Thomson, Adam, "Mexico: Aztec Tiger", en *Ft.com*, 30 de enero de 2013.

Tijuano (reportero de *Borderland Beat*), "The War for Tijuana, a 20+ Year Conflict, Part 3", en *Borderlandbeat.com*, 15 de agosto de 2013.

Timoshenkov, Miguel, "Criminals Winning, Guv Says 'México Seguro Is Ineffective'", en *Laredo Morning Times*, 12 de febrero de 2006.

Toro, María Celia, *Mexico's 'War' on Drugs: Causes and Consequences*. Boulder, Colorado, L. Rienner Publishers, 1995.

Travis, Jeremy, Bruce Western y Steve Redburn (eds.), *The Growth of Incarceration in the United States: Exploring Causes and Consequences*. Washington, DC, The National Academies Press, 2014.

Tuckman, Jo., "Mexico Changes Stance in Drug War-but Little Difference Seen from Calderón: Mexico's President Enrique Peña Nieto Talks of End to Military Crackdown against Drug Cartels That Has Left up to 100,000 Dead", en *Theguardian .com*, 18 de diciembre de 2012.

——, "Mexican Drug Lord Nazario Moreno's Killing May End Knights Templar Cartel: It Seems 'the Craziest One', Whose Death Had Been Announced before in 2010, Really Is Dead-Pleasing Anti-Cartel Vigilantes", en *Theguardian.com*, 10 de marzo de 2014.

——, "Mexican Gang Suspected of Killing 43 Students Admits to Mass Murder", en *Theguardian.com*, 7 de noviembre de 2014.

——, "Mexican Police Injured in Acapulco During Protests over Student Massacre", en *Theguardian.com*, 10 de noviembre de 2014.

——, "Mexico: Protests at Admission That 43 Missing Students Were Massacred", en *Theguardian.com*, 9 de noviembre de 2014.

Turati, Marcela, "Death Threats, Then Red Tape: Exiled Mexican Journalists Face Red Tape and Doubt in U.S.", en *New York Times*, 21 de junio de 2014.

——, *Fuego cruzado: Las víctimas atrapadas en la Guerra del Narco*. México, Random House Mondadori, 2011.

——, "...Y todos somos Juárez, gran negocio", en *Proceso.com.mx*, 8 de noviembre de 2012.

——, "San Fernando-Ayotzinapa: Las similitudes", en *Proceso.com.mx*, 22 de diciembre de 2014.

"Tú y yo coincidimos en la noche terrible", en *Nuestraaparenterendicion. com*, 2013.

T. W. , "Crime in Mexico: The Governor's Miraculous Achievement", en *Economist.com*, 22 de septiembre de 2011.

Ulrichs, Martina y Keetie Roelen, *Equal Opportunities for All? - A Critical Analysis of Mexico's Oportunidades*. Londres, Centre for Social Protection, 2012.

UN News Centre, "UN Human Rights Office Concerned About Killing of Journalists in Mexico", en *Un.org*, 30 de septiembre de 2011.

"The UN General Assembly Special Session on Drugs (UNGASS)", en International Drug Policy Consortium, 2016. http://idpc.net/policy-advocacy/the-un-general-assembly-special-session-on-drugs-UNGASS-2016.

Un Vato (reportero de *Borderland Beat*) y José Gil Olmos, "Fausto Vallejo: A Governor of the Narco and for the Narco", en *Borderlandbeat.com*, 24 de junio de 2014.

——, "Pena Nieto Has Been Unable to Decrease Homicides", en *Borderlandbeat.com*, 25 de agosto de 2014.

—— y *El Diaro/Proceso*, "Their Dreams Ended in the San Fernando Massacre", en *Borderlandbeat.com*, 24 de agosto de 2012.

U.S. Department of State and Bureau for International Narcotics and Law Enforcement Affairs, "2014 International Narcotics Control Strategy Report, Volume I: Country Report: Mexico", en *State.gov*, marzo de 2014.

Usta, Merve, "Las reformas de Plutarco Elías Calles y Mustafá Kemal: un estudio comparativo", en *Escenarios 21*, noviembre/diciembre 2010.
http://escenarios21.net/las-reformas-de-plutarco-elias-calles-y-mustafa-kemal-un-estudio-comparativo/#sthash.GuylWKdT.2GweCw33.dpbs

Valdés Castellanos, Guillermo, *Historia del narcotráfico en México*. México, Random House Mondadori, 2013.

Valentine, Douglas, *The Strength of the Wolf: The Secret History of America's War on Drugs*. Londres, Verso, 2006.

ValorxTruth (reportero de *Borderland Beat*), "The Autodefensas of Tierra Caliente and the Example of Cherán", en *Borderlandbeat.com*, 30 de enero de 2014.

Veeravagu, Anand y Robert M. Lober, "Heroin: America's Silent Assassin", en *Thedailybeast.com*, 3 de febrero de 2014.

Velázquez, Carlos, "Todo Narco, todo Narco", en *Gatopardo.com*, 2 de marzo de 2012.

Villalobos, Joaquín, "El infierno al sur de México", en *Nexos.com.mx*, 1 de septiembre de 2014.

Villarreal, M. Angeles, "NAFTA and the Mexican Economy", en *Congressional Research Service*, 3 de junio de 2010.

——, "The Mexican Economy after the Global Financial Crisis", en *Congressional Research Service*, 16 de septiembre de 2010.

Villegas, Paulina, "Mexican Drug Lord Taunts the Authorities with Videos", en *New York Times*, 31 de julio de 2014.

—— y Randal C. Archibold, "Keeping Mexico's Revolutionary Fires Alive", en *New York Times*, 2 de noviembre de 2014.

Violence Policy Center, "National Rifle Association Receives Millions of Dollars from Gun Industry 'Corporate Partners' New VPC Report Reveals", en *Vpc.org*, 13 de abril de 2011.

Wald, Elijah, *Narcocorrido: A Journey into the Music of Drugs, Guns, and Guerrillas*. Nueva York, Rayo, 2001.

Walker, William O., *Drug Control in the Americas*. Albuquerque, Nuevo Mexico, University of New Mexico Press, 1989.

——, *Drugs in the Western Hemisphere: An Odyssey of Cultures in Conflict*. Wilmington, Delaware, Scholarly Resources, 1996.

——, "Narcotics Policy", en *Encyclopedia of American Foreign Policy*, 2002.

Warner, Margaret, "Mexico's President-Elect: Legalization Should Be Part of Drug Strategy Debate", en *Pbs.org*, 3 de julio de 2012.

Watt, Peter y Roberto Zepeda Martínez, *Drug War Mexico: Politics, Neoliberalism and Violence in the New Narcoeconomy*. Londres, Zed Books, 2012.

Wedge, Captain Gary R., "Drug Decriminalization in Mexico", en *California Commission on Peace Officer Standards and Training*, agosto de 2007.

Wegman, Jesse, "The Injustice of Marijuana Arrests", en *New York Times*, 28 de julio de 2014.

Weinberg, Bill, "Guns: The U.S. Threat to Mexican National Security", en *NACLA Report on the Americas*, 2008, núm. 41, pp. 21-26, 38-39.

Weiner, Tim, "Mexico's Image Is Buffed and Tarnished with Military Drug Arrests", en *New York Times*, 7 de abril de 2001.

——, "Slump in U.S. Drags Mexico, and Fox's Agenda, Down", en *New York Times*, 21 de agosto de 2001.

Weissenstein, Michael, "Mexico Pres Front-Runner Promises to Cut Violence", en *Bigstory.ap.org*, 25 de mayo de 2012.

Weissmann, Jordan, "Whom Does the NRA Really Speak For?", en *The Atlantic*, 18 de diciembre de 2012.

White House Office of the Press Secretary, "Fact Sheet: U.S.-Mexico Partnership", en *Whitehouse.gov*, 2 de mayo de 2013.

——, "President Obama's Trip to Mexico & Costa Rica: May 2-4, 2013", en *Whitehouse.gov*, mayo de 2013.

——, "A Drug Policy for the 21st Century", en *Whitehouse.gov*, 9 de julio de 2014.

Wilkinson, Tracy, "Governor in Mexico's Troubled Michoacan State Steps Down", en *Los Angeles Times*, 18 de junio de 2014.

—————— y Ken Ellingwood, "Mexico President-Elect Peña Nieto's Win Is Weaker Than Expected", en *Los Angeles Times*, 2 de julio de 2012.

William Neuman y Simon Romero, "Latin American Allies Resist U.S. Strategy in Drug Fight", en *New York Times*, 15 de mayo de 2015.

Williams, Dennis A. y Sylvester Monroe, "Busting the Heroin Pipeline", en *Newsweek*, 22 de mayo de 1978.

Wilson, Christopher y Gerardo Silva, "Mexico's Latest Poverty Stats", en *Wilson Center: Mexico Institute*, 12 de agosto de 2013.

Worthman, Shaye, "The Rise of the La Familia Michoacana", en *E-ir. info*, 16 de diciembre de 2011.

Yunez-Naude, Antonio y J. Edward Taylor, "The Effects of Nafta and Domestic Reforms in the Agriculture of Mexico: Predictions and Facts", en *Région et Développement*, núm. 23, 2006.

Zabludovsky, Karla, "Reclaiming the Forests and the Right to Feel Safe", en *New York Times*, 2 de agosto de 2012.

Zepeda Patterson, Jorge, "Narcovideos y el peligro de informar", en *Jorgezepeda.net*, 22 de abril de 2007.

——, "Dos toneladas sin respuesta", en *El País*, 7 de enero de 2015.

Acerca de los autores

CARMEN BOULLOSA es ensayista, poeta (su más reciente volumen es *Hamartia o El Hacha*) y novelista (*Texas*, en la traducción al de Samantha Schnee, ganó el Typographical Era y fue finalista a un premio PEN estadounidense). Ha participado en docenas de festivales y ferias de libros, leído su obra y dictado conferencias en Heidelberg, Freie Universität, Irvine, Brown, Yale, entre otras muchas universidades, bibliotecas y librerías del mundo. Se han escrito una docena de libros sobre su obra, así como más de sesenta tesis académicas. Ha sido profesora invitada en Columbia, NYU, Georgetown y Blaise Pascal, y fue parte del cuerpo académico de City College, CUNY. Ha recibido cinco NY-Emmys por el programa de televisión "Nueva York" (CUNY-TV). Fue asesora en la exposición "Nueva York, 161-1945"; expuso parte de su obra plástica en el Museo Carrillo Gil (*Las despechadas*), recibió el Premio Xavier Villaurrutia, el Anna Seghers de Berlín, el Liberatur de Frankfurt y el Café Gijón de Madrid. Fue becaria Guggenheim, del Cullman Center y es hoy miembro del Sistema Nacional de Creadores. www.carmenboullosa.net | @carmenboullosa

MIKE WALLACE, profesor Distinguido de Historia en John Jay y el Centro de Graduados de CUNY, y fundador del Centro Gotham para la Historia de la Ciudad de Nueva York (The Gotham Center for New York City History), nació y creció en

Nueva York. Obtuvo el grado de Doctor en Historia en la Universidad de Columbia, donde estudió con Richard Hofstadter, con quien colaboró en el libro *American Violence: A Documentary History* (Knopf, 1970). Ha publicado ensayos que exploran cómo la historia ha sido usada (y abusada) en la cultura popular, incluyendo algunos sobre Disney World, recopilados en su libro *Mickey Mouse History and Other Essays on American Memory* (1997). Fue cofundador y editor de la revista *Radical History Review*, que hoy edita Duke University Press. En 2002 publicó el libro *A New Deal for New York*, en el que evalúa el futuro de esa ciudad a partir del 11 de septiembre del 2001, a la luz de su pasado. Ha trabajado con un buen número de productores de radio y otros medios y con novelistas, con la intención de hacer la Historia accesible para los no especialistas, entre otros con Ric Burns en el documental *New York: A Documentary Film*, y ha sido asesor de muchos museos locales, especialmente de la New York Historical Society y el Museo de la Ciudad de Nueva York. Ha dictado conferencias en diversas universidades norteamericanas y del mundo. Recibió el Premio Pulitzer de Historia por su libro *Gotham: A History of New York City to 1898* (Gotham: Una historia de la ciudad de Nueva York hasta 1898), escrito en coautoría con Edwin Burrows. Actualmente trabaja a solas en la continuación de *Gotham*, los volúmenes 2 y 3, que cubren la historia de Nueva York desde 1898 hasta la Segunda Guerra Mundial.

Mike Wallace y Carmen Boullosa colaboraron en la exposición "Nueva York", que hicieron posible, conjuntamente, la New York Historical Society y el Museo del Barrio. La exposición relataba la relación de la ciudad de Nueva York con el mundo hispanohablante en los últimos cuatrocientos años.

Narcohistoria de Carmen Boullosa y Mike Wallace
se terminó de imprimir en mayo de 2016
en los talleres de
Litográfica Ingramex, S.A. de C.V.
Centeno 162-1, Col. Granjas Esmeralda, C.P. 09810 México, D.F.